EL DERECHO DEL TRABAJO Y LOS COLECTIVOS VULNERABLES
Un estudio desde las dos orillas

EL DERECHO DEL TRABAJO Y LOS COLECTIVOS VULNERABLES

Un estudio desde las dos orillas

Pilar Charro Baena, Javier H. Espinoza Escobar y Alba Liliana Silva de Roa

(Directores)

Jesús Enrique Aguinaga Saavedra
Pilar Charro Baena
Xiomara Cecilia Balanta Moreno
Roberto Jorge Farroñay Espinoza
Ana Isabel Pérez Campos
Stefanny Bravo Gonzàles
Javier H. Espinoza Escobar
Pablo Benlloch Sanz
Alba Liliana Silva De Roa
Luis Alberto Huamán Ordoñez
Yanitza Giraldo Restrepo
Carolina San Martín Mazzucconi

USAT Universidad Católica Santo Toribio de Mogrovejo

Universidad Rey Juan Carlos
Servicio de Publicaciones

Universidad de San Buenaventura
Cali

Dykinson, S.L.

Editorial DYKINSON, S.L. Meléndez Valdés, 61 - 28015 Madrid
Teléfono (+34) 91 544 28 46 - (+34) 91 544 28 69
e-mail: info@dykinson.com
http://www.dykinson.es
http://www.dykinson.com
Consejo Editorial véase www.dykinson.com/quienessomos

ISBN: 978-84-9148-115-7
Depósito Legal: M-4533-2017

Preimpresión por:
Besing Servicios Gráficos S.L.
e-mail: besingsg@gmail.com

Impresión:
Recco, S.L,
recco@recco-sll.com
www.recco.es

A Cristina Torres Tafur,
in memoriam

ÍNDICE

PRÓLOGO

Por tercer año consecutivo, el Laboratorio Hispano - Andino de Jurisprudencia Laboral, conformado por profesores de Derecho del Trabajo de la Universidad Rey Juan Carlos (España), la Universidad Católica Santo Toribio de Mogrovejo (Perú) y Universidad Católica San Buenaventura de Cali (Colombia), contribuye al mundo académico con esta obra colectiva denominada "El Derecho del Trabajo y los Colectivos Vulnerables. Un estudio desde las dos orillas".

En ella, desde una visión global y conforme a la legislación y jurisprudencia de los países involucrados, se analiza el eje temático propuesto para la discusión en el Laboratorio en el año 2015: La relación laboral de ciertos colectivos especialmente vulnerables. Dicho eje temático incluye, de modo específico, los siguientes temas: 1. Los trabajadores del hogar o del servicio doméstico; 2. Los trabajadores autónomos económicamente dependientes; 3. Los trabajadores contratados temporalmente y 4. Los trabajadores de las pequeñas y microempresas.

Como podrán apreciar los lectores de la obra se trata de contribuciones que narran del modo más claro posible el estado actual de la regulación de las relaciones laborales antes mencionadas en cada uno de los países de origen pero, además, y en lo que consideramos constituye el carácter peculiar y enriquecedor de esta obra, se muestra la forma en que los Tribunales de Justicia han dado respuesta a los diversos problemas relacionados con la temática antes citada. Con ello se evidencia, la especial vulnerabilidad en la que se encuentran los trabajadores que forman parte de estos "colectivos" y se plantean propuestas para evitar su desprotección. En esta oportunidad, se ha incorporado en el epílogo una contribución dedicada al Derecho al Trabajo y las Nuevas Tecnologías como respuesta a la necesidad de contribuir al debate de temas actuales del Derecho Laboral que pueden ser aplicables a los dos lados del mundo.

Javier H. Espinoza Escobar

Director del Laboratorio Hispano – Andino de Derecho del Trabajo y la Seguridad Social Sección Perú.

CAPÍTULO 1.
TRABAJADORES DEL HOGAR EN EL PERÚ. BREVE REPASO CRÍTICO DE UN SECTOR VULNERABLE

Jesús Enrique Aguinaga Saavedra[1]

Sumario: I. INTRODUCCIÓN.- II. SITUACIÓN ACTUAL DE LOS/AS TRABAJADORES/AS DEL HOGAR EN EL PERÚ.- III. PROBLEMAS DEL MARCO NORMATIVO VIGENTE.- IV. JURISPRUDENCIA SOBRE EL TRABAJO DEL HOGAR EN EL PERÚ.- V. ACCIONES DEL ESTADO.- VI. CONCLUSIONES; FUENTES DE INFORMACIÓN.

I. INTRODUCCIÓN

En atención al resultado económico, los trabajos pueden ser productivos o reproductivos. Los primeros, orientados a la producción de riquezas; los segundos, a la conservación de la especie humana (cocina, limpieza, o cuidado del hogar).

Por ser un trabajo reproductivo, las labores domésticas han tenido un recorrido marcado de fuertes distinciones, muchas veces discriminatorias, a nivel de género, pues se relacionaba tales tareas con la naturaleza de la mujer; y, a nivel económico, pues dichas labores se desarrollan en el ámbito familiar y no de cualquier unidad productiva; y, porque las personas de bajos recursos económicos son quienes realizan tales labores[2/3].

Dichas distinciones se reflejan en las normas vigentes, las cuales no se entienden totalmente adecuadas a los principios y normas que integran el Derecho del Trabajo. Como efecto, la realidad tiende a ser precaria para la parte más débil de la relación laboral, al punto que se ha considerado al trabajo doméstico remunerado como una de las ocupaciones con peor calidad de empleo[4]. Todo esto a pesar que el trabajo del hogar juega un rol de apoyo en la economía y la sociedad.

---

1 Abogado, egresado y maestrante en el programa de Maestría en Derecho & Empresa de la Universidad Católica Santo Toribio de Mogrovejo.

2 Ministerio de Trabajo y Promoción del Empleo. *Informe Anual del Empleo en el Perú 2014, Lima, Perú, 2015*, pág. 53.

3 Las diferencias económicas mencionadas, muchas pueden verse agrupadas con componentes de carácter étnico, etario, educativo, entre otros.

4 ORGANIZACIÓN INTERNACIONAL DEL TRABAJO. "El Trabajo Doméstico Remunerado en América Latina y el Caribe", En: Notas OIT, N° 1, 2010 [Ubicado el 03.II 2016] Obtenido en: *http://www.ilo.org/wcmsp5/groups/public/---americas/---ro-lima/---sro-santiago/documents/publication/wcms_178173.pdf.*

Vale aclarar que, la cuestión del trabajo doméstico en el Perú es compleja y supera por mucho los límites de este artículo, que tiene como objetivo presentar dicha problemática de forma sucinta, enfocándose sobre la situación actual del trabajo del hogar en el Perú, los principales problemas del marco normativo vigente, una sentencia del Tribunal Constitucional, cuyo criterio mal aplica el régimen especial de los/as trabajadores/as del hogar; y, las acciones que el Estado viene realizando para mejorar las condiciones de este grupo de trabajadores.

II. SITUACIÓN ACTUAL DE LOS/AS TRABAJADORES/AS DEL HOGAR EN EL PERÚ

Según el Ministerio de Trabajo y Promoción del Empleo (en adelante, MTPE), "en el año 2014, el número de trabajadoras y trabajadores del hogar representó el 2,3% del total de la población económicamente activa (PEA) ocupada en el Perú. Además, si se tienen en cuenta las cifras correspondientes a los años 2010 y 2014, se advierte que se ha producido un descenso en el número de personas que se dedican a esta labor, pasando de ser 475,810 a 357,141"[5/6]. No obstante, debemos anotar que, por el ámbito en donde se desempeña esta clase de labores y la intimidad que el mismo implica, la cantidad podría ser mayor. En un estudio publicado en el año 2011, "representantes del Sindicato Nacional de Trabajadoras del Hogar del Perú señalaron que la cifra real de trabajadores/as del hogar sería de aproximadamente 700,000"[7].

De la última cifra oficial de 357.151 trabajadores, las diferencias de género son rotundas, pues 342,192 trabajadores del hogar son mujeres (95.8%) y 14,949 son hombres (4.2%), lo cual demuestra la identificación de trabajo del hogar con el sexo femenino. Además, estas cifras podrían implicar prejuicios de género al momento de contratar a los/as trabajadores/as del hogar.

A nivel de edades, la situación es preocupante pues 84,198 (23.6%) trabajadores del hogar tiene entre 14 a 24 años, siendo el segundo grupo más numeroso después de los que tienen entre 30 a 44 años, 116,349 (32.6%).

Que el 23,6 % tenga entre 14 a 24 años podría significar un obstáculo para la formación básica y superior de miles de jóvenes.

Sumado a ello, las estadísticas de formación primaria y secundaria completa no superan el 40%, empatando las dos con 39%. Por último, los trabajadores del hogar sin ningún tipo de formación representan el 17 %. Estos porcentajes son realmente preocupantes; la ley N° 27986, Ley de los Trabajadores del Hogar, existe desde junio del 2003

---

[5] DEFENSORÍA DEL PUEBLO. "*Las trabajadoras del hogar en el Perú*", 2016, Lima, pág. 9 [Ubicado el 1. IV 2016] Obtenido en: *http://www.defensoria.gob.pe/modules/Downloads/informes/varios/2016/Informe-001-2016-DP-ADM--Las-trabajadoras-del-hogar-en-el-Peru.pdf*.

[6] Ministerio de Trabajo y Promoción del Empleo. *Informe Anual…* Op. Cit., pág. 51.

[7] Cfr. BASTIDAS, María y Edgardo BALBÍN. *Las mujeres y trabajo decente en el Perú*. Lima: Asociación de Desarrollo Comunal, 2011, pág. 123, citado en: DEFENSORÍA DEL PUEBLO. *"Las trabajadoras del hogar en el…* Op. Cit., pág. 9/ pie de página número 6.

y su objetivo es brindar mejores condiciones de vida a los trabajadores del hogar, entre ellas, facilidades para que los trabajadores del hogar puedan estudiar (artículo 17[8]).

En cuanto a la contratación y remuneraciones se refiere, según la Organización Internacional del Trabajo, "el 86.6% de trabajadoras del hogar en el Perú cuenta solo con contratos verbales; el 92.1% reciben sueldos por debajo de la remuneración mínima vital; y 80% de este sector recibe pagos en especie. El 73.5% de estas trabajadoras reportan este empleo como su principal fuente de ingresos. La mayoría de ellas laboran con la modalidad "cama afuera" (54.8%), mientras que 45.2% trabaja "cama adentro"[9].

En lo que al sistema de salud y pensiones se refiere, se han logrado avances positivos en el primero de estos sistemas, con un total de 218,891 (63.3%) para el año 2014. Para el segundo sistema, aún queda trabajo que realizar pues sólo 45,070 (12.6%) se encuentra afiliado[10].

Sobre la jornada laboral, observamos una notable reducción del porcentaje de trabajadores que superan las 48 horas de trabajo, desde el año 2010 con un 51.5% al 2014 con un 45.5%[11]. Tal vez estos índices sean motivados por una reducción de la modalidad cama adentro[12].

Por último, más del 97 % de trabajadores prestan servicios por contrato verbal[13], lo que limitaría el conocimiento de sus derechos y además la fiscalización de sus empleadores.

Las estadísticas mencionadas pueden variar negativamente, para los/as trabajadores/as del hogar, teniendo en cuenta el ámbito privado en el que se desarrollan las labores domésticas.

III. PROBLEMAS DEL MARCO NORMATIVO VIGENTE

Teniendo en cuenta los límites de espacio del presente artículo, se presenta lo que considero constituyen los principales problemas que devienen, principalmente, de la Ley nº 27986, Ley de los Trabajadores del Hogar y de su Reglamento aprovado por el Decreto Supremo Nº 015-2003-TR14.

1. Contratación

El artículo 3 de la Ley N° 27986 dispone que el contrato de trabajo para la prestación de servicios en el hogar será celebrado en forma verbal o escrita.

---

[8] Art. 17.- *"El trabajador al servicio del hogar tiene derecho a la educación. El empleador deberá brindarle las facilidades del caso para poder garantizar su asistencia regular a su centro de estudios fuera de la jornada de trabajo".*

[9] PEREZ, Leda. *¿Al fondo del escalafón? Un estado de la cuestión sobre el trabajo doméstico remunerado en el Perú Documento*, Lima, CIUP, 2015, pág. 5.

[10] Cfr. DEFENSORÍA DEL PUEBLO. *"Las trabajadoras del hogar en el...* Op. Cit., págs. 15-16.

[11] Cfr. Ibíd., pág. 18.

[12] PEREZ, Leda. "¿Al fondo del escalafón?... Op. Cit., pág. 40.

[13] Cfr. DEFENSORÍA DEL PUEBLO. *"Las trabajadoras del hogar en el...* Op. Cit., pág. 18.

Posiblemente, la libertad de forma se haya diseñado para no generar desincentivos a la contratación de trabajadores del hogar; sin embargo, la misma ha producido ciertos problemas pues estamos hablando de una labor realizada por personas de condición económica vulnerable, en un entorno que no es el empresarial. A consecuencia, las relaciones laborales entre familias y trabajadores del hogar son precarias en sus condiciones, al punto que no todos los derechos que la Ley N° 27986 les reconoce son respetados.

En primer lugar, la forma escrita del contrato sirve para promover que los/as trabajadores/as del hogar conozcan sus derechos[14]. Debe tenerse en cuenta que buena parte de este grupo laboral adolece de muchas carencias económicas y educativas.

En segundo lugar, la inexistencia de un contrato de trabajo escrito representa dificultades para aquellos trabajadores que necesitan probar la existencia de su relación laboral, al demandar el pago de aquellos derechos que no han sido cancelados por el empleador; y, en ese sentido, la libertad de forma contractual promueve el incumplimiento del pago de las obligaciones laborales, lo que resulta alejado del segundo párrafo del artículo 24 de la Constitución Política del Perú, el cual dispone que el pago de la remuneración y de los beneficios sociales del trabajador tiene prioridad sobre cualquier otra obligación del empleador.

Advirtiendo los problemas que la libertad de forma de contratación podría generar con los/as trabajadores/as del hogar, la Defensoría del Pueblo ha recomendado, al Congreso de la República, el establecimiento de la forma escrita de estos contratos[15].

2. Remuneración

El artículo 5 de la Ley N° 27986 dispone que la remuneración de los trabajadores del hogar quedará sujeta a la elección de las partes, no importa la modalidad en la que el servicio se desarrolle (cama adentro o cama afuera[16]).

La citada disposición se aleja de lo establecido en el artículo 24 de la Constitución Política del Perú, cuyo primer párrafo señala que los trabajadores tienen derecho a una remuneración mínima[17], equitativa y suficiente y que procure, para ellos y sus familias, el bienestar material y espiritual; y, cuyo tercer párrafo señala que pueden

---

[14] Cfr. Informe N° 1221-2016-MTPE/4/8, del 01 de abril del 2016, de la Oficina General de Asesoría Jurídica del Ministerio de Trabajo y Promoción del Empleo, pág. 1.

[15] DEFENSORÍA DEL PUEBLO. "Las trabajadoras del hogar en el Perú. Supervisión a los sectores encargados de la promoción y defensa de sus derechos". Serie Informes de Adjuntía – Informe N° 007-2013-DP/ADM, Lima: Adjuntía para los Derechos de la Mujer, 2013, pág. 118.

[16] De acuerdo con el artículo 14 de la Ley N° 27986, la modalidad cama afuera es aquella que no representa obligación de vivir en el hogar en el cual trabajan se rigen por la presente Ley. Según el artículo 15 de la misma Ley, la modalidad cama adentro la residencia del trabajador en el inmueble donde labora.

[17] Actualmente, mediante Decreto Supremo N° 015-2016-TR, se ha establecido el incremento de la resolución mínima vital S/. 850.00 (OCHOCIENTOS CINCUENTA Y 00/100 SOLES).

establecerse diferentes remuneraciones[18], con participación de las organizaciones representativas de trabajadores y empleadores.

El artículo bajo comentario, produce que no exista un límite razonable para fijar la remuneración de los trabajadores del hogar, muchos de los cuales, ante las carencias de la actividad inspectiva (analizada en el punto 10, de esta sección), podrían prestar servicios con una jornada que supere el límite máximo de 48 horas por semana.

En conclusión, el artículo 5 significa el fomento y la consolidación de la explotación laboral y la pobreza, lo cual también generó una recomendación de la Defensoría del Pueblo, con el objetivo de someter las remuneraciones de los/as trabajadores/as del hogar al mínimo vital.

Consideramos que, ante la inexistencia de una remuneración mínima diferenciada lo correcto es la aplicación de la remuneración mínima general.

Teniendo en cuenta lo expuesto en los párrafos previos, resulta benéfico que el artículo 5 señale que la remuneración sea únicamente dineraria. Tal disposición resulta lógica si observamos los deberes de alimentación y alojamiento señalados en el segundo párrafo del artículo 5 de la ley[19] y en el segundo párrafo del artículo 2 del Reglamento[20]. De no ser así, los abusos remunerativos podrían ser más graves.

3. Formalidad del pago de la remuneración

El artículo 6 de la Ley N° 27986 dispone que los/las trabajadores/as del hogar deberán extender constancia de los pagos que reciben. El artículo 3 del Reglamento dispone que en la referida constancia debe consignarse como mínimo el nombre del trabajador del hogar, su documento de identidad, el nombre del empleador, el monto de la remuneración, el periodo correspondiente al pago y la firma de ambas partes.

No obstante, si se pretende establecer un medio probatorio para que los/as trabajadores/as del hogar puedan exigir el pago de sus derechos, no resulta del todo coherente que se consagre la libertad de forma contractual, mencionada anteriormente (punto 1 referido a la contratación), ya que la misma, sumada a las deficiencias en la inspección del trabajo del hogar, constituyen aliciente para que el empleador se niegue a firmar la constancia de pago.

---

[18] De acuerdo con el artículo 103 de la Constitución Política del Perú, por el que pueden expedirse leyes especiales en virtud de la naturaleza de las cosas y no de las personas, las remuneraciones diferenciadas deberían realizarse evitando cualquier objetivo discriminatorio.

[19] *"El empleador se encuentra en la obligación de proporcionar alimentación y/o alojamiento al trabajador del hogar, adecuados al nivel económico del empleador.* ***Tales conceptos no serán considerados como parte integrante de la remuneración*** (el negreado es nuestro)".

[20] *"Se considerará remuneración* ***todo monto dinerario*** *y de libre disposición que se encuentre consignado en las Constancias de Pago emitidas conforme al artículo 3 del presente Reglamento, salvo prueba en contrario* (el negreado es nuestro)".

Para los fines probatorios de los/as trabajadores/as del hogar, sería más eficiente establecer la obligación de la formalidad escrita de sus contrataciones. Eso incentivaría que el mismo empleador requiera una constancia al realizar cualquier pago al trabajador.

4. Jornada de trabajo en la modalidad cama adentro

El artículo 15 de la Ley N° 27986 establece que, "*para los trabajadores al servicio del hogar que permanezcan en el hogar bajo la modalidad "cama adentro", la suma de los períodos de trabajo efectivo durante el día y la semana no podrá exceder de ocho horas diarias y cuarenta y ocho horas semanales*". Asimismo, el artículo 9 del Reglamento establece que "*[p] ara la determinación de la jornada máxima de los trabajadores del* hogar bajo la modalidad de cama adentro, se entiende por período de trabajo efectivo *aquel en el que el trabajador se encuentre desempeñando efectivamente las órdenes impartidas por el empleador*".

Como se aprecia, el objetivo de las citadas disposiciones es atender otro tipo de necesidad del empleador: contar con una persona para que le ayude con los quehaceres de la casa que puedan surgir a lo largo del día.

Al respecto, la Ley N° 27986 impone un límite horario a la prestación de trabajo efectivo[21], con el objeto que la permanencia del trabajador del hogar no se utilice como justificación de una jornada excesiva. Sin embargo, en la realidad es muy difícil controlar el tiempo que el trabajador presta labor efectiva. Tal vez este sea un inconveniente que el ordenamiento jurídico no podrá superar más que con la denuncia del trabajador del hogar.

5. Vacaciones

El artículo 12 de la Ley establece que los trabajadores del hogar tienen derecho a 15 días de vacaciones, por año de servicios. El récord para obtener dicho derecho es el regulado por el artículo 10 del Decreto Legislativo N° 713, Legislación sobre Descansos Remunerados de los trabajadores sujetos al régimen laboral de la actividad laboral.

Esta disposición no resulta acorde con la realidad de los/as trabajadores/as del hogar, pues se otorga la mitad de las vacaciones que dispone el régimen general (30 días) a un sector de trabajadores que, dadas sus condiciones laborales y las deficiencias en la inspección, prestan servicios por sobre el límite de lo que impone el ordenamiento jurídico.

6. Despido e indemnización

Debido al ámbito íntimo en el que el trabajador del hogar se desenvuelve, resulta razonable que el despido sólo requiera la pérdida de la confianza.

---

[21] Dicho límite proviene del artículo 25 de la Constitución Política del Perú, el cual establece que la jornada ordinaria de trabajo es de ocho horas diarias o cuarenta y ocho horas semanales, como máximo; y, que en caso de jornadas acumulativas o atípicas, el promedio de horas trabajadas en el período correspondiente no puede superar dicho máximo.

De acuerdo a la jurisprudencia[22], el efecto que genera este despido es el pago de la indemnización por despido arbitrario, fijada en el Texto Único Ordenado de la Ley de Productividad y Competitividad Laboral (en adelante, TUO de la LPCL)[23]. Ello es comprensible, pues la pérdida de la confianza no se somete al procedimiento disciplinario que establecen los artículos 31 y 32 del TUO de la LPCL[24]. Sin embargo, el segundo párrafo del artículo 7 de la Ley N° 27986 hace que la indemnización dependa de la falta de preaviso del despido (15 días de anticipación). Si este no se realiza, se paga una indemnización de 15 días[25].

Dos problemas surgen de esta disposición. El primero y más grave, la total desprotección del trabajador. Se ha ignorado por completo la estabilidad laboral de salida. Al empleador del hogar sólo le basta con preavisar su despido para verse liberado de pagar la indemnización.

El segundo, la configuración paupérrima de la indemnización que, aún sumada al conjunto de beneficios sociales que tienen los trabajadores del hogar, podría resultar insuficiente para afrontar un acontecimiento tan difícil como la terminación de su relación laboral, sobre todo para los trabajadores migrantes.

---

[22] Es necesario tener en cuenta la Cas. Nº 1978-2000-Lima: *"Un trabajador de confianza por la naturaleza de las funciones de su cargo no puede solicitar su reposición, aunque el despido sea injustificado"*; por lo que obtenemos que ya sea arbitrario o incausado el despido de un trabajador de confianza la sanción siempre será la indemnización. *Guía Operativa de Jurisprudencia Laboral*, 1ª edición, Diálogo con la Jurisprudencia, Lima, 2007, pág. 162.

[23] *"Artículo 38.- La indemnización por despido arbitrario es equivalente a una remuneración y media ordinaria mensual por cada año completo de servicios con un máximo de doce (12) remuneraciones. Las fracciones de año se abonan por dozavos y treintavos, según corresponda. Su abono procede superado el periodo de prueba".*

[24] *"Artículo 31.- El empleador no podrá despedir por causa relacionada con la conducta o con la capacidad del trabajador sin antes otorgarle por escrito un plazo razonable no menor de seis días naturales para que pueda defenderse por escrito de los cargos que se le formulare, salvo aquellos casos de falta grave flagrante en que no resulte razonable tal posibilidad o de treinta días naturales para que demuestre su capacidad o corrija su deficiencia.*

Mientras dure el trámite previo vinculado al despido por causa relacionada con la conducta del trabajador, el empleador puede exonerarlo de su obligación de asistir al centro de trabajo, siempre que ello no perjudique su derecho de defensa y se le abone la remuneración y demás derechos y beneficios que pudieran corresponderle. La exoneración debe constar por escrito.

Tanto en el caso contemplado en el presente artículo, como en el Artículo 32, debe observarse el principio de inmediatez.

Artículo 32.- El despido deberá ser comunicado por escrito al trabajador mediante carta en la que se indique de modo preciso la causa del mismo y la fecha del cese.

Si el trabajador se negara a recibirla le será remitida por intermedio de notario o de juez de paz, o de la policía a falta de aquellos.

El empleador no podrá invocar posteriormente causa distinta de la imputada en la carta de despido. Sin embargo, si iniciado el trámite previo al despido el empleador toma conocimiento de alguna otra falta grave en la que incurriera el trabajador y que no fue materia de imputación, podrá reiniciar el trámite".

[25] *"Artículo 7.- (...) Asimismo, por la naturaleza de confianza del trabajo, el empleador podrá separar del empleo al trabajador sin expresión de causa dándole un preaviso de quince (15) días o pagándole una indemnización equivalente a la remuneración total de quince (15) días si prescindiera de este preaviso".*

7. Compensación por tiempo de servicios

En relación al último párrafo del punto anterior, es motivo de reflexión la Compensación por Tiempo de Servicios (CTS) que otorga el artículo 9 de la Ley, equivalente a quince (15) días de remuneración por cada año de servicios o la parte proporcional de dicha cantidad por la fracción de un año.

Puede resultar injusto configurar una CTS con quince sueldos diarios, cuando estamos hablando de un régimen laboral en el que el salario mínimo vital no es obligatorio, en el que la jornada de trabajo puede sobrepasar, sin ningún control, los límites establecidos; y, en el que la indemnización ante un despido, que no necesita justificación, puede evitarse con facilidad.

Reiteramos, la situación podría ser más alarmante para los/as trabajadores/as migrantes, que en muchos casos no cuentan con más residencia que la de su propio empleador, si hablamos de la modalidad cama adentro.

8. Sobretasa por trabajo en días feriados

El artículo 11 de la Ley establece que se puede compensar el día de descanso trabajado, mediante el pago de una sobretasa equivalente del 50% de la remuneración, adicional a la remuneración de un día, cuando el artículo 9 del Decreto Legislativo N° 713, Legislación sobre Descansos Remunerados de los trabajadores sujetos al régimen laboral de la actividad laboral privada, establece el pago del 100%.

El objetivo de la sobretasa del 100% es generar al trabajador un valor agregado por el trabajo que presta en los días de descanso remunerado que le otorga el ordenamiento; y disuadir al empleador de intervenir en el disfrute de ese derecho. No obstante, en el mismo sentido de las críticas anteriores, cuando tienes un régimen laboral con una remuneración que no se sujeta al mínimo vital, la configuración de la sobretasa por trabajo al 50 %, en días feriados resulta injusta; y, además, no se adecua al objetivo de la creación de dicha sobre tasa.

9. Trabajo peligroso para menores

Es pertinente comenzar este punto indicando que el Perú ratificó el Convenio N° 138 de la Organización Internacional del Trabajo (OIT), que regula la edad mínima para trabajar, especificando una edad mínima de 14 años.

No obstante, el párrafo 1 del artículo 3 del citado convenio dispone que *"la edad mínima de admisión a todo tipo de empleo o trabajo que por su naturaleza o las condiciones en que se realice pueda resultar peligroso para la salud, la seguridad o la moralidad de los menores no deberá ser inferior a dieciocho años"*.

Asimismo, el párrafo 3 del artículo citado dispone que *"la legislación nacional o la autoridad competente, previa consulta con las organizaciones de empleadores y de tra-*

bajadores interesadas, cuando tales organizaciones existan, podrán autorizar el empleo o el trabajo a partir de la edad de dieciséis años, ***siempre que queden plenamente garantizadas la salud, la seguridad y la moralidad de los adolescentes, y que éstos hayan recibido instrucción o formación profesional adecuada y específica en la rama de actividad correspondiente*** (el negreado es nuestro)".

De acuerdo con el párrafo 2 del artículo citado, las formas de trabajo que por su naturaleza o condiciones puedan resultar peligrosas para los menores de edad deben ser determinadas por la legislación nacional.

En ese sentido, se emitió el Decreto Supremo N° 003-2010-MINDES que aprueba la Relación de Trabajos Peligrosos y Actividades Peligrosas o Nocivas para la Salud Integral y la Moral de las y los Adolescentes, cuyo artículo 3 en su primer párrafo dispone que "***las niñas, niños y adolescentes no deberán*** *ser admitidos en trabajos, actividades y empleos por debajo de la edad mínima de admisión que establece la normativa vigente, ni* ***realizar trabajos cuyas actividades sean peligrosas por su naturaleza o condición, bajo sanción administrativa y penal*** (el negreado es nuestro)".

La prohibición de realizar trabajos peligrosos, por su naturaleza o condiciones, resulta muy importante, ya que el punto A3 de la relación de trabajos peligrosos aprobada por el decreto supremo citado previamente, indica que son trabajos peligrosos, por su naturaleza, aquellos que implican contacto y/o exposición con productos químicos, sustancias tóxicas, sustancias cáusticas, vapores y gases tóxicos, sustancias corrosivas y elementos inflamables debido a que se manipulan, entre otros ámbitos, en la esfera doméstica (ácido muriático, lejía, desinfectantes, plaguicidas, insecticidas y similares).

Así también, el punto B6 de la relación de trabajos peligrosos mencionada toma como un trabajo peligroso, por sus condiciones, al trabajo doméstico que se realiza en casa de terceros, familiares o no, los que se realizan por debajo de la edad mínima de admisión al empleo y donde se pernocte bajo la modalidad "cama adentro", que impide la supervisión o inspección de trabajo; aunque su redacción, un tanto confusa, podría significar que la prohibición de realizar trabajo doméstico sólo se aplique cuando la persona tenga una edad por debajo de la establecida en la ratificación del convenio (14 años)[26/27].

No obstante, el artículo 3 del Decreto Supremo N° 003-2010-MINDES, citado párrafos arriba, prohíbe expresamente que las niñas, niños y adolescentes realicen trabajos considerados peligrosos por su naturaleza.

---

[26] Es pertinente mencionar que por medio del Informe Técnico 013-2016-MTPE/2/15.1, de la Dirección General de Derechos Fundamentales y Seguridad Social, el Ministerio de Trabajo y Promoción del Empleo ha concluido que el trabajo doméstico es una actividad peligrosa tanto por su naturaleza como por las condiciones en que se realiza.

[27] Resulta pertinente mencionar el Informe Técnico N° 013-2016-MTPE/2/15.1, realizado por la Dirección General de Derechos Fundamentales y Seguridad y Salud en el Trabajo del Ministerio de Trabajo y Promoción del Empleo, en el cual se concluye que el trabajo doméstico es una actividad peligrosa para los adolescentes, tanto por su naturaleza como por las condiciones en las que se realiza.

De acuerdo al primer párrafo del artículo I del título preliminar del Código del Niño y del Adolescente, aprobado por la Ley N° 27337, se considera niño a todo ser humano desde su concepción hasta cumplir los doce años de edad y adolescente desde los doce años hasta cumplir los dieciocho años de edad. Por lo tanto, resulta claro que las labores domésticas no deben ser realizadas por niños, niñas y adolescentes y que las mismas son permitidas desde los dieciocho años de edad[28].

10. Inspección del trabajo en el hogar

La inspección es un factor elemental para el cumplimiento de los derechos reconocidos a los/as trabajadores/as del hogar en el Perú. No obstante, actualmente atraviesa serias limitaciones.

La primera proviene del numeral 9 del artículo 2 de la Constitución Política del Perú, que consagra el derecho a la inviolabilidad del domicilio; y, por el cual nadie puede ingresar en él, ni efectuar investigaciones o registros sin autorización de la persona que lo habita o sin mandato judicial, salvo flagrante delito o muy grave peligro de su perpetración, además de las excepciones por motivos de sanidad o de grave riesgo que son reguladas por la ley.

El citado artículo inspira la redacción del numeral 1 del artículo 5 de la Ley General de Inspección del Trabajo, por el cual, si el centro laboral sometido a inspección coincidiese con el domicilio de la persona física afectada será necesario su expreso consentimiento o, en su defecto, la oportuna autorización judicial.

La segunda limitación es la inexistencia de una norma que de pauta para desarrollar la inspección en el trabajo doméstico. Los inspectores de trabajo no cuentan con un instrumento que los oriente para supervisar el cumplimiento de la normativa laboral en el domicilio del empleador[29].

La tercera limitación consiste en la desproporcionalidad de las multas derivadas de la actividad inspectiva. El Reglamento de la Ley N° 28806, Ley General de Inspección del Trabajo, aprobado por Decreto Supremo 019-2006-TR (en adelante, RLGIT), no distingue la configuración de las sanciones económicas para los empleadores del hogar. En ese sentido, personas que no desarrollan actividad empresarial podrían pagar multas similares o equivalentes a las de una empresa, regulación que se aleja del principio de igualdad[30].

---

[28] Cabe agregar que, actualmente, el Código del Niño y del Adolescente permite que los adolescentes puedan realizar labores domésticas, con la debida autorización de los municipios distritales o provinciales (artículo 52).

[29] A propósito, existe un norma denominada Directiva General N° 001-2014-MTPE/2/14, que establece precisiones sobre las obligaciones laborales dispuestas en el régimen laboral especial de las trabajadoras y trabajadores del hogar, cuyo subpunto 5.1 indica que para la comprobación de la existencia de una relación laboral en el caso de los/as trabajadores/as, además del contrato de trabajo y el reconocimiento del empleador, la autoridad inspectiva debe evaluar las constataciones fácticas verificadas en las actuaciones inspectivas; y, cuyo subpunto 5.2 dispone que, para efectos de los dispuesto en el subpunto previo, la Superintendencia Nacional de Fiscalización Laboral (SUNAFIL) expide las normas de gestión de la actividad inspectiva que permitan la recolección y evaluación adecuada de tales indicios.

[30] Recomendamos revisar el cuadro de multar consignado en el numeral 48.1 del artículo 48 del RLGIT.

A consecuencia de los problemas señalados, desde el surgimiento de la Ley N° 27986 no se han programado inspecciones orientadas a verificar el cumplimiento de los derechos de los/as trabajadores/as del hogar, tanto en el MTPE como en la Superintendencia Nacional de Fiscalización Laboral (SUNAFIL)[31].

En conclusión, las carencias que atraviesa la inspección hacen más grande la problemática de los/as trabajadores/as del hogar, pues además de lidiar con las deficiencias normativas comentadas hasta el presente punto, tendrán que lidiar con el incumplimiento incontrolable de los derechos que les son reconocidos en las normas específicas, tales como una jornada semanal máxima de 48 horas, alojamiento y alimentación adecuados, facilidades para la educación, seguro social de salud; y, en las normas de carácter general, tales como las condiciones seguridad y salud para el trabajo, derechos colectivos, entre otros.

11. Seguridad Social

El artículo 18 de la Ley N° 27986 establece que los/as trabajadores/as del hogar son asegurados obligatorios al sistema de seguridad social en salud[32]. Dicho artículo no establece limitaciones en base a la jornada de trabajo; no obstante, el artículo 10 del Reglamento, establece que los trabajadores del hogar son considerados afiliados regulares del Seguro Social de Salud siempre que laboren una jornada mínima de cuatro horas diarias.

Dicha limitación resulta alejada de la Ley N° 27986, según la cual, la condición para acceder a la seguridad social en salud es tener la calidad de trabajador del hogar y no la extensión de su jornada.

12. Derechos Colectivos

Nuestro ordenamiento no contempla disposiciones que aclaren la manera en que los trabajadores podrían hacer uso de sus derechos colectivos en armonía con las necesidades del empleador.

Con tan especiales condiciones de trabajo, la ausencia de tales disposiciones deviene en una gran restricción del ejercicio de los derechos colectivos de los/as trabajadores/as del hogar.

---

[31] Sugerimos revisar las cifras presentadas en *LA CRUZ DÁVILA, Clarisa Cecilia. Protección al Régimen Especial de Trabajo del Hogar, en la Modalidad Cama Adentro, tesis para optar al grado de magister en derecho al trabajo y seguridad social, Lima, PUCP, 2014, págs. 114*. En el citado trabajo se ofrecen cifras muy pequeñas relacionadas con inspecciones desde el 2007 hasta el 2011, ninguna de ellas proviene de una inspección programada.

[32] *"Artículo 18.- Riesgos cubiertos: Los trabajadores al servicio del hogar bajo relación de dependencia están comprendidos en las disposiciones relativas a la seguridad social, como asegurados obligatorios, en cuanto concierne a todo tipo de prestaciones de salud. En cuanto a sus pensiones pueden optar por el Sistema Nacional de Pensiones o por el Sistema Privado de Pensiones".*

13. La no ratificación del Convenio N° 189 de la OIT

Todos los problemas normativos comentados se reflejan en la no ratificación del Convenio N° 189 de la OIT, sobre el trabajo decente para las trabajadoras y los trabajadores domésticos[33].

Entre los temas principales que el Convenio N° 189 de la OIT contiene se encuentra la imposición de un salario mínimo (que puede ser diferenciado), el establecimiento de condiciones laborales similares a los de los trabajadores comunes[34], la necesidad de asegurar un trabajo decente para las personas que realizan trabajo doméstico, la inclusión en la seguridad social, tanto en salud como en pensiones, y la inspección de trabajo destinada al cumplimiento de la normativa y la imposición de sanciones[35].

La ratificación del Convenio N° 189 de la OIT traería como consecuencia que el Estado peruano adquiera la obligación de aplicar las disposiciones del citado convenio; y, de someterse a los procedimientos de la OIT destinados a supervisar su aplicación[36]; aunque el Convenio N° 189 de la OIT no ha sido ratificado, sus disposiciones deben ser observadas por nuestro Estado al momento de regular el régimen especial de los/as trabajadores/as del hogar[37].

A continuación, presentamos un cuadro en el que se exponen las condiciones laborales promovidas en el Convenio N° 189 de la OIT, en comparación con las condiciones laborales contenidas en el régimen especial de los/as trabajadores/as del hogar en el Perú y el régimen general:

---

33 El Convenio OIT N° 189 ha sido adoptado en la Conferencia Internacional N° 100, celebrada del 1 al 17 junio del año 2011, entrando en vigor el 5 de setiembre de 2013. Actualmente, se encuentra ratificado por 23 países. Los miembros sudamericanos en ratificar el citado convenio son Argentina, Bolivia, Chicle, Colombia, Ecuador y Uruguay.

34 No se ha criticado la regulación de las gratificaciones por fiestas patrias y navidad, equivalentes al 50% de la remuneración, puesto que las mismas son conceptos que se brindan en función a un tiempo determinado de trabajo y que no tienen un objetivo netamente protector como en el caso de la compensación por tiempo de servicios. Igualar la gratificación de la Ley N° 27986 a la del régimen general representaría un costo demasiado elevado para los empleadores del hogar.

35 Cfr. LA CRUZ DÁVILA, Clarisa Cecilia. *Protección al Régimen...* Op. Cit., pág. 87-88.

36 Centro Internacional de Formación de la OIT. *Normas internacionales de Trabajo, Departamento de* Centro Internacional de Formación de la OIT, Italia, 2008, pág. 274.

37 "Todos los miembros de la Organización Internacional del Trabajo, entre ellos el Perú, están sujetos a la Declaración de la OIT relativa a los principios y derechos fundamentales en el trabajo, adoptada por la Conferencia Internacional de Trabajo en su octogésima sexta reunión en Ginebra el 18 de junio de 1998, por la que todos los Miembros, aun cuando no hayan ratificado los convenios aludidos, tienen el compromiso, derivado de su pertenencia a la Organización, de respetar, promover y hacer realidad, de buena fe y de conformidad con la Constitución, los principios relativos a los derechos fundamentales que son objeto de esos convenios, es decir: (a) la abolición efectiva del trabajo infantil; (b) la eliminación de todas las formas de trabajo forzoso u obligatorio; (c) la abolición efectiva del trabajo infantil; y (d) la eliminación de la discriminación en materia de empleo y ocupación". LA CRUZ DÁVILA, Clarisa Cecilia. *Protección al Régimen... Op. pág. 16-17.*

Derechos y beneficios		Convenio N° 189 de la OIT	Régimen del Trabajo del Hogar (Ley N° 27986 y D.S. N° 015-2003-TR)	Régimen General
Salario mínimo		Salario mínimo (podría ser diferenciado).	Acuerdo libre entre las partes del contrato de trabajo.	Si .
Forma de pago		Preferentemente dineraria, pero puede establecerse el pago en especie de cierto porcentaje de la remuneración.	Sólo dineraria.	Dinero y especie.
Beneficios sociales	**Gratificaciones por fiestas patrias y navidad**	Se promueve la igualdad de los trabajadores del hogar con los trabajadores en general.	Media remuneración por fiestas patrias y navidad (por cada una de ellas).	Una remuneración por fiestas patrias y navidad (por cada una de ellas).
	CTS		Les corresponde media remuneración (15 remuneraciones diarias).	Una remuneración más el porcentaje de las gratificaciones que se hayan percibido.
	Descanso vacacional		15 días.	30 días.
Indemnización por despido arbitrario		Se promueve la igualdad con los trabajadores del régimen general.	Si el empleador no da un preaviso con 15 días de anticipación, paga una indemnización equivalente al salario de 15 días.	Contrato a plazo indeterminado: Una remuneración y media por cada año de servicios, con un máximo de 12 remuneraciones. Contrato a plazo fijo: Una remuneración y media por cada mes dejado de laborar.
Trabajo realizado en días feriados		Se promueve la igualdad con los trabajadores del régimen general.	La compensación por el día feriado laborado es el equivalente al 50% de la remuneración diaria.	La compensación por el día feriado laborado es el equivalente al 100% de la remuneración diaria.
Jornada de trabajo		Se promueve la igualdad con los trabajadores del régimen general.	8 horas diarias o 48 horas semanales .	8 horas diarias o 48 horas semanales.

Seguridad social	**Salud**	Promueve la seguridad social.	Sólo para los trabajadores que laboran desde 4 horas diarias.	Todos los trabajadores tienen acceso a los servicios de salud.
	Pensiones		Las trabajadoras y los trabajadores del hogar deben aportar a algún sistema de pensiones (público o privado)	Todos los trabajadores deben aportar a algún sistema previsional (público o privado)
Contrato de trabajo		Preferentemente escrito.	Escrito o verbal.	Escrito o verbal
Normas de inspección del trabajo		Todo Miembro deberá formular y poner en práctica medidas relativas a la inspección del trabajo, la aplicación de las normas y las sanciones, prestando debida atención a las características especiales del trabajo doméstico, en conformidad con la legislación nacional.	Se ve limitada por las restricciones de acceso a los domicilios, la falta de una norma que de pauta para realizar inspecciones en los domicilios, y la falta de sanciones adecuadas a las características de los empleadores del hogar.	Existen normas que regulan el procedimiento de inspección, y; sanciones bien definidas para los infractores de la normativa laboral.
Trabajo Infantil		No inferior a la edad mínima desarrollada en cada legislación.	Edad mínima especificada de 14 años, de acuerdo a la ratificación del Convenio N° 138 de la OIT. No obstante, de acuerdo al artículo 3 del Decreto Supremo N° 003-2010-MINDES, los niños/as y adolescentes no deberían desarrollar labores domésticas, ya que por su naturaleza y condiciones son peligrosas.	Edad mínima especificada de 14 años, de acuerdo a la ratificación del Convenio N° 138 de la OIT.

IV. JURISPRUDENCIA SOBRE EL RÉGIMEN DEL TRABAJO DEL HOGAR ENEL PERÚ

En materia jurisprudencial, los trabajadores del hogar no han recibido aportes significativos.

Por el contrario, merece especial atención el criterio del Tribunal Constitucional (TC) contenido en la Sentencia de Expediente N° 2643-2010-PC/TC[38], que resuelve la acción de amparo de la Señora María Asensión Santos Chero contra la parroquia "San Juan Bautista de Catacaos", en la que solicita reposición por despido incausado, pues el razonamiento que el TC utiliza podría terminar en la incorrecta aplicación de la Ley N° 27986; y, consecuentemente, en la afectación de los derechos de las/los trabajadoras/es del hogar.

La demandante, desarrollaba labores de limpieza, lavado y cocina. La demandada la despide sin expresión de causa, considerando que el trabajo de la misma era regulado por la Ley N° 27986 y no por el régimen general, en el cual su despido debería sujetarse a causas de conducta o capacidad, de acuerdo a la Ley de Productividad y Competitividad Laboral.

El Tribunal Constitucional declara infundada la demanda, inclinándose a los argumentos de la institución demandada. Sus razonamientos determinantes se encuentran en los fundamentos jurídicos 2 y 3 que, textualmente, expresan:

> *"2. Al respecto, a fojas 3 obra el Acta de Verificación de Despido Arbitrario, emitida por la autoridad de trabajo, en donde se constató que la demandante se desempeñaba como empleada de servicios. A fojas 7 obra el* ***certificado de trabajo*** *extendido por el párroco de la parroquia demandada, en donde* ***se consigna que la demandante se desempeñaba como trabajadora de servicio doméstico****. Asimismo, tanto la demandante como la demandada señalan que la demandante desempeñaba en la casa parroquial labores de cocina, lavado de ropa y limpieza, propias de los servicios domésticos que realizan los trabajadores del hogar* (el énfasis es nuestro).
>
> *3. Conforme a lo antes expuesto, este Tribunal considera que la demandante se desempeñaba como trabajadora del hogar, por lo que sus labores se regían por la Ley N° 27986, la cual en su artículo 7° establece expresamente la posibilidad del empleador de prescindir de los servicios de la demandante sin expresión de causa, por lo que este Tribunal no puede estimar la demanda en el presente caso".*

Conviene preguntar cuál es el elemento que determina que un trabajador sea calificado como trabajador del hogar y, por tanto, tratado de acuerdo a una norma específica.

El primer párrafo del artículo 2 de la Ley N° 27986, dispone lo siguiente:

> *"Artículo 2: Son trabajadores al servicio del hogar los que efectúan* ***labores de aseo, cocina, lavado, asistencia, cuidado de niños y demás propias de la conservación de una residencia o casa-habitación y del desenvolvimiento de la vida de***

---

[38] S TC del 30 de noviembre de 2010. {Expediente número 2643-2010-PC/TC}.

un hogar**, que no importen lucro o negocio **para el empleador o sus familiares (el énfasis es nuestro)".

De la norma citada, puede advertirse la existencia de tres elementos que determinan la aplicación de la Ley N° 27986: las funciones, el empleador y el ámbito; las graficamos en el siguiente cuadro:

Elementos que determinan quién es un/a trabajador/a del hogar (artículo 2 de la Ley N° 27986)

1. Funciones	2. Empleador	3. Ámbito
– Labores de aseo, cocina, lavado, asistencia, cuidado de niños y demás propias de la conservación y desenvolvimiento de la vida de un hogar.	– Persona, que no obtiene lucro con el desarrollo de las funciones domésticas. – Familiares de la persona.	– Hogar, residencia o casa-habitación y del desenvolvimiento de la vida de un hogar.

Fuente: Elaboración propia.

En el presente caso, se ha cumplido de manera total con el primer elemento, puesto que se han desarrollado labores de conservación; y, de manera parcial, con el segundo, ya que el empleador no obtiene beneficio económico de las labores realizadas. No obstante, no se cumplen todas las condiciones para aplicar la Ley N° 27986 sobre la trabajadora demandante.

Para cumplir a cabalidad el segundo elemento, también se requiere que el empleador sea una persona natural. La norma hace referencia al "empleador o sus familiares", por lo que no pueden incluirse como empleadores del hogar a instituciones.

Tampoco se ha cumplido con el tercer elemento, por el cual los servicios deben desarrollarse en el ámbito más personal del empleador, su residencia o casa-habitación.

El ámbito en el que se desarrollan las labores nos permite comprender que el empleador recibe directamente los servicios, lo cual no sucede en el caso de una parroquia que forma parte de la estructura de una institución religiosa.

Por todas estas consideraciones, asumir el criterio del Tribunal Constitucional significaría que en todas aquellas instituciones sin fines de lucro en las que se presten servicios de aseo, cocina y lavado, podría despedirse sin expresión de causa a los/as trabajadores/as y evitar pagárseles una indemnización con sólo dar previo aviso.

A mi parecer, esta sentencia convalida una vulneración del derecho al trabajo, pues se aplicará injustamente las disposiciones de la Ley N° 27986 sobre aquellos/as trabajadores/as que realicen labores de aseo, cocina y lavado, en ámbitos que no sean la residencia o casa-habitación del empleador, sin pagárseles la indemnización que la jurisprudencia reconoce para los trabajadores de confianza que son despedidos.

V. ACCIONES DEL ESTADO

1. Iniciativas del Congreso de la República

Existen diversas propuestas de modificación de la Ley N° 27986, que han tratado de aproximarse a los niveles de protección que establece el Convenio N° 189 de la OIT, en el ámbito de la formalidad contractual, las remuneraciones, los beneficios sociales, las vacaciones, descansos remunerados y la protección de los menores trabajadores.

Citamos algunos de estos proyectos:

1. Proyecto de Ley N° 276/2016-CR, Proyecto de ley que modifica los artículos 2, 5, 9, 12 Y 13 de la Ley N° 27986 Ley De Los Trabajadores Del Hogar.
2. Proyecto de ley 2990/2013-CR: Ley que modifica los artículos 3, 5, 9, 11, 13 y 17 de la Ley 27986 Ley de los trabajadores del hogar[39].
3. Proyecto de Ley 3007/2013-CR: Ley que modifica el artículo 5 sobre el monto de la remuneración de la Ley 27986, Ley de los Trabajadores del Hogar[40].

2. Ministerio de Trabajo y Promoción del Empleo

Por parte del MTPE se han formulado las siguientes propuestas:

2.1. Plan de Acción para promover el cumplimiento de los derechos laborales de los trabajadores y las trabajadoras del hogar 2016-2017

El 13 de abril del año 2016, se publicó en el Diario Oficial El Peruano, la Resolución Ministerial N° 066-2016-TR, que aprueba el Plan de Acción para promover el cumplimiento de los derechos laborales de los trabajadores y las trabajadoras del hogar 2016-2017.

Este plan tiene 5 ejes estratégicos a ejecutar, cada uno con un eje objetivo de gran relevancia para la mejora de las condiciones de los trabajadores del hogar. Estos ejes son: 1) Orientación y difusión, cuyo objetivo consiste en incrementar el nivel de información de los empleadores y los/as trabajadores/as del hogar, respecto a los derechos de los/as trabajadores/as del hogar; 2) Registro de Trabajadores/as del hogar, el cual comprende al registro de los empleadores de trabajadores/as del hogar, de los/as trabajadores/as del hogar y sus derechohabientes; y, que es administrado por la SUNAT[41]; 3) Fiscalización, que tiene por objetivo concientizar sobre los dere-

[39] Este proyecto fue analizado por el Ministerio de Trabajo y Promoción del Empleo, mediante Informe N° 40-2015-MTPE/4/8 e Informe N° 1221-2016-MTPE/4/8.

[40] Este proyecto fue analizado por el Ministerio de Trabajo y Promoción del Empleo, mediante Informe N° Informe N° 415-2014-MTPE/4/8, del 28 de abril del 2014, de la Oficina General de Asesoría Jurídica del Ministerio de Trabajo y Promoción del Empleo.

[41] Dicho Registro fue creado mediante Resolución de Superintendencia N° 191-2005/SUNAT modificada por la Resolución de Superintendencia N° 240-2014/SUNAT; ello conforme el dispuesto en el

chos socio-laborales de los trabajadores y las trabajadoras del hogar, así como velar por el pleno e inmediato cumplimiento de los mismos, a través de la realización de acciones de orientación y fiscalización de los derechos de los/as trabajadores/as del hogar, con énfasis en las agencias de empleo; 4) Trabajo Infantil y trabajo forzoso en el hogar, cuya finalidad es mejorar los mecanismos de prevención y atención para los/as trabajadores/as del hogar víctimas de trabajo infantil, y, además, mejorar los mecanismos de prevención y atención para para los/as trabajadores/as del hogar víctimas de trabajo forzoso; 5) Empleabilidad, cuya finalidad radica en contribuir en la mejora de las condiciones laborales a través de la acreditación y certificación de competencias laborales en el trabajo del hogar.

2.2. Proyecto de Decreto Supremo que modifica el Reglamento de la Ley General de Inspección del Trabajo

Esta propuesta tiene por objeto modificar el Reglamento de la Ley General de Inspección del Trabajo, aprobado por Decreto Supremo 019-2006-TR. Entre los cambios que propone figura el establecimiento de una regla especial para la aplicación de las multas por infracciones vinculadas con el régimen laboral especial de los trabajadores del hogar, consistente en el 50% de las multas de infracciones leves, graves y muy graves que reciben las microempresas.

Tal distinción se ampara en la identidad y ocupación del empleador, quién no se dedica al desarrollo de una actividad empresarial y que no pretende obtener algún beneficio lucrativo o comercial de la actividad del trabajador del hogar[42].

Mediante Oficio N° 941-2015-MTPE/4, del 23 de marzo de 2015, la Secretaria General del MTPE remitió a la Secretaría del Consejo de Ministros de la Presidencia de la República la propuesta que se menciona. Su aprobación y publicación resulta importante, pues permitirá el desarrollo y ejecución de políticas inspectivas que no se vean obstruidas por un marco sancionatorio desproporcionado.

---

artículo 1 de la Ley N° 27334, Ley que amplía las funciones de la Superintendencia Nacional de Aduanas y Administración Tributaria (SUNAT), se modifica el artículo 5° del Decreto Legislativo N° 501, Ley General de la SUNAT, a fin de otorgar a dicha Institución la administración de las aportaciones al Seguro Social de Salud (EsSalud) y a la Oficina de Normalización Previsional (ONP). Este registro será la herramienta que determinará el rumbo de la inspección para la evaluación del cumplimiento de los derechos de los trabajadores domésticos. En el año 2015, se ha contabilizado un total de 105,970 de trabajadores del hogar inscritos. Al respecto del citado registro, el Director de Capacitación y Difusión Laboral del MTPE, Hugo Carrasco Mendoza, considera necesario el establecimiento de diversos incentivos para fomentar la inscripción de los empleadores del hogar, como por ejemplo la reducción de impuestos.

[42] La incorporación de esta regla especial se ajusta a lo que dispone el artículo 103 de la Constitución Política del Estado establece que pueden expedirse leyes especiales por razón de la naturaleza de las cosas.

2.3. Proyecto de Decreto Supremo que modifica el Decreto Supremo N° 005-2007-TR y establece el derecho de las trabajadoras y los trabajadores del hogar a gozar de un día no laborable compensable

El Decreto Supremo N° 005-2007-TR, declara el 30 de marzo como el Día Nacional de los Trabajadores y Trabajadoras del Hogar, en atención del primer Congreso de Trabajadoras del Hogar, realizado en 1988 en la ciudad de Bogotá, Colombia, en el cual se instituyó el 30 de marzo como el Día Internacional de las Trabajadoras del Hogar.

Esta propuesta tiene dos principales aportes. El primero consiste en la modificación del artículo 1 del Decreto Supremo N° 005-2007-TR, eliminando de su fórmula la parte que indica que el día nacional de los trabajadores del hogar es laborable, tal y como se representa en el siguiente cuadro:

D.S. N° 005-2007-TR	Proyecto de modificación.
Artículo 1.- Declarar el día 30 de marzo de cada año como el "Día Nacional de los Trabajadores y Trabajadoras del Hogar". **Este día conmemorativo será laborable a nivel nacional.**	**Artículo 1.**- Declarar el día 30 de marzo de cada año como el "Día nacional de las trabajadoras y los trabajadores del hogar".

El segundo aporte es introducido por el artículo 2 del comentado proyecto y consiste en el derecho a gozar de un día no laborable compensable que se hará efectivo el día lunes inmediato posterior a dicha fecha, aun cuando corresponda con el descanso del trabajador.

Esta propuesta se ajusta a lo dispuesto por el artículo 7 del Decreto Legislativo N° 713[43], por el cual aquellos feriados no laborables que no estén señalados en dicho decreto supremo se gozarán el día lunes inmediato posterior a dicha fecha, aun cuando corresponda con el descanso del trabajador.

Resulta claro que, de acuerdo a la realidad laboral de los trabajadores del hogar, cuyas jornadas son extensas - sobre todo en la modalidad cama adentro - hubiera sido preferible declarar un feriado no compensable. Sin embargo, para cumplir con dicho fin hubiera sido necesaria una norma con rango de Ley. Dicha limitación radica en el artículo 5 del Decreto Legislativo N° 713[44].

2.4. Propuesta de Modificación de la Ley N° 27986

La Dirección General de Derechos Fundamentales y Seguridad y Salud en el Trabajo del MTPE, ha trabajado en el año 2015 una propuesta de modificación

[43] Art. 7.- *"Los feriados establecidos en el artículo anterior se celebrarán en la fecha respectiva. Cualquier otro feriado no laborable de ámbito no nacional o gremial, se hará efectivo el día lunes inmediato posterior a la fecha, aun cuando corresponda con el descanso del trabajador".*

[44] Art. 5.- *"Los trabajadores tienen derecho a descanso remunerado en los días feriados señalados en esta Ley, así como en los que se determinen por dispositivo legal específico".*

de la Ley N° 27986, con el objetivo de adaptarse a las disposiciones del Convenio N° 189 de la OIT.

Dicho proyecto tiene cuatro aportes principales: el primer aporte es la modificación del título de la Ley N° 29786, a Ley de las trabajadoras y los trabajadores del hogar, atendiendo a la inclusión de género; el segundo, es el establecimiento de la remuneración mínima vital para los/as trabajadores/as del hogar; el tercero, es el establecimiento de la formalidad escrita para la contratación de los/as trabajadores/as del hogar; y, el cuarto, es el establecimiento de una edad mínima de 18 años para prestar servicios de carácter doméstico.

3. Superintendencia Nacional de Fiscalización Laboral

La Intendencia Nacional de Inteligencia Inspectiva (INII) de la SUNAFIL ha trabajado un Proyecto de Directiva denominado "Directiva N° 001-2015-SUNAFIL/INII: Fiscalización de las obligaciones del régimen de los trabajadores y las trabajadoras del hogar".

Este proyecto de directiva simboliza un importante aporte, puesto que establece los criterios técnicos para la fiscalización que le corresponde a la inspección del trabajo, a nivel nacional, sobre el cumplimiento de las obligaciones laborales establecidas en el régimen laboral de los/as trabajadores/as del hogar.

Esta directiva tiene una serie de criterios para determinar la existencia de una relación laboral y el incumplimiento de las obligaciones correspondientes sin necesidad de ingresar al domicilio; no obstante, de ser necesario el ingreso al hogar del empleador, deberá solicitar el permiso correspondiente y si este no es otorgado deberá acudirse a un juez de paz letrado, del ámbito territorial donde reside el sujeto inspeccionado.

Estimamos que esta directiva será aprobada, luego de que se publiquen las modificaciones al RLGIT. Se entiende necesario este orden pues de nada servirían la realización de criterios técnicos de inspección relativa al trabajo en el hogar, si es que las sanciones establecidas en el RLGIT no se adecuan al sector que será fiscalizado.

VI. CONCLUSIONES

Los/as trabajadores/as del hogar en el Perú provienen de un sector con muchas carencias económicas y educativas, siendo la mayoría mujeres (95.8%).

El trabajo del hogar en el Perú presenta una serie de deficiencias a nivel normativo que, sumadas a los problemas presentados en la inspección, significan el incumplimiento de los derechos reconocidos a los/as trabajadores/as del hogar, así como el empobrecimiento de sus condiciones de trabajo y de vida.

Es necesario que el Tribunal Constitucional aporte criterios que desarrollen la protección de los derechos de los trabajadores del hogar.

El Estado ha venido implementando normas y elaborando propuestas destinadas a lograr el cumplimiento de los derechos de los trabajadores del hogar. Resultan claves en este proceso la modificación del RLGT, estableciendo sanciones adecuadas para los empleadores del hogar, la emisión de la Directiva Nº 001-2015-SUNAFIL/INII, la cual orienta el desarrollo de la inspección del trabajo en el hogar, la modificación de la Ley N° 27986; así como las actividades de orientación y difusión contenidas en el Plan de Acción para promover el cumplimiento de los derechos laborales de los trabajadores y las trabajadoras del hogar 2016-2017.

La ratificación del Convenio N° 189 de la OIT resulta necesaria, pues significa para el Estado Peruano el compromiso y la obligación de consolidar todas las reformas que eleven las condiciones de empleo y de vida de los/as trabajadores/as del hogar.

En vista de los cambios que vienen proponiéndose desde el Estado, espero que, al momento de su publicación, este artículo sea una mirada al pasado.

BIBLIOGRAFÍA

1. Centro Internacional de Formación de la OIT. *Normas internacionales de Trabajo,* Departamento de Centro Internacional de Formación de la OIT, Italia, 2008.
2. CONGRESO DE LA REPÚBLICA DEL PERÚ. "Proyecto de Ley N° 276/2016-CR, Proyecto de ley que modifica los artículos 2, 5, 9, 12 Y 13 de la Ley N° 27986 Ley de los Trabajadores del Hogar".
3. CONGRESO DE LA REPÚBLICA DEL PERÚ. "Proyecto de Ley 3007/2013-CR: Ley que modifica el artículo 5 sobre el monto de la remuneración de la Ley 27986, Ley de los Trabajadores del Hogar".
4. CONGRESO DE LA REPÚBLICA DEL PERÚ. "Proyecto de ley 2990/2013-CR: Ley que modifica los artículos 3, 5, 9, 11, 13 y 17 de la Ley 27986 Ley de los trabajadores del hogar".
5. DEFENSORÍA DEL PUEBLO. "*Las trabajadoras del hogar en el Perú*", 2016, Lima, p. 9 [Ubicado el 1. IV 2016] Obtenido en: *http://www.defensoria.gob.pe/modules/Downloads/informes/varios/2016/Informe-001-2016-DP-ADM--Las-trabajadoras-del-hogar-en-el-Peru.pdf.*
6. DEFENSORÍA DEL PUEBLO. "Las trabajadoras del hogar en el Perú. Supervisión a los sectores encargados de la promoción y defensa de sus derechos". Serie Informes de Adjuntía – Informe N° 007-2013-DP/ADM, Lima: Adjuntía para los Derechos de la Mujer, 2013.
7. *Guía Operativa de Jurisprudencia Laboral*, 1ª edición, Diálogo con la Jurisprudencia, Lima, 2007.
8. Informe Técnico N° 013-2016-MTPE/2/15.1, del 27 de enero del 2016, de la Dirección General de Derechos Fundamentales y Seguridad y Salud en el Trabajo del Ministerio de Trabajo y Promoción del Empleo.
9. Informe N° 1221-2016-MTPE/4/8, del 01 de abril del 2016, de la Oficina General de Asesoría Jurídica del Ministerio de Trabajo y Promoción del Empleo.
10. Informe N° 415-2014-MTPE/4/8, del 28 de abril del 2014, de la Oficina General de Asesoría Jurídica del Ministerio de Trabajo y Promoción del Empleo.
11. Informe N° 40-2015-MTPE/4/8, del 16 de enero del 2015, de la Oficina General de Asesoría Jurídica del Ministerio de Trabajo y Promoción del Empleo.

12. LA CRUZ DÁVILA, Clarisa Cecilia. *Protección al Régimen Especial de Trabajo del Hogar, en la Modalidad Cama Adentro, tesis para optar al grado de magister en derecho al trabajo y seguridad social,* Lima, PUCP, 2014.
13. Ministerio de Trabajo y Promoción del Empleo. *Informe Anual del Empleo en el Perú 2014, Lima, Perú, 2015.*
14. MINISTERIO DE TRABAJO Y PROMOCIÓN DEL EMPLEO. "Proyecto de Decreto Supremo que modifica el Reglamento de la Ley General de Inspección del Trabajo, aprobado por Decreto Supremo N° 019-2006-TR".
15. MINISTERIO DE TRABAJO Y PROMOCIÓN DEL EMPLEO. "Proyecto de Decreto Supremo que modifica el Decreto Supremo N° 005-2007-TR y establece el derecho de las trabajadoras y los trabajadores del hogar a gozar de un día no laborable compensable".
16. MINISTERIO DE TRABAJO Y PROMOCIÓN DEL EMPLEO. "Proyecto de Ley que Modifica de la Ley N° 27986, Ley de Trabajadores del Hogar".
17. ORGANIZACIÓN INTERNACIONAL DEL TRABAJO. "El Trabajo Doméstico Remunerado en América Latina y el Caribe", En: Notas OIT, N° 1, 2010 [Ubicado el 03.II 2016] Obtenido en: *http://www.ilo.org/wcmsp5/groups/public/---americas/---ro-lima/---sro-santiago/documents/publication/wcms_178173.pdf.*
18. PEREZ, Leda. *¿Al fondo del escalafón? Un estado de la cuestión sobre el trabajo doméstico remunerado en el Perú*, Lima, CIUP, 2015.
19. SUNAFIL. "Proyecto de Directiva Nº 001-2015-SUNAFIL/INII: Fiscalización de las obligaciones del régimen de los trabajadores y las trabajadoras del hogar", En: Diario El Peruano, 28 de marzo del 2015.
20. Entrevista, realizada el 08 de marzo del 2016, al abogado Hugo Carrasco Mendoza, Director de la Dirección de Capacitación y Difusión Laboral del Ministerio de Trabajo y Promoción del Empleo.

CAPÍTULO 2.
EL SERVICIO DEL HOGAR FAMILIAR. UNA VISIÓN DESDE LA LEGISLACIÓN Y LA DOCTRINA JUDICIAL ESPAÑOLAS

PILAR CHARRO BAENA[1]

Sumario: I. UNA RÁPIDA RADIOGRAFÍA DEL SERVICIO DEL HOGAR FAMILIAR EN EL MUNDO Y EN ESPAÑA.- II. ALGUNAS FECHAS CLAVES EN LA REGULACIÓN DE LA RELACIÓN LABORAL Y DE SEGURIDAD SOCIAL DE LOS EMPLEADOS DEL HOGAR FAMILIAR.- III. PRINCIPALES RASGOS DEL RÉGIMEN JURÍDICO Y SU INTERPRETACIÓN JUDICIAL: 3.1. El régimen salarial. 3.2. El tiempo de trabajo. BIBLIOGRAFÍA

I. UNA RÁPIDA RADIOGRAFÍA DEL SERVICIO DEL HOGAR FAMILIAR EN EL MUNDO Y EN ESPAÑA

Los trabajadores domésticos constituyen una muy importante fuerza de trabajo en empleo informal y se encuentran entre los grupos de trabajadores más vulnerables. Trabajan para hogares privados, con frecuencia sin condiciones de empleo claras, sin estar registrados, y en muchas ocasiones excluidos de la legislación laboral. Además, el trabajo doméstico tiene escasa consideración social y bajo reconocimiento institucional, consecuencia de la devaluación que sufren los trabajos "típicamente feminizados".

En la actualidad, en el mundo hay alrededor de 53 millones de trabajadores domésticos y su número es cada vez mayor en los países desarrollados y en desarrollo. A esta cifra hay que agregar alrededor de 10,5 millones de niños -la mayoría menores de edad- que trabajan como trabajadores domésticos en los hogares de otras familias.

En América Latina y el Caribe, casi 20 millones de personas están empleadas en el trabajo doméstico, más de 90% mujeres; y más de 70% ejercen en condiciones de

[1] Dra. en Derecho. Profesora Titular (acreditada a Catedrática) de Derecho del Trabajo y de la Seguridad Social de la Universidad Rey Juan Carlos. Directora del Programa de Doctorado en Ciencias Sociales y Jurídicas de la Escuela Internacional de Doctorado de la Universidad Rey Juan Carlos.

informalidad. Genera más de 7% de todos los empleos disponibles en América Latina y el Caribe.

En España, el número de ocupados en el empleo doméstico alcanzó su nivel más alto en el año 2007 con 768.800 personas. Desde entonces, ha ido descendiendo, hasta las algo más de 600.000 personas en 2015[2]. No se puede desconocer la íntima relación entre el trabajo doméstico y el empleo de las mujeres, pues el 90% de las personas afiliadas pertenecen al sexo femenino. Sin duda, bajo esta característica subyace un hecho evidente, la incorporación de la mujer al mercado de trabajo sin cambios en la división sexual del trabajo reproductivo al interior de los hogares con práctica ausencia de corresponsabilidad masculina. Ello ha provocado una demanda creciente de mano de obra femenina migrante que se haga cargo de las labores de cuidado de los menores, los adultos mayores y las personas dependientes, hasta entonces reservado a las mujeres de la familia.

Si nos fijamos en la nacionalidad, en 2016, hay 196.668 personas extranjeras afiliadas al sistema especial de empleados de hogar; de ellas, más de 180.000 eran mujeres. Los estudios llevados a cabo con perspectiva de género sobre la inmigración de carácter laboral que ha recibido España en los últimos años ponen en evidencia la elevada concentración sectorial y ocupacional de las trabajadoras extranjeras en nichos de empleo de escasa cualificación; en particular, en el sector del trabajo doméstico. La migración internacional de las mujeres revela, así, una emergente internacionalización del trabajo reproductivo[3] y el surgimiento de las cadenas globales de cuidados, uno de los fenómenos más paradigmáticos del actual proceso de feminización de las migraciones en el contexto de la globalización[4].

Además, en comparación con otras ramas de actividad, el servicio doméstico es la que tiene un mayor porcentaje de trabajo a tiempo parcial, el 54,2% del total de las personas ocupadas.

Ha de tenerse en cuenta, asimismo, que la precarización generalizada de las condiciones de trabajo de la población española ha afectado de manera significativa a la también precarización de las condiciones de trabajo y el descenso del empleo en el servicio doméstico; no en vano, la parte empleadora son particulares y familias.

En España, en suma, se trata de un sector en el que la presencia de la mujer y de la población inmigrante es mayoritaria (lo que ha dado lugar a las denominadas "cadenas globales de cuidados") y donde el empleo irregular es abundante; además, el empleo regular se desarrolla bajo condiciones laborales generalmente precarias. Más

[2] UGT: *Trabajo decente para las trabajadoras y trabajadores domésticos. 16 de junio, 5 años desde la adopción del Convenio 189 de la OIT, http://www.ugt.es/Publicaciones/Informe_trabajo_decente_para_trabajadoras_trabajadores_domesticos_UGT.pdf*

[3] PARELLA, S.: *Mujer, inmigrante y trabajadora: la triple discriminación*. Barcelona: Ed. Anthropos, 2003.

[4] OROZCO, A.: "Cadenas globales de cuidado", *Género, Remesas y Desarrollo*. Documento de Trabajo 2. United Nations INSTRAW, 2007.

allá de las cifras antes recogidas, el servicio doméstico ha sufrido una histórica marginación en el ordenamiento jurídico por carecer de valor productivo y por haber sido considerada una actividad con connotaciones despectivas.

II. ALGUNAS FECHAS CLAVES EN LA REGULACIÓN DE LA RELACIÓN LABORAL Y DE SEGURIDAD SOCIAL DE LOS EMPLEADOS DEL HOGAR

El trabajo en el servicio doméstico se configura actualmente como relación laboral de carácter especial (art. 2.1. b) ET[5]). Con carácter previo conviene hacer una precisión sobre qué significa que una relación laboral sea calificada como especial en el ordenamiento jurídico-laboral español. Como se sabe, el contrato de trabajo es una relación que abarca numerosas formas y especies, desde luego muy diferentes entre sí, pero todas susceptibles de ser incluidas dentro del género. Resulta obvio que la regulación general contenida en el ET no agota -ni satisface- todas las posibles variedades, sobre todo la que se deriva de las particularidades propias de cada sector y/o profesión. Esto justifica que el legislador haya querido dotar de una regulación propia y distinta -especial- a determinados tipos de relación laboral que presentan particularidades notorias en función del objeto (tiempo, modo y/o lugar) de la prestación que se desarrolla[6]. Así, el artículo 2 del ET recoge un listado de relaciones laborales de carácter especial, listado que es constitutivo -aunque no contiene un *numerus clausus*-, pues tal y como ha entendido la jurisprudencia, tan solo será especial aquella relación laboral que expresamente haya sido considerada como tal, aun cuando otras materialmente presenten particularidades[7]. En suma, las relaciones laborales especiales no son otra cosa que una ampliación histórica del ámbito subjetivo del Derecho del Trabajo lograda a partir del concepto de contrato de trabajo, con los requisitos que hacen posible su constitución (art. 1.1.ET) y la fuerza atractiva que supone la presunción de existencia allí donde se preste un servicio remunerado por cuenta y bajo la dirección de otro. La llamada relación laboral de carácter especial se atrae al ámbito del Derecho del Trabajo, aunque respetando la singularidad a través de una regulación propia, normalmente menos beneficiosa que la general contenida en el ET[8].

Pero no siempre ha sido así. En apretado resumen[9], debe advertirse que salvo durante la vigencia de la Ley de Contrato de Trabajo de 1931, que declaró la laboralidad de esta relación, la Ley de Contrato de Trabajo de 1944 la excluyó de su ámbito de aplicación regulándose la prestación de tales servicios por el Código Civil, como con-

---

[5] Real Decreto Legislativo 2/20015, de 23 de octubre, por el que se aprueba el texto refundido de la Ley del Estatuto de los Trabajadores.

[6] AA.VV. *Estatuto de los Trabajadores*. 4ª ed. (Dir y Coord. P. CHARRO BAENA y A.V. SEMPERE NAVARRO). Thomnson Reuters Aranzadi. Cizur Menor, 2016, pág. 36.

[7] STS de 4 de diciembre de 2000 (RJ 2000, 10414).

[8] STS de 17 de abril de 2000 (RJ 2000, 3964).

[9] Sobre los orígenes históricos de esta relación laboral de carácter especial, véase. RUANO ALBERTOS, S.: *El régimen jurídico de los empleados de hogar.* Atelier, Libros Jurídicos, Barcelona, 2013, pág. 15 y ss.

trato de arrendamiento de servicios. la exclusión del ámbito de las relaciones laborales se justificaba por: a) la relación de especial confianza entre trabajador y empleador, y b) la falta de ánimo de lucro de éste último. No será hasta la aprobación de la Ley de Relaciones Laborales de 1976 cuando se declare la relación como de carácter especial, si bien no fue objeto del necesario desarrollo reglamentario posterior.

Unos años antes, en 1969, se crea un Régimen Especial de Seguridad Social para los empleados del hogar familiar (Real Decreto 2346/1969, de 25 de septiembre), aprovechando la configuración de un nuevo sistema de seguridad social puesto en marcha con la promulgación de la Ley de Bases de la Seguridad Social de 1963.

La Ley 8/1980, de 10 de marzo, del Estatuto de los Trabajadores mantiene su calificación como relación laboral de carácter especial, y años más tarde se procedió, mediante el Real Decreto 1424/1985, de 1 de agosto, la regulación de la relación de empleados del hogar familiar. Fueron precisamente los mismos motivos que habían llevado al legislador de otra época anterior a excluir del ámbito laboral estos servicios los que justifican su consideración como relación de carácter especial: la sustitución del ámbito de la prestación de servicios común, el ámbito empresarial, por el ámbito de un hogar particular y privado, que se erige como el principal elemento justificador de la especialidad de su regulación así como la especial relación de confianza mutua que deben tener las partes del contrato. Lo cierto es que la especialidad de su regulación obedece a tres rasgos característicos y exclusivos de este contrato: el lugar (el hogar familiar, tan vinculado a la intimidad personal y familiar), el empleador doméstico (el titular del hogar familiar) y el objeto (los servicios domésticos)[10].

El anterior Real Decreto se mantuvo vigente durante más de veintiséis años, si bien transcurridos pocos años desde la aprobación de la norma reglamentaria del año 1985 se alzaron voces que reclamaban reformas en el ámbito laboral y en el de la protección social que otorgaran una mayor protección jurídica a estos trabajadores. A buen seguro, las recientes modificaciones que se introdujeron en su régimen jurídico laboral y de Seguridad Social responden a un momento histórico determinado: la adopción por la OIT del convenio núm. 189, 2011, sobre las trabajadoras y trabajadores domésticos y la Recomendación núm. 201, 2011, con la misma denominación. La norma internacional entró en vigor tras la ratificación de Uruguay y Bolivia (la entrada en vigor de esta norma internacional estaba prevista tras las primeras dos ratificaciones). En la actualidad, 23 países lo han ratificado[11], entre los que se encuentra Colombia (lo ratificó el 9 de mayo de 2014), pero no España, ni Perú.

Los referidos Convenio y Recomendación no tuvieron un camino fácil para su aprobación en el seno de la OIT, existiendo muchas reticencias a abordar directamen-

[10] CUEVA PUENTE, Mª del C.: *La relación laboral especial de los empleados de hogar.* Lex Nova, Valladolid, 205, pág. 106.

[11] Alemania, Argentina, Bélgica, Bolivia, Chile, Colombia, Costa Rica, República Dominicana, Ecuador, Filipinas, Finlandia, Guyana, Irlanda, Italia, Jamaica (aunque no entra en vigor hasta el 11 de octubre de 2017), Mauricio, Nicaragua, Panamá, Paraguay, Portugal, Sudáfrica, Suiza y Uruguay.

te su regulación dada su peculiar naturaleza y el ámbito de privacidad en el que se desarrolla. Por esta razón, es difícil integrar esta actividad en las legislaciones laborales de los Estados. En su reunión 301ª (marzo de 2008), el Consejo de Administración decidió inscribir un punto en el orden del día de la 99ª reunión (2010) de la Conferencia, con el fin de que se elaborasen normas sobre el trabajo decente para los trabajadores domésticos. A su vez, en esta misma reunión, la Conferencia decidió, mediante la Resolución adoptada el 16 de junio de 2010, inscribir en el orden del día de su 100ª reunión el punto sobre el trabajo decente para los trabajadores domésticos con vistas a la adopción de una norma general. Incluso existen antecedentes más remotos en su gestación[12].

La adopción de dicho Convenio constituye un hito fundamental para conseguir que el sistema normativo ampare un área de trabajo que, en un importante número de países, se encuentra en la economía sumergida o informal, y que además carece de normativa en muchos de ellos. Según la OIT, los trabajadores domésticos en el mundo se estiman en 50 millones y a menudo no están amparados por la legislación laboral. Con este Convenio se dignifica con carácter universal un trabajo ejercido principalmente por los sectores más vulnerables de la población, mujeres, niños y trabajadores migrantes. Es una norma mínima con dos protecciones básicas en esta relación de trabajo, una, la ligada a la libertad y dignidad personal que se encuentran conectada con los derechos fundamentales, y la otra ligada a los derechos básicos laborales y de Seguridad Social. No obstante, será en cada país donde se desarrolle y el alcance del espíritu de esta norma dependerá del legislador nacional. Es un hecho histórico y resultado de una gran reivindicación sindical de organizaciones no gubernamentales e institucionales[13].

En este contexto, se aprueba el Real Decreto 1620/2011, de 14 de noviembre, por el que se regula la relación laboral de carácter especial de empleados del hogar familiar, que viene a sustituir la norma de 1985. En palabras del propio legislador, en la exposición de motivos de la norma, los años transcurridos desde la primera regulación "aconsejan una revisión en profundidad de esta normativa, para renovar y modernizar diversas instituciones jurídicas que las transformaciones sociales habidas en estos últimos tiempos y la evolución natural de las costumbres han dejado caducas. La modificación del régimen jurídico de la relación laboral especial del servicio doméstico se aborda desde una perspectiva que pretende conjugar el mantenimiento de las

[12] OIT, Actas, CIT 49.a reunión, 1965, Apéndice XII: Resoluciones adoptadas por la Conferencia, pág.705, en donde se declaraba la conveniencia de "proporcionar a los trabajadores domésticos una protección análoga a la prevista para los demás trabajadores, a fin de que, por una parte, disfruten de derechos y ventajas sociales equivalentes y, por otra, se le evite el aislamiento y la discriminación que sufren".

[13] Como IRENE (Red de Reestructuración Internacional y Educación en Europa), SEWA (Asociación de Mujeres que trabajan por cuenta propia), Domestic and Allied Workers' Union; CAW (Committee for Asian Women); ADWN (Asian Domestic Workers'Network), Organización de Mujeres en la Globalización de la Economía Informal; BLINN (Bonded Labour in the Netherlands)/Humanitas/Oxfam; GLI (Global Labour Institute); PICUM (Plataforma de Cooperación internacional para Migrantes Indocumentados); ITUC-CSI (Confederación Internacional de Sindicatos); CONLACTRAHOS (Confederación Latinoamericana y del Caribe de Trabajadoras del Hogar).

diferencias, allí donde estas encuentran una justificación objetiva y razonable, con la reducción o eliminación de aquellas, cuando se comprenda que su razón de ser ya no encuentra por más tiempo motivo, de manera que se logre una progresiva equiparación del bagaje jurídico de esta relación laboral especial con la común".

A esta nueva regulación laboral, se acompaña de una modificación en el ámbito de la Seguridad Social, asimismo reclamada por diversas instancias desde hacía años La existencia de un Régimen Especial de Empleados del Hogar se traducía, como se sabe, también en un nivel de protección social más débil. Desde el Pacto de Toledo en 1995, se recomienda la simplificación e integración de regímenes. La Ley 27/2011, de 1 de agosto, sobre actualización, adecuación y modernización del sistema de Seguridad/ Social, en su disposición adicional trigésima novena, procede a integrar el Régimen Especial de la Seguridad Social de los Empleados de Hogar en el Régimen General de la Seguridad Social y, habilita al Gobierno a modificar, en conciliación con esta integración, la regulación de la relación laboral.

Se aborda la nueva regulación tratando de buscar el equilibrio entre el mantenimiento de las diferencias, cuando encuentren una justificación objetiva y razonable, con la reducción o eliminación de otras no justificadas, de forma que se logre una progresiva equiparación del bagaje jurídico de esta relación laboral especial con la común.

La norma ha alcanzado ese objetivo en materia de relación de trabajo. No así en el régimen de Seguridad Social que, si bien ha pasado de un Régimen Especial de la Seguridad Social a un Sistema Especial en el Régimen General de la Seguridad Social, queda todavía mucho por recorrer, por ejemplo, la extensión de la protección por desempleo (la disposición adicional 2ª del Real Decreto 1629/2011 ya preveía el estudio sobre su viabilidad).

III. PRINCIPALES RASGOS DEL RÉGIMEN JURÍDICO Y SU INTERPRETACIÓN JUDICIAL

Se considera relación laboral de carácter especial del servicio del hogar familiar la que concierta el titular del hogar familiar, como empleador, y el trabajador que, dependientemente y por cuenta de aquél, presta servicios retribuidos en el ámbito del hogar familiar, como la realización de tareas domésticas, el cuidado del hogar o la atención de los miembros de la familia o de las personas que forman parte dl ámbito doméstico o familiar, así como otros trabajos que se integran en el conjunto de tareas domésticas, tales como guardería, jardinería, conducción de vehículos y otros análogos.

Por su parte, expresamente quedan excluidos de dicho régimen las relaciones laborales con personas jurídicas, las concertadas a través de empresas de carácter temporal, las relaciones concertadas entre familiares, los trabajos realizados a títulos de amistad, benevolencia o buena amistad, así como las relaciones "au pair", es decir, que una parte presta algunos servicios como enseñanza, cuidado de niños, enseñanza de idiomas y otros, a cambio de comidas, alojamiento o simples compensaciones de gastos.

Dada la limitación de espacio de esta colaboración, y existiendo doctrina judicial en múltiples aspectos del régimen jurídico del servicio del hogar familiar, se ha preferido profundizar en las cuestiones que afectan a las principales, y recíprocas, obligaciones de la prestación laboral, esto es, el tiempo de trabajo y el régimen salarial.

3.1. El régimen salarial

Según establece el art. 8.1 del RD 1620/2011, los empleados de hogar tienen derecho al menos a una retribución equivalente al Salario Mínimo Interprofesional (SMI) fijado para el correspondiente periodo anual, en proporción a la duración de la jornada: íntegro en caso de jornada completa y a prorrata en caso de jornada inferior. Tales cuantías, como es obvio, pueden mejorarse a través de pacto individual o colectivo[14].

La cuantía del SMI en cómputo mensual debe ser abonada necesariamente en metálico, ya sea en moneda de curso legal, ya sea mediante talón u otra modalidad de pago similar a través de entidades de crédito, previo acuerdo con el trabajador. Puede pactarse el pago de salario en especie (en concepto de alojamiento o manutención, por ejemplo), que en todo caso tendrá el límite del 30% respecto del montante total del salario[15]. Repárese que el empleado debe percibir el importe íntegro del SMI mensual en metálico, por lo que las percepciones en especie se adicionan a dicha cuantía.

Con esta nueva regulación se lleva a cabo la tan reclamada y esperada aproximación a la regulación común y, lo que es más importante, la dignificación del salario redundando en beneficio de la capacidad adquisitiva del empleado al servicio del hogar familiar[16].

El Real Decreto 1171/2015, de 29 de diciembre, fija el salario mínimo interprofesional en 21,84 euros/día o 655,20 euros/mes, según que el salario esté fijado por días o por meses. No obstante lo anterior, de acuerdo con el artículo 8.5 del Real Decreto 1620/2011, para los empleados de hogar que trabajen por horas, en régimen externo, se toma como referencia para la determinación del salario mínimo el fijado para los trabajadores eventuales y temporeros, y para el año 2016 es de 5,13 euros por hora efectivamente trabajada.

---

14 STSJ Cataluña de 28 de noviembre de 2006 (AS 2006, 1895).

15 La Ley 35/2010, de 17 de septiembre, en su DA 23ª, estableció en relación al salario en especie que éste no podrá superar el 30% de las percepciones salariales del trabajador ni minorar la cuantía íntegra en dinero del salario mínimo interprofesional, siendo dicha regla de aplicación también a las relaciones laborales de carácter especial. De esta forma, se puso fin a uno de los aspectos más criticados de la normativa anterior, RD 1424/1985, que permitía que en la relación laboral especial del servicio del hogar familia se pactase entre las partes descontar hasta un 45% del salario si se hubiese acordado prestaciones en especie. Bien es verdad que la doctrinal judicial jugó un papel relevante exigiendo la constatación del acuerdo entre empleador y trabajador doméstico para proceder al referido descuento (STSJ del País Vasco de 28 de noviembre de 2006 (AS 2007, 1140).

16 MIÑARRO YANINI, M.: "La nueva regulación de la relación laboral de carácter especial del servicio del hogar familiar: una mejora mejorable" (II). *Relaciones Laborales* núm. 5, 2012, *www.laley.es* Ref. 2165/2012, pág. 2 de la versión digital.

Aparece una duda en relación a estos dos supuestos, alojamiento y manutención: si sólo este régimen se aplica a éstos o a todos los casos de retribución en especie. Estos dos supuestos son los que presentan mayor conexión con la propia prestación, pues es habitual que estas personas coman y vivan en el hogar familiar. No parece existir problema para incluir otras modalidades, como por ejemplo, la utilización de vehículos.

Ha de tenerse en cuenta que no se considerará salario en especie el alojamiento en los supuestos en que es exigido por el empleador. (art. 12.2. Convenio 189 OIT y Apdo. 14 Recomendación 201 OIT).

Esta equiparación salarial con la relación laboral común se completa con la previsión sobre la regulación de las pagas extraordinarias. Conforme a la actual normativa se fijan en dos al año, a percibir, salvo pacto en contrario, al final de cada semestre del año y en proporción al tiempo trabajado. A diferencia de lo que señala su predecesor de 1985, el RD 1620/2011, permite que su cuantía sea la que acuerden las partes, pero exige que debe ser suficiente para garantizar, en todo caso, el pago en metálico, al menos, de la cuantía del salario mínimo interprofesional en cómputo anual.

Otra de las novedades que introdujo la norma reglamentaria hoy vigente fue que, frente a la norma anterior que solo prevía un reconocimiento de antigüedad con un tope de años, ahora la revisión cuantitativa del salario se hará por acuerdo entre las partes; en su defecto, el salario experimentará un incremento anual igual al incremento salarial medio pactado en los convenios colectivos, según los datos publicados por la Subdirección General de Estadística del Ministerio de Empleo y Seguridad Social del mes en el que se completen doce consecutivos de prestación de servicios. Al no existir negociación colectiva, las cuestiones relativas al salario se regulan por medio del contrato de trabajo o acuerdo entre las partes. Aun así, por primera vez, se establece el incremento salarial anual, asimilando la relación de carácter especial a lo pactado en los Convenios Colectivos en general.

En fin, el pago del salario habrá de documentarse mediante la entrega al trabajador de un recibo individual y justificativo del pago del mismo, en la forma acordada entre las partes o, en su defecto, conforme a lo establecido en el art. 29.1 ET. De acuerdo con las previsiones generales de la DA 3ª RD 1620/2011, el Ministerio correspondiente pondrá a disposición de los empleadores modelos de recibos de salarios para el cumplimiento de lo establecido en este apartado[17].

3.2. El tiempo de trabajo

La ordenación del tiempo de trabajo de los empleados de hogar se encuentra en el art. 9 RD 1620/2011 y, supletoriamente o por vía de remisión, en los preceptos correspondientes del ET y la legislación laboral de carácter general.

[17] Puede consultarse en *http://www.empleo.gob.es/es/portada/serviciohogar/modelos/Mod-nomina.pdf*

En particular, son aplicables los límites legalmente establecidos para los menores de dieciocho años, quienes sólo podrán realizar ocho horas diarias de trabajo efectivo (con una pausa de treinta minutos para las jornadas superiores a cuatro horas y media, y teniendo en cuenta en su caso las realizadas para cada empleador, si se trabaja para varios), no podrán realizar horas extraordinarias ni trabajar en periodo nocturno (entre las diez de la noche y las seis de la mañana), tendrán un descanso entre jornadas de doce horas como mínimo, y gozarán de un descanso semanal de al menos dos días consecutivos.

La jornada máxima ordinaria semanal será de cuarenta horas de trabajo efectivo. El horario será el que se fije por acuerdo entre las partes. Una vez concluida la jornada de trabajo, el empleado no está obligado a permanecer en el hogar.

Entre el final de una jornada y el inicio de la siguiente deberá mediar un descanso mínimo de doce horas, aunque puede reducirse a diez horas para el empleado de hogar interno, siempre que se compense el resto hasta doce horas en períodos de hasta cuatro semanas. El empleado de hogar interno dispondrá, al menos, de dos horas diarias para las comidas principales, no computables como tiempo de trabajo.

Las partes pueden pactar tiempos de presencia suplementarios al tiempo ordinario de trabajo, que obligan en su caso al empleado a permanecer a disposición del empleador, hasta su conclusión. Estos tiempos son característicos de esta relación laboral de carácter especial, aunque no exclusivos. Hace ya algunos años, la doctrina puso de manifiesto gráficamente la diferenciación entre los conceptos tiempo de trabajo y tiempo de presencia. Así se señala que "la diferenciación entre ambos conceptos se construye en base al diferente juego de dos elementos: la disponibilidad del trabajador y el trabajo efectivo. Si concurren ambos, estaremos ante tiempo de trabajo efectivo; si concurre el primero pero no el segundo, nos encontraremos ante tiempo de presencia; y si no concurre ninguno de los dos, nos encontramos ante tiempo de descanso"[18].

El tiempo de presencia no computa a efectos de la jornada de trabajo pactada en contrato y, en todo caso, debe respetar la jornada máxima de trabajo y los periodos mínimos de descanso. Como máximo será de veinte horas semanales para un trabajador que trabaje a jornada completa en un periodo de un mes y la cuantía será igual como mínimo al valor de la hora ordinaria, pues puede ser requerido en ese tiempo para alguna labor doméstica. También se puede compensar por tiempo de descanso retribuido. Cuando el empleado doméstico tiene manutención y alojamiento, se ha de pactar en contrato las horas de presencia, pues la jornada efectiva puede quedar difuminada y confundirse la prestación laboral con el tiempo de estancia. Se han de determinar cuáles son las actividades que se llevan a cabo en el tiempo de presencia y no dejarlas al arbitrio del cabeza de familia. En todo caso, su realización debe ser acreditada por el trabajador doméstico[19].

---

[18] MATÍA PRIM, J.: "Las nuevas normas de jornada en el transporte por carretera". *Relaciones Laborales* 1996, T.I, pág. 564.

[19] STSJ Cataluña de 18 de marzo de 2016 (JUR 2016, 122490).

Surge el problema de determinar cuáles son las actividades que puede desarrollar el empleado sin que se convierta en tiempo efectivo de trabajo. No se trata de una cuestión fácil de contestar y, en todo caso, hay que dotar de cierta flexibilidad la aplicación del concepto sin que suponga una forma de ampliar la jornada efectiva de trabajo fuera de los límites pactados. Así, la doctrina judicial ha considerado que las horas trabajadas en fin de semana, de acuerdo a lo previsto en el contrato de trabajo, superando la jornada laboral ordinaria, se consideran horas de presencia y no horas extraordinarias, por lo que habrán de retribuirse como horas ordinarias[20].

La STSJ Madrid de 13 de noviembre de 2015[21] ha considerado que no son horas extraordinarias, sino que puede conceptuarse como tiempo de presencia el tiempo de pernocta en el domicilio familiar. En concreto, el trabajador iniciaba su jornada a las 18 horas encargándose de la atención de una persona mayor a la que acompañaba, daba la cena y acostaba alrededor de las 23 horas. Tras acostarle, disponía para sí del tiempo que transcurría hasta que se acostaba; si había que realizar alguna atención durante la noche a la persona que cuidaba la realizaba el actor. Sobre las 8 horas de la mañana levantaba a la persona atendida, la aseaba y duchaba y le daba el desayuno, marchándose a las diez de la mañana en que venía otra persona para continuar la atención. No queda probado que por el estado de salud y condiciones particulares de la persona atendida se hiciera necesario un trabajo adicional, de atención continua.

Cuando concluya la jornada de trabajo diaria y, si estuviese pactado tiempo de presencia, el empleado no está obligado a permanecer en el hogar familiar.

El tiempo de presencia tendrá la duración que acuerden las partes, y será objeto de retribución o compensación en los términos pactados. En todo caso, las horas de presencia no podrán exceder de veinte horas semanales de promedio en un periodo de referencia de un mes y se retribuirán con un salario de cuantía no inferior al correspondiente a las horas ordinarias, "salvo que se acuerde su compensación con períodos equivalentes de descanso retribuido".

Al referirse a la duración y compensación de los tiempos de presencia, el art.9.2 RD 1620/2011 dice que habrá de pactarse todo ello respetando la jornada máxima de trabajo y los periodos mínimos de descanso, de modo que los tiempos de presencia no pueden incrementar el tiempo efectivo de trabajo establecido con carácter máximo, pero sí el tiempo global de permanencia o disposición del empleado en el hogar familiar.

Se admite la realización de horas extraordinarias conforme al artículo 35.5 ET (máximo de 80 al año, salvo compensación por descanso en el periodo posterior de cuatro meses o concurrencia de razones extraordinarias). Los tiempos de presencia a disposición del empresario no se computan para el número máximo de horas extraordinarias. Según la redacción del artículo 35.3 del ET, las horas extraordinarias por

[20] STSJ Cataluña de 2 de julio de 2015 (AS 2015, 2201).

[21] JUR 2016, 4422.

fuerza mayor, trabajadas para prevenir o reparar siniestros, sería necesario adaptarla a los supuestos que puedan surgir en esta relación laboral.

Los empleados de hogar tienen derecho a un descanso semanal de treinta y seis horas consecutivas que comprenderán, como regla general, la tarde del sábado o la mañana del lunes y el día completo del domingo. Nos encontramos aquí con una condición laboral menos favorable que la prevista en el ET para los trabajadores sometidos a una relación laboral ordinaria. Para éstos, la norma laboral prevé un día y medio de descanso (que se puede computar hasta en dos semanas), y la jurisprudencia ha dejado sentado que no se pueden solapar el descanso entre jornadas (doce horas) con el descanso semanal, de forma que este último comprendería jornada y media y no treinta y seis horas[22].

Cuando no presten servicios en régimen de jornada completa (conforme a la duración máxima anteriormente mencionada), la retribución de dicho período de descanso "se reducirá en proporción a las horas efectivamente trabajadas" (art. 9.5 RD 1620/2011).

También tendrá derecho al disfrute de las fiestas y permisos del artículo 37 del ET.

El período de vacaciones anuales será de treinta días naturales; puede fraccionarse en dos o más periodos por acuerdo de las partes, si bien al menos uno de ellos será, como mínimo, de quince días naturales consecutivos (art. 9.7 RD 1620/2011).

Las fechas de disfrute de vacaciones serán las pactadas por las partes. En defecto de pacto, quince días podrán fijarse por el empleador atendiendo a las necesidades familiares y el resto se elegirá libremente por el empleado, aunque deberán ser conocidas con dos meses de antelación al inicio de su disfrute.

Durante el periodo o periodos de vacaciones el empleado de hogar no está obligado a residir en el domicilio familiar o en el lugar a donde se desplace la familia o alguno de sus miembros.

En cuanto a la retribución del periodo de vacaciones, hay que tener en cuenta si sólo percibirá la parte del salario en metálico o la totalidad del salario percibido. Durante las vacaciones el trabajador no percibe la especie, y si no recibe esta parte en metálico tiene un doble perjuicio, que no disfruta del alojamiento y manutención y, además, que ha de costearlo. El disfrute del periodo de descanso sería contrario al deseado, pues la minoración que supone en su renta no le compensa y preferiría seguir trabajando. Tener vacaciones supone una minoración en su calidad de vida habitual por el mero hecho de disfrutarlas. Queda aclarado que la retribución en especie quede convertida en metálico a no ser que pueda seguir disfrutando de la misma en su periodo de descanso. La interpretación anterior queda ratificada y confirmada por el artículo 7.1 del Convenio 132, de 1970[23].

[22] Por todas, y por más reciente, véase STS de 30 de marzo de 2016 (núm. de recurso 2348/2014).

[23] Convenio OIT nº 132 de 24 de junio de 1970 relativo a las vacaciones anuales pagadas: "Toda persona que tome vacaciones de conformidad con las disposiciones del presente Convenio percibirá, por el periodo entero de esas vacaciones, por lo menos su remuneración normal o media (incluido el equivalente

BIBLIOGRAFÍA

PARELLA, S.: *Mujer, inmigrante y trabajadora: la triple discriminación*. Barcelona: Ed. Anthropos, 2003.

OROZCO, A.: "Cadenas globales de cuidado", *Género, Remesas y Desarrollo*. Documento de Trabajo 2. United Nations INSTRAW, 2007.

AA.VV. *Estatuto de los Trabajadores*. 4ª ed. (Dir y Coord. P. CHARRO BAENA y A.V. SEMPERE NAVARRO). Thomnson Reuters Aranzadi. Cizur Menor, 2016.

CUEVA PUENTE, Mª del C.: *La relación laboral especial de los empleados de hogar*. Lex Nova, Valladolid, 2005.

OIT, Actas, CIT 49.a reunión, 1965, Apéndice XII: Resoluciones adoptadas por la Conferencia.

MIÑARRO YANINI, M.: "La nueva regulación de la relación laboral de carácter especial del servicio del hogar familiar: una mejora mejorable" (II). *Relaciones Laborales* núm. 5, 2012, *www.laley.es* Ref. 2165/2012.

MATÍA PRIM, J.: "Las nuevas normas de jornada en el transporte por carretera". *Relaciones Laborales* 1996, T.I, pág. 564.

en efectivo de cualquier parte de esa remuneración que se pague en especie, salvo si se trata de prestaciones permanentes de que disfruta el interesado independientemente de las vacaciones pagadas), calculada en la forma que determine en cada país la autoridad competente o el organismo apropiado".

CAPÍTULO 3.
EL TRABAJO EN EL SERVICIO DOMESTICO: UN ANÁLISIS DESDE LA LEGISLACIÓN Y LA JURISPRUDENCIA COLOMBIANA

Xiomara Cecilia Balanta Moreno[1]

Sumario: INTRODUCCIÓN.- I. CONTEXTUALIZACIÓN DEL SERVICIO DOMÉSTICO EN COLOMBIA.- II. EL SERVICIO DOMÉSTICO EN LA LEGISLACIÓN COLOMBIANA.- III. EL SERVICIO DOMÉSTICO DESDE EL ÁMBITO JURISPRUDENCIAL.- IV. CONCLUSIONES.- V. REFERENCIAS.

INTRODUCCIÓN

En este capítulo se pretende estudiar el trabajo en el servicio doméstico en Colombia, partiendo de un análisis de la legislación y la jurisprudencia colombiana, emanada de la Corte Constitucional, máximo organismo encargado de la custodia y salvaguarda de los preceptos constitucionales consagrados en la Constitución Política de 1991.

De este modo, al comienzo del capítulo se brinda una contextualización del tema en el ámbito nacional. Aquí se pretende ofrecer un contexto histórico y socio jurídico sobre la situación de las trabajadoras del servicio doméstico en el país. Luego, se pretende mostrar la legislación nacional e internacional vigente que regula la temática principal, pero desarrollada por subtemas. Finalmente, se realiza un análisis jurisprudencial que permita determinar el alcance que le ha dado la Corte Constitucional colombiana al trabajo en el servicio doméstico.

---

1 Xiomara Cecilia Balanta Moreno, Cand. Doctora en Ciencias Sociales y Jurídicas de la Escuela Internacional de Doctorado de la Universidad Rey Juan Carlos (Madrid, España), Magister en Derecho, University of Notre Dame, Estados Unidos, Magister en Derechos Humanos y Democracia en América latina, UASB, Ecuador. Abogada-conciliadora, Profesora de Derechos Humanos y Coordinadora de la especialización en Derecho Laboral y de la Seguridad Social de la Universidad de San Buenaventura Cali (Cali, Colombia), xcbalant@usbcali.edu.co; xiomybalanta@gmail.com

I. CONTEXTUALIZACIÓN DEL SERVICIO DOMÉSTICO EN COLOMBIA

Históricamente, el trabajo doméstico se entendió como aquel que se realiza en el hogar para mantener y reproducir la fuerza de trabajo, y que incluye las prácticas de cuidado dirigidas a conservar el equilibrio afectivo y emocional de sus miembros. Ha sido asignado culturalmente a la mujer como su papel fundamental, y es por esto que a la mujer se le define socialmente como ama de casa, madre o esposa[2]. El trabajo doméstico realizado por la ama de casa, como un servicio prestado al esposo, hijos/as y otros, y sin remuneración y como expresión amorosa de su rol en la familia, no se considera trabajo y es visto como "rol propio de las mujeres". Por ello, las mujeres que lo hacen como ocupación principal no forman parte de la "población económicamente activa". Ésta es la expresión más clara de la subvaloración social que acompaña al trabajo doméstico[3].

Cuando el ama de casa delega o transfiere parte de las tareas domésticas que le han sido asignadas socialmente, por lo general en una mujer que busca una remuneración por su trabajo en casa ajena, el trabajo doméstico se convierte en trabajo doméstico remunerado y surge la figura de la empleada doméstica[4].

En Colombia, las mujeres trabajadoras del servicio doméstico, además tienen unas particularidades, y es que la mayoría provienen de sectores populares, lo cual aumenta y potencia su subvaloración. La presencia de mujeres de origen rural, indígenas y afrodescendientes es importante[5]. El servicio doméstico en el seno del hogar se constituye en una relación entre mujeres, es decir, entre empleada-patrona. Esto supone

---

[2] LEÓN, Magdalena, 2011. Proyecto de Investigación-acción: trabajo doméstico y servicio doméstico en Colombia. Revista de Estudios Sociales No. 45. Enero- abril de 2013. Pág. 199.

[3] Ibídem.

[4] Gálvez, Thelma y Rosalba Todaro. 1984. La especificidad del trabajo doméstico asalariado y la organización de las tra- bajadoras. En La mujer en el sector popular urbano: América Latina y el Caribe, ed. CEPAL, 155-159. Santiago: Naciones Unidas. Citado por: Leon, Magdalena. 2011. Proyecto de Investigación-acción: trabajo doméstico y servicio doméstico en Colombia. Revista de Estudios Sociales No. 45. Enero- abril de 2013. Pág. 199.

[5] En un estudio denominado: "*Barriendo la Invisibilidad de las trabajadoras del servicio doméstico en Medellín*"; realizado ´por la Escuela Nacional Sindical (ENS) y la Corporación Afrocolombiana Desarrollo Social y Cultural (CARABANTÚ), en el año 2012, se logró establecer que, por ejemplo las mujeres afrocolombianas trabajadoras del servicio doméstico en Medellín, se auto-reconocen en su gran mayoría como negras. El 52,4% de la población encuestada se identificó como mujeres negras, seguido de quienes se identificaron como afrocolombianas (45,2%). Sólo el 2,4% de las mujeres mencionó ser mestiza. Pág. 6. El alto porcentaje de mujeres afrocolombianas que trabajan en el servicio doméstico están en la ciudad por falta de oportunidades laborales y desplazamiento forzado. Este es un factor que incide directamente para que un alto porcentaje de estas mujeres habiten en los estratos socioeconómicos más bajos de la ciudad, debido a que se ven en la necesidad de migrar de sus territorios hacia la ciudad en busca de una mejor calidad de vida. Según datos de la Encuesta de Calidad de Vida (DANE, 2011), el 34,5% las de las mujeres afrodescendientes provienen de municipios del departamento de Antioquia, y el 52,5% del departamento del Chocó. De las mujeres encuestadas, el 16,2% vinieron al municipio de Medellín en busca de oportunidades laborales. Morales Mosquera, E. y otros. Escuela Nacional Sindical (ENS) y la Corporación Afrocolombiana Desarrollo Social y Cultural (CARABANTÚ), *Barriendo la Invisibilidad de las trabajadoras del servicio doméstico en Medellín*". 2012. Pág. 6 y 9.

una asimetría de poder que da paso a relaciones contradictorias entre mujeres y entre clases sociales diferentes[6].

Por otro lado, la legislación colombiana ha sido clara en establecer que las trabajadoras del servicio doméstico, son: aquellas personas que residiendo o no en el lugar de trabajo, ejecuta tareas de aseo, cocina, lavado, planchado, cuidado de niños, jardinería, cuidado de animales y demás tareas propias del hogar (Decreto 824 de 1988 Art. 1)[7]. En síntesis, se trata de una persona natural que, a cambio de una remuneración, presta su servicio personal de manera directa, habitual y bajo continuada subordinación o dependencia, a una o varias personas naturales, para la ejecución de tareas de aseo, cocina, lavado, planchado, cuidado de niños y demás labores propias del hogar del empleador. Solo las personas naturales pueden prestar este tipo de servicios y se entiende que solo se puede prestar directamente en los hogares o en las casas de habitación. Así las cosas, entiéndase por patrono, la persona natural que remunera los servicios personales del trabajador doméstico que ha contratado y se beneficia de ellos (Decreto 824 de 1988 Art. 2). En este orden de ideas, no es trabajadora del servicio doméstico aquella persona que ejecuta labores similares para entidades o personas jurídicas con o sin ánimo de lucro[8].

Ahora bien, las modalidades en que se da el trabajo doméstico pueden ser: internas, las que residen en el sitio de trabajo; externas, las que no residen en el sitio del trabajo; o por días, las que no residen en el lugar de trabajo y laboran solo unos días de la semana, ya sea para uno o varios empleadores.

Por otro lado, en la esfera internacional el servicio doméstico fue discutido en la Conferencia General de la Organización Internacional del Trabajo (OIT), en su centésima reunión realizada en Ginebra-Suiza, en junio de 2011. De allí surgieron significativos adelantos en cuanto al reconocimiento de esta importante labor que carecía de la más mínima protección estatal en muchos países; siendo que se trata, según este organismo, de una actividad de contribución significativa a la economía mundial; entre otros múltiples aspectos relevantes[9]. Como resultado de dicha reunión, se adoptó el "Convenio 189 sobre las trabajadoras y los trabajadores domésticos", el cual fue suscrito por Colombia, quien emitió la Ley 1595 de 2012[10], la cual fue revisada Constitucionalmente, por la Corte Constitucional, mediante Sentencia C-616 de 2013[11].

---

6 León, Magdalena. 2011. *Proyecto de Investigación-acción...* Cit. Pág. 199.

7 Duque Cesar Augusto, Servicio Doméstico - Mínimo Legal - Año 2015- Colombia. Disponible: http://consultas-laborales.com.co/index.php?option=com_content&view=article&id=443:2016-01-11-19-05-27&catid=1:laboral&Itemid=86

8 Guía Laboral del Servicio Domestico, Ministerio del Trabajo Bogotá D. C., junio de 2012 Primera edición: 2012.

9 Geobel E. Pallares Oliver, Director de Planeación Estratégica, Todo sobre los derechos de las empleadas domésticas, abril 2015. Disponible en: http://www.araujoysegovia.com/blog/todo-sobre-los-derechos-de-las-empleadas-domesticas/

10 Ley 1595 de 2012. Disponible en: http://wsp.presidencia.gov.co/Normativa/Leyes/Documents/LEY%201595%20DEL%2021%20DE%20DICIEMBRE%20DE%202012.pdf

11 Corte Constitucional Colombiana, Sentencia C-616 de 2013, Revisión de constitucionalidad de la Ley 1595 del 21 de diciembre de 2012, *"por medio de la cual se aprueba el "Convenio sobre el trabajo decente*

Este Convenio 189 ofrece protección específica a las trabajadoras y los trabajadores domésticos. Establece los derechos y principios básicos, y exige a los Estados tomar una serie de medidas con el fin de lograr que el trabajo decente sea una realidad para trabajadoras y trabajadores domésticos[12].

El Convenio 189 define trabajo doméstico como "el trabajo realizado para o dentro de un hogar o varios hogares". Este trabajo puede incluir tareas como limpiar la casa, cocinar, lavar y planchar la ropa, el cuidado de los niños, ancianos o enfermos de una familia, jardinería, vigilancia de la casa, desempeñarse como chofer de la familia, e incluso cuidando los animales domésticos[13].

Así las cosas, el Convenio 189, estableció que algunos de los derechos básicos de trabajadoras y trabajadoras del servicio doméstico son: 1. La promoción y protección de los derechos humanos de todas y todos los trabajadores domésticos (Preámbulo; artículo 3); 2. Respeto y protección de los principios y derechos fundamentales en el trabajo: (a) la libertad de asociación y reconocimiento efectivo del derecho a la negociación colectiva; (b) la eliminación de todas las formas de trabajo forzoso u obligatorio;(c) la abolición del trabajo infantil; y (d) la eliminación de la discriminación en materia de empleo y ocupación (artículos 3, 4, 11). Además, determinó la protección efectiva contra todas las formas de abuso, acoso y violencia (artículo 5); y la necesidad de que el trabajo doméstico sea realizado en condiciones justas de empleo incluyendo una vivienda digna (artículo 6).

En síntesis, el trabajo doméstico, es un trabajo. Por ende, las trabajadoras y los trabajadores domésticos tienen, igual que los demás trabajadores, derecho a un trabajo decente[14].

II. EL SERVICIO DOMÉSTICO EN LA LEGISLACIÓN COLOMBIANA

En Colombia, la primera ley que regulo el tema es Ley 11 de 1988, por lo cual se consagran unas excepciones en el régimen del Seguro Social para los trabajadores del servicio doméstico; luego se aprobó el Decreto 824 de 1988, por la cual el Presidente de la República de Colombia, en ejercicio en la facultad otorgada en el parágrafo del artículo 3 de la Ley 11 de 1988. Con posteridad, La ley 100 de 1993, crea el sistema de seguridad social integral y se dictan otras disposiciones, que afecta al tema de estudio. Además de ello, se tiene el Decreto 721 de 2013, por medio del cual se reglamenta el numeral 4 artículo 7° de la Ley

---

para las trabajadoras y los trabajadores domésticos, 2011 (Número 189)", adoptado en Ginebra, Confederación Suiza, en la 100a reunión de la Conferencia Internacional del Trabajo el 16 de junio de 2011." Magistrado Ponente: Luis Ernesto Vargas Silva.

[12] El 16 de junio de 2011, la Conferencia Internacional del Trabajo de la Organización Internacional del Trabajo adoptó *el Convenio sobre las trabajadoras y los trabajadores domésticos, 2011 (núm. 189). Disponible en: http://www.ilo.org/wcmsp5/groups/public/---ed_protect/---protrav/---travail/documents/publication/wcms_164520.pdf.* Ver también: Texto completo del Convenio 189: http://www.ilo.org/ilolex/english/convdisp1.htm Texto completo de la Recomendación 201: http://www.ilo.org/ilolex/english/recdisp1.htm

[13] Ibíd.

[14] Ibíd.

21 de 1982 y se regula la afiliación de los trabajadores del servicio doméstico al Sistema de Compensación Familiar. En aspectos generales, el *corpus juris* del trabajo en el servicio doméstico, se encuentra regulado por el Código Sustantivo del Trabajo, y los desarrollos jurisprudenciales que aportan y desarrollan las distintas temáticas.

A continuación se dividen los diferentes subtemas regulados en las leyes anteriormente enunciadas, las cuales han sido desarrolladas por el Ministerio del Trabajo en la Guía Laboral[15], más reciente que regula la temática:

a. Forma y duración del contrato de trabajo

El trabajador del servicio doméstico puede ser vinculado mediante contrato de trabajo escrito o verbal. Como se suele contratar de manera verbal, dichos contrato se entenderá a término indefinido. El contrato de trabajo escrito puede ser a término fijo o indefinido[16].

Los menores de 18 años tienen prohibido desempeñarse en cualquier forma de trabajo doméstico, ya que el Estado colombiano lo considera como una de las peores formas de trabajo infantil (Resolución 1677 de 2008)[17].

b. Salario

El salario no puede ser inferior al salario mínimo legal mensual vigente (smlmv), aunque el empleados puede cancelarlo no solo en dinero sino también una parte en dinero y otra en especie[18].

- o Cuando el trabajador devengue un salario mínimo, el valor del salario en especie no puede ser superior al 30% y lo puede constituir alimentación, habitación y vestuario, diferente a la dotación.
- o Cuando el trabajador devengue más de un salario mínimo, el salario en especie no puede ser superior al 50%.

c. Descuentos

El empleador no puede deducir, retener o compensar suma alguna del salario, sin orden suscrita por el trabajador, para cada caso o sin mandamiento judicial. Quedan

---

[15] Esta cartilla, se fundamenta en las normas legales vigentes, también busca servir de apoyo legal para facilitar la relación entre el empleador y el trabajador, con el objeto de que sean conocidos en pro del mejoramiento de la calidad de vida de las personas que prestan esta clase de servicio. Guía Laboral del Servicio Domestico, Ministerio del Trabajo Bogotá D. C., junio de 2012 Primera edición: 2012.

[16] MINISTERIO DEL TRABAJO, *Guía Laboral del Servicio Doméstico*,...Cit. Pág. 12.

[17] Resolución 01677 de 2008 (mayo 16), por la cual se señalan las actividades consideradas como peores formas de trabajo infantil y se establece la clasificación de actividades peligrosas y condiciones de trabajo nocivas para la salud e integridad física o psicológica de las personas menores de 18 años de edad. Ver también: MINISTERIO DEL TRABAJO, *Guía Laboral del Servicio Doméstico*,...Cit. Pág. 12.

[18] MINISTERIO DEL TRABAJO, *Guía Laboral del Servicio Doméstico*,...Cit. Pág. 12.

especialmente comprendidos en esta prohibición los descuentos o compensaciones por concepto de:

a) Uso o arrendamiento de locales, herramientas o útiles de trabajo.
b) Deudas del trabajador para con el empleador, sus socios, sus parientes o sus representantes.
c) Indemnización por daños ocasionados a los locales, máquinas, materias primas o productos elaborados.
d) Pérdidas o averías de elementos de trabajo.
e) Avances o anticipos de salario.
f) Entrega de mercancías, provisión de alimentos y precio de alojamiento.

Tampoco se puede efectuar la retención o deducción sin mandamiento judicial, aunque exista orden escrita del trabajador, cuando quiera que se afecte el salario mínimo legal o convencional, o la parte del salario declarada inembargable por la ley, o en cuanto el total de la deuda supere al monto del salario del trabajador en tres meses. El empleador podrá descontar lo establecido para las cotizaciones a la seguridad social, las cuotas sindicales y los descuentos para las cooperativas y cajas de ahorro, autorizadas en forma legal[19].

d. Período de prueba

Si el contrato de trabajo es verbal, los primeros 15 días de servicio se presumen como periodo de prueba. Durante ese lapso cualquiera de las partes puede dar por terminado el contrato sin previo aviso y sin que haya lugar a reconocimiento de indemnización, aunque sí al pago de prestaciones sociales[20].

No obstante, si el contrato se celebra por escrito, es posible pactar un período de prueba hasta por dos meses. El período de prueba no podrá ser superior a la quinta parte del término inicialmente pactado para el respectivo contrato, sin que pueda exceder los dos meses.

e. Jornada de trabajo

Los trabajadores de servicio doméstico que residen en la casa del empleador, no podrán tener una jornada superior a diez (10) horas diarias, según lo estableció la Sentencia C-372 de 1998 de la Corte Constitucional. Según el alto tribunal, cuando se requiera el servicio más allá de tal límite, será necesario el reconocimiento y pago de horas extras, en los términos de la legislación laboral. Las partes pueden acordar una jornada inferior a la máxima legal, evento en el cual el pago del salario será proporcional a las horas realmente laboradas[21].

---

19 MINISTERIO DEL TRABAJO, *Guía Laboral del Servicio Doméstico*,...Cit. Pág. 12.

20 MINISTERIO DEL TRABAJO, *Guía Laboral del Servicio Doméstico*,...Cit. Pág. 13.

21 Corte Constitucional Colombiana, Sentencia C-372 de 1998.

El CST consagra, en favor de los trabajadores de jornada incompleta, el derecho a percibir las mismas prestaciones y garantías que otorga la ley a los trabajadores que laboran la jornada máxima legal: cesantías, intereses de cesantías, vacaciones, vestido y calzado de labor, en proporción al salario devengado por razón de los días y la jornada trabajados (Sentencia C- 310 de 2007)[22].

Frente a lo anterior, es importante tener en cuenta:

- Jornada ordinaria máxima legal: 8 horas al día.
- Jornada extra o suplementaria: la que excede la jornada ordinaria y en todo caso la que excede el máximo legal.
- Jornada ordinaria diurna: de 6:00 a.m. a 10:00 p.m.
- Jornada ordinaria nocturna: de 10:00 p.m. a 6:00 a.m.

El trabajo nocturno es el que se realiza entre las 10:00 p.m. y las 6:00 a.m. y se remunera con un recargo del 35% sobre el valor del trabajo diurno. Cada uno de los recargos mencionados se produce de manera exclusiva, es decir, sin acumularlo con otro.

f. Prima de servicios

El servicio doméstico está excluido del pago de la prima de servicios, según lo expresó la Corte Constitucional en Sentencia C-51 de 1995 en razón a que el hogar no genera utilidades como lo hace una empresa[23].

g. Auxilio de transporte

Se debe pagar al empleado doméstico externo, independientemente de si labora o no la jornada completa, siempre que la remuneración mensual sea hasta de dos veces el salario mínimo legal mensual vigente, salvo que el empleador preste el servicio de transporte. El auxilio, no se paga durante el periodo de vacaciones, incapacidades o licencias. Dicho pago no se incluye como base para calcular los aportes a la seguridad social. Cuando se trata de trabajo por días se cancelará únicamente lo correspondiente a los días en que se preste el servicio[24].

h. Descansos obligatorios

El empleado del servicio doméstico tiene derecho al descanso remunerado en domingos y días festivos, así como, a vacaciones anuales remuneradas. Es obligación permitir el descanso remunerado en domingos y festivos, siempre que labore durante todos los días de la semana, o cuando por justa causa, culpa o disposición del emplea-

---

22 Corte Constitucional Colombiana, Sentencia C- 310 de 2007.

23 Corte Constitucional Colombiana, Sentencia C-51 de 1995.

24 MINISTERIO DEL TRABAJO, *Guía Laboral del Servicio Doméstico*,...Cit. Pág. 16.

dor no labora en alguno de esos días. El descanso debe cubrir un mínimo de 24 horas continuas[25].

i. Trabajo en dominicales y festivos

Si el trabajo en domingo es ocasional, esto es, hasta dos domingos durante el mes, el trabajador tiene derecho a elegir entre un descanso compensatorio remunerado o el pago del recargo del 75%.

Si el trabajo en domingo es habitual, esto es, se realiza tres o más veces al mes, además del pago del 75% tiene derecho a un descanso compensatorio remunerado en cualquier día de la siguiente semana. Esto, sin perjuicio del pago que corresponde realizar por haber trabajado durante todos los días de la semana. Para el caso de los empleados por días o por horas, el pago del descanso dominical será una sexta parte del valor del día trabajado[26].

j. Vacaciones remuneradas

El empleador debe conceder 15 días hábiles consecutivos y remunerados por cada año de servicio. Si el contrato de trabajo termina sin que el trabajador haya disfrutado las vacaciones, estas se compensarán en dinero y se pagarán por año cumplido de servicio, y proporcionalmente por fracción de año.

El salario base para liquidar las vacaciones será el mínimo legal o el que devengue el trabajador si es superior a este; sin incluir auxilio de transporte, recargo por trabajo en días de descanso obligatorio, ni horas extras.

Las vacaciones se pagan con el salario (en dinero y en especie) devengado por el trabajador al momento de comenzar su disfrute, sin incluir auxilio de transporte, recargo por trabajo en días de descanso obligatorio, ni horas extras. Se conceden por disposición del empleador a solicitud del trabajador y por ser un descanso remunerado no constituye prestación social, ni se consideran factor salarial para la liquidación de prestaciones sociales e indemnizaciones[27].

Ahora bien, frente a esta normatividad, una reciente investigación pudo constatar que aunque la "ley establecía quince días hábiles de vacaciones para la empleada interna, en la mayoría de los casos se otorgan quince días calendario. Eventos sociales y religiosos, como las fiestas del pueblo, la Navidad, determinaban disfrutar de sus vacaciones en estas fechas, aunque no hubieran cumplido su derecho. Para la empleada de por días, se liquidaba el derecho en forma proporcional a cada una de las casas en donde trabajara. Hacer coincidir los tiempos para disfrute de sus vacaciones era difícil

[25] Ibíd.
[26] Ibíd.
[27] MINISTERIO DEL TRABAJO, *Guía Laboral del Servicio Doméstico*, ...Cit. Pág. 17.

y se prefería cobrar en dinero cuando terminaba el contrato, con el evidente riesgo de perder algunos períodos por prescripción. Este problema práctico, acompañado de las penurias económicas, hacía perder valor a la importancia del descanso y la recreación, con las evidentes e irreversibles consecuencias de deterioro físico y mental"[28].

k. Indemnización por despido sin justa causa

Si el empleador termina el contrato de trabajo sin justa causa comprobada, o si éste da lugar a la terminación unilateral por parte del trabajador por alguna de las justas causas contempladas en la ley, el primero deberá indemnizar al segundo, así[29]:

Contrato a término fijo: El empleador pagará el valor de los salarios correspondientes al tiempo que faltare para cumplir el plazo estipulado en el contrato.

Contrato a término indefinido: La indemnización se pagará así:

a) 30 días de salario, cuando el tiempo de servicio no sea mayor a un año.
b) Si el trabajador tuviere más de un año de servicio continuo, se le pagarán 20 días adicionales de salario sobre los 30 días básicos del numeral a), por cada uno de los años de servicio siguientes y proporcionalmente por fracción de año.

Son justas causas de terminación del contrato de trabajo, las establecidas en el Artículo 62 del Código Sustantivo del Trabajo (en adelante CST).

l. Pago de prestaciones sociales

Auxilio de cesantías: Un mes de salario por cada año de servicio y proporcionalmente por fracción de año.

Existen dos regímenes para la liquidación de cesantías[30]:

Régimen tradicional: Se aplica a los trabajadores vinculados con anterioridad al primero de enero de 1991 que no se hayan acogido al régimen de cesantías contemplado en la Ley 50 de 1990. Se pagan a la terminación definitiva del contrato y por todo el tiempo laborado. Se liquida con el último salario mensual devengado, siempre que no haya tenido variación en los últimos 3 meses. En caso contrario, y en el de los salarios variables, se liquida con el promedio de lo devengado en el último año de servicios. El auxilio de transporte se tiene en cuenta para liquidar cesantías.

Régimen de liquidación definitivo anual (Ley 50 De 1990): Se aplica a los trabajadores vinculados a partir del primero de enero de 1991 y a los que, perteneciendo al régimen tradicional, se hayan acogido al nuevo régimen. Opera de la siguiente manera: el em-

[28] LEÓN, Magdalena, 2011. Proyecto de Investigación-acción: trabajo doméstico y servicio doméstico en Colombia. Pág. 210.

[29] MINISTERIO DEL TRABAJO, *Guía Laboral del Servicio Doméstico*,...Cit. Pág. 18.

[30] MINISTERIO DEL TRABAJO, *Guía Laboral del Servicio Doméstico*,...Cit. Págs. 18-21.

pleador realizará la liquidación definitiva de cesantías al 31 de diciembre de cada año, por la anualidad o la fracción, según sea el caso, con base en el último salario mensual del trabajador, siempre que no haya tenido variación en los últimos tres meses. En caso contrario, y en el de los salarios variables, se tomará como base el promedio de lo devengado en el año de servicio o en todo el tiempo servido, si fuere menor de un año.

El empleador deberá consignar el valor liquidado antes del 15 de febrero del año siguiente en el fondo de cesantías que el trabajador haya elegido. Cuando éste no lo elija, el empleador depositará las cesantías en cualquiera de los que estén legalmente funcionando e informará al trabajador sobre la decisión adoptada. Si el empleador no hace la consignación dentro del plazo señalado, deberá pagar un día de salario por cada día de retardo[31].

m. Liquidación de cesantías de los trabajadores por días

Para liquidar el auxilio de cesantías es necesario determinar dos elementos:

a) El número de días trabajados.
b) El salario base de liquidación.

El empleador está en la obligación de afiliar a sus trabajadores al Sistema de Seguridad Social Integral: pensiones, salud y riesgos profesionales. En ningún caso, el ingreso base de cotización podrá ser inferior a un salario mínimo legal mensual vigente. Respecto a la seguridad social, no hay ninguna diferencia entre un empleado de una empresa y un trabajador del servicio doméstico[32].

De conformidad con lo previsto en el Artículo 5 de la Ley 797 de 2003, los trabajadores del servicio doméstico están obligados a cotizar a la seguridad social por lo menos sobre un salario mínimo legal mensual vigente.

Sistema general de pensiones: Existen dos regímenes: de prima media con prestación definida, a cargo del Instituto de Seguros Sociales (ISS) y que próximamente administrará Colpensiones, y de ahorro individual con solidaridad administrado por los fondos privados de pensiones. Corresponde al trabajador seleccionar el fondo al que desea afiliarse.

El ingreso base de cotización debe ser por lo menos de un salario mínimo legal mensual y la cotización corresponde al 16% del mismo. El 75% del valor está a cargo del empleador y el 25% restante a cargo del trabajador.

Sistema general de salud: Es administrado por las empresas promotoras de salud (EPS) y corresponde al trabajador seleccionar la entidad a la que desea afiliarse. El ingreso base de cotización debe ser por lo menos de un salario mínimo legal mensual

---

[31] Ibíd.

[32] MINISTERIO DEL TRABAJO, *Guía Laboral del Servicio Doméstico*,...Cit. Págs. 18-21.

y la cotización corresponde al 12,5% del mismo. El 8,5% del valor está a cargo del empleador y el 4% restante a cargo del trabajador.

Dicho sistema asume el reconocimiento de las prestaciones asistenciales, el pago de la incapacidad por enfermedad de origen común y de las licencias de maternidad y paternidad. Si el trabajador estaba afiliado al régimen subsidiado en salud, se le mantendrá el cupo hasta por dos años después de ser contratado en su empleo formal y afiliado a la seguridad social en el régimen contributivo.

Si el trabajador está recibiendo subsidios de algún programa social (Familias en Acción, por ejemplo) podrá seguir disfrutando de estos subsidios hasta por un año después de ser contratado y afiliado a la seguridad social en los regímenes contributivos. (Ley 1429 De 2010)

Sistema general de riesgos laborales: Está a cargo de las administradoras de riesgos laborales (ARL). Su elección corresponde al empleador y la cotización está a cargo exclusivo de este. En caso de accidente de trabajo o enfermedad profesional, la administradora de riesgos profesionales a la cual se encuentre afiliado el trabajador al momento del incidente o de requerir la prestación por enfermedad profesional, asume las prestaciones asistenciales y económicas.

Aportes parafiscales: Toda empresa o unidad productiva que tenga trabajadores contratados debe hacer un aporte equivalente al 9% de su nómina por concepto de los llamados aportes parafiscales, los cuales se distribuirán de la siguiente forma:

a) 4% para el subsidio familiar (cajas de compensación familiar)
b) 3% para el Instituto Colombiano de Bienestar Familiar (ICBF)
c) 2% para el Servicio Nacional de Aprendizaje (SENA)

Sin embargo, como la familia no es una empresa, el empleador no está en la obligación de realizar aportes parafiscales por los trabajadores del servicio doméstico que tenga a su cargo.

Aportes a la seguridad social de trabajadores del servicio doméstico que laboran por días:

Los trabajadores del servicio doméstico deben afiliarse y cotizar al Sistema General de Seguridad Social como trabajadores independientes y su aporte deberá efectuarse sobre una base no inferior a un salario mínimo legal mensual vigente (smmlv).

En virtud del artículo 171 de la Ley 1450 de 2011, la afiliación a la Seguridad Social Integral de los trabajadores dependientes que se vinculen laboralmente por periodos inferiores a un mes o por días, y que por dicha situación perciban un ingreso mensual inferior a un smmlv, se realizará mediante su cotización sobre el ingreso percibido, correspondiente al número de días por el que se le hubiere contratado, sin que en ningún caso, el ingreso base de cotización pueda ser inferior a un smmlv.

La afiliación al Sistema General de Seguridad Social en Salud se efectuará al Régimen Subsidiado, el aporte será realizado exclusivamente por el empleador y equivaldrá al 8,5% del ingreso percibido, con destino a la subcuenta de solidaridad del Fondo de Solidaridad y Garantía (Fosyga). El empleador y el empleado deberán cotizar al Sistema de Beneficios Económicos Periódicos, sobre el mismo ingreso base de cotización reportado para salud, en los porcentajes establecidos para realizar los aportes al Sistema General de Pensiones. No obstante lo anterior, las trabajadoras del servicio doméstico que laboren con distintos patronos cotizarán por intermedio de todos ellos sobre el salario devengado con cada empleador sin que los aportes que deban cancelarse sean inferiores al 12,5% de un smmlv.

Ahora bien, si el empleador no afilia a la Seguridad Social Integral a su trabajador de servicio doméstico, además de las sanciones administrativas, como son la imposición de multas; la atención de los accidentes de trabajo y enfermedades profesionales, eventualidades por enfermedad de origen común, maternidad y demás prestaciones del Sistema de Seguridad Social Integral serán cubiertos en su totalidad por el empleador[33].

n. Protección a la maternidad

La trabajadora doméstica tiene derecho a una licencia de maternidad equivalente a 14 semanas y puede iniciarlas 2 semanas antes del parto si lo desea. En todo caso, deberá iniciarla por lo menos una semana antes de manera obligatoria. Si por alguna razón, el parto se da antes de que la mujer iniciara su descanso remunerado, a partir del parto iniciarán a contarse las 14 semanas, período durante el cual recibirá un subsidio en dinero equivalente al 100% del salario que devengue al momento de entrar a disfrutar el descanso, cuyo pago está a cargo de la EPS a la que se encuentre afiliada[34].

Si el empleador no tiene afiliada a la trabajadora, este debe pagar la correspondiente licencia de maternidad. Si en el curso del embarazo la trabajadora sufre un aborto o un parto prematuro no viable, tiene derecho a una licencia de 2 a 4 semanas, remunerada con el salario que devengaba en el momento de iniciarse el descanso, a cargo de la EPS a la que se encuentre afiliada. Si el empleador no tiene afiliada a la trabajadora, este debe pagar la correspondiente licencia. Es obligación del empleador conceder a la trabajadora 2 descansos de 30 minutos dentro de la jornada laboral para amamantar a su hijo, durante los primeros 6 meses de vida, sin que proceda descuento alguno del salario y sin importar la jornada de trabajo[35].

En el mismo sentido, frente a la *Estabilidad laboral reforzada*, la cual es la protección legal a la trabajadora durante el embarazo y hasta el periodo de lactancia. Cuando ocurre el despido de la empleada durante el periodo del embarazo y dentro de los 3 meses posteriores al parto y sin previa autorización de la autoridad competente, se presume que se ha efectuado por motivo del embarazo o de lactancia[36].

---

[33] MINISTERIO DEL TRABAJO, *Guía Laboral del Servicio Doméstico,*...Cit. Págs. 18-21.

[34] MINISTERIO DEL TRABAJO, *Guía Laboral del Servicio Doméstico,*...Cit. Págs. 23-25.

[35] Ibíd.

[36] Ibíd.

Todo empleador que considere que existe justa causa para dar por terminado el contrato de trabajo a una trabajadora en estado de embarazo o dentro de los 3 meses siguientes a la ocurrencia del parto podrá solicitar ante el Ministerio del Trabajo con el lleno de los requisitos legales, la autorización de terminación de contrato de trabajo a dicha trabajadora[37].

La autorización solo se concede con fundamento en alguna de las justas causas que tiene el empleador para dar por terminado el contrato de trabajo, según lo establecido en el Artículo 7 del Decreto 2351 de 1965. Sin esta autorización, el despido carece de todo efecto. El inspector será el encargado de calificar la causal invocada por el empleador contenida en el Artículo 62 del CST.

ñ. Licencia de paternidad

El esposo o compañero permanente de la trabajadora doméstica tendrá derecho a 8 días hábiles de licencia remunerada de paternidad, la cual será a cargo de la EPS, para lo cual se requerirá que el padre haya cotizado efectivamente durante las semanas previas al reconocimiento de la licencia remunerada de paternidad. (Ley 1468 De 2011). El derecho a la licencia de paternidad se acredita con el registro civil de nacimiento, el cual se deberá presentar a la EPS dentro de los treinta 30 días siguientes a la fecha del nacimiento del menor[38].

o. Acoso laboral

Hace referencia a toda conducta persistente y demostrable, ejercida sobre un trabajador por parte de un jefe o superior jerárquico inmediato o mediato, un compañero de trabajo o un subalterno, encaminada a infundir miedo, intimidación, terror y angustia, a causar perjuicio laboral, generar desmotivación en el trabajo o inducir la renuncia del mismo. Las formas de acoso laboral son: maltrato laboral, persecución laboral, discriminación laboral, entorpecimiento laboral, inequidad laboral y desprotección laboral (Ley 1010 De 2006).

Finalmente, en este acápite se debe indicar que pensé a que existe un avance legal frente al reconocimiento normativo del trabajo en el servicio doméstico, pues son varias las leyes que se han creado en busca de aliviar la situación laboral de las trabajadoras. Sin embargo, se debe reconocer que la misma no es suficiente, púes todavía existen vacíos normativos, no contemplados por esta. Es por ello, que ante dichos vacíos, el poder judicial, en este caso la Corte Constitucional ha asumido ese papel subsidiario en algunos temas que son de vital importancia para las trabajadoras del servicio doméstico.

[37] Ibíd.

[38] MINISTERIO DEL TRABAJO, *Guía Laboral del Servicio Doméstico*,...Cit. Pág. 26.

III. EL SERVICIO DOMÉSTICO DESDE EL ÁMBITO JURISPRUDENCIAL

El trabajo en el servicio doméstico ha sido ampliamente protegido por la Corte Constitucional, y en algunos temas específicos por la Corte Suprema de Justicia. Sin embargo, para efectos de este artículo me limitaré a los pronunciamientos realizados por la Corte Constitucional, y seguidamente se analizaran las sentencias más recientes emitidas por este Tribunal frente a diferentes temas, tales como: fuero de maternidad en el servicio doméstico, cesantías, derecho a la seguridad social, jornada laboral, entre otros temas.

Cuadro de jurisprudencia sobre el servicio domestico existente desde el ano 1991 hasta 2015

TEMA	SENTENCIAS
FUERO DE MATERNIDAD EN EL SERVICIO DOMESTICO	T-902/99; T-381/06; T-528/08; T-868/00; T-082/12; T-406/12; C-616/13
CESANTÍAS EN EL SERVICIO DOMESTICO/ AUXILIO DE CESANTÍAS	C-310/07; C-051/05
CONTRATO EN EL SERVICIO DOMESTICO	T-172/97
DERECHO A LA SEGURIDAD SOCIAL EN EL SERVICIO DOMESTICO	T-730/99; T-537/04; T-387/11; T-782/14
DERECHOS MÍNIMOS LABORALES DE LOS EMPLEADOS DE SERVICIO DOMESTICO	T-495/99; T-1008/99; SU-062/99; T-101/99; C-616/13; T-782/14; C-871/14
TRABAJO DOMESTICO	C-1089/03; C-310/07; C-871/14
HORAS EXTRAS DEL SERVICIO DOMESTICO	C-372/98
PENSIÓN EN EL SERVICIO DOMESTICO	T-495/99; T-1008/99; SU-062/99; T-092/00; T-101/00; T-1055/01; C-967/03
PENSIÓN SANCIÓN EN EL SERVICIO DOMESTICO	T-782/14; T-014/15
PENSIÓN PROVISIONAL EN EL SERVICIO DOMESTICO	T-704/09; T-387/11
JORNADA LABORAL PARA EMPLEADOS DOMÉSTICOS	C-372/98; C-310/07

El anterior listado ha sido realizado en colaboración con Mónica Alejandra Herrera estudiante de la Facultad de Derecho y Ciencias Políticas, Universidad de San Buenaventura Cali-Colombia.

a. Fuero de maternidad en el servicio doméstico: *Sentencia C- 616 de 2013*

En esta sentencia, Respecto al fuero de maternidad, la Corte Constitucional reitera a los patronos la necesidad de realizar el pago completo de la licencia de maternidad de la mujer embarazada. Pues, la Corte fundamenta su decisión en que la mujer embarazada se encuentra en una situación de indefensión y por tanto debe recibir protección por parte del Estado y su empleador también, esto debido a que presenta una relación de subordinación para con él.

Para la Corte, el Estado se encuentra en deber de reconocer estos derechos a la demandante puesto que el art. 13 de la Constitución Política, parágrafo tres, dicta que "el Estado protegerá especialmente a aquellas personas que por su condición económica, física o mental, se encuentren en circunstancia de debilidad manifiesta y sancionará los abusos o maltratos que contra ellas se cometan". Para el servicio doméstico una mujer embarazada se encuentra en estado de gravidez, por tanto presentara una debilidad manifiesta necesitando la protección económica para ella y su hijo, no solamente durante el estado de embarazo sino también después de este, según el artículo 43 de la C.P la mujer gozara de especial asistencia y protección del Estado.

Además, en el Convenio 189, en el artículo 14, numeral 1 se establece que: "Todo Miembro, teniendo debidamente en cuenta las características específicas del trabajo doméstico y actuando en conformidad con la legislación nacional, deberá adoptar medidas apropiadas a fin de asegurar que los trabajadores domésticos disfruten de condiciones no menos favorables que las condiciones aplicables a los trabajadores en general con respecto a la protección de la seguridad social, inclusive en lo relativo a la maternidad".

La Corte accede a la exequibilidad del convenio 189 en su totalidad y de la ley 1595 de 2012, y respecto al fuero de maternidad expresa la conformidad que existe entre el convenio y la Constitución, basándose en el artículo 48 de la Carta Política, garantizando el derecho irrenunciable a la seguridad social, brindando igualdad y equidad a los trabajadores y trabajadoras del servicio doméstico.

b. Cesantías en el servicio doméstico/Auxilio de cesantías: *Sentencia C-051 de 2005*

En esta Sentencia de constitucionalidad se demandan los artículos 338 (parcial) del CST, decretos 2663 y 3743 de 1950, adoptados como legislación permanente por la ley 141 de 1961. El demandante plantea que existe una notoria discrepancia entre estos artículos y los artículos 13, 25, 53 y 93 de la Constitución Política. Según el actor de la demanda, el articulado demandado va en contra del derecho a la igualdad, al ser un grupo de trabajadores excluidos de los beneficios mínimos laborales que estos comúnmente reciben.

La Corte responde aduciendo que es razonable la pretensión del actor, que las cesantías de las empleadas domésticas se liquidaran en base a lo que estas reciban en dinero, ya sea el 70 % o 100%. Puede ser 70% debido a que se estima que reciben el 30% de su salario en especie, en las dotaciones.

La Corte también entra a estudiar la exequibilidad del artículo 252, el cual establece en su primer inciso una cesantía restringida exponiendo dentro de sus razones que los empleadores deben retribuir de manera equitativa las cesantías a sus trabajadores.

Así las cosas, la Corte expone como fundamentos 2 puntos importantes:

> "*La primera,* que si el servicio doméstico es un lujo, quienes lo disfrutan deben pagarlo en forma semejante a como se remunera a todos los trabajadores. *La segunda,* que la limitación del auxilio de cesantía se opone a la elevación del nivel de vida de los servidores domésticos, elevación impuesta por la solidaridad social". Por lo dicho, se declarará inexequible el numeral 1 del artículo 252, salvo su parte final que reza: "pero en lo demás quedan sujetos a las normas sobre este auxilio"".

c. Contrato en el servicio doméstico: *Sentencia T-172 de 1997*

La Corte en esta jurisprudencia establece que la subordinación en el contrato de trabajo doméstico está determinada por la situación en que se encuentra una persona cuando tiene la obligación jurídica de acatar las órdenes que le imparta un tercero, como consecuencia de pertenecer ambas partes a cierta estructura jerárquica predeterminada por un contrato o una norma jurídica.

Así las cosas, para la Corte la relación de subordinación que se desprende del contrato de trabajo cobija tan sólo el lapso de la vigencia del mismo. No se extiende ni al tiempo anterior al contrato, ni tampoco al tiempo subsiguiente al mismo. De igual manera, terminado por cualquier causa el contrato, la relación laboral de subordinación también desaparece.

Del mismo modo, indica la Corte que la obligación de suministrar alojamiento y alimentación a las empleadas del servicio doméstico que trabajan "internas" en la casa de sus patrones, es obligación que, como la de pagar el salario que se reconoce en dinero, culmina a la terminación del contrato de trabajo y no se extiende más allá en el tiempo. No es, por consiguiente, una obligación post-contractual, cuyo desconocimiento vulnere la igualdad o la intimidad de las antiguas trabajadoras.

d. Derecho a la Seguridad Social en el servicio doméstico: *Sentencia T-782/14*

En esta Sentencia se expone el caso de la señora Rosalbina Secue, quien pretendía ser afiliada al sistema de Seguridad Social de salud y pensión por parte de sus empleadores, aduciendo que estos vulneraban su derecho a la seguridad social, a la salud y a la vida en condiciones dignas; pasando por alto la relación laboral existente entre ellos desde 1977 hasta el 2011.

Siendo esta sentencia escogida para su revisión, la Corte expone respecto a la Seguridad Social que:

> *"En cuanto a su finalidad, nadie pone en duda que la pensión de vejez tiene por objeto "garantizar al trabajador que, una vez transcurrido un cierto lapso de prestación de*

servicios personales y alcanzado el tope de edad que la ley define, podrá pasar al retiro, sin que ello signifique la pérdida del derecho a unos ingresos regulares que le permitan su digna subsistencia y la de su familia, durante una etapa de la vida en que, cumplido ya el deber social en qué consiste el trabajo y disminuida su fuerza laboral, requiere una compensación por sus esfuerzos y la razonable diferencia de trato que amerita la vejez".

El derecho a la pensión tiene conexidad directa con el derecho fundamental al trabajo, en virtud de la amplia protección que de acuerdo a los postulados constitucionales y del Estado Social de Derecho se debe brindar al trabajo humano en todas sus formas. Se asegura entonces un descanso "remunerado" y "digno", fruto del esfuerzo prolongado durante años de trabajo, cuando en la productividad laboral se ha generado una notable disminución.

Asimismo, el artículo 48 de la Carta Política establece el régimen de Seguridad Social, dentro del cual se encuentra el reconocimiento del sistema pensional, y en éste la pensión de vejez. La mora a cargo del empleador en el pago de las cotizaciones al Sistema de pensiones, transgrede de forma expresa los derechos al mínimo vital, a la seguridad social, a la dignidad humana de la persona. Por consiguiente, del pago oportuno de los aportes depende el reconocimiento de la pensión mínima, una vez reunidas las condiciones exigidas por la Ley.

En este orden de ideas, cuando el empleador no efectúa el pago de las cotizaciones al sistema de pensiones, ésta última tiene el deber legal de recaudar los dineros adeudados por el empleador a través del cobro judicial, mecanismo jurídico establecido en la Ley.

La Corte reitera la Sentencia de unificación 062 de 1999. En dicha sentencia, se puso de presente que "las empleadas de servicio doméstico son personas que se encuentran en estado de indefensión y, especialmente, de subordinación en relación con sus empleadores, por el hecho de estar bajo sus órdenes, aunado a la carencia de los medios mínimos requeridos para repeler la eventual violación o amenaza a sus derechos fundamentales", por lo que son acreedoras de especial protección por parte del Estado.

e. Derechos mínimos laborales de los empleados de servicio doméstico y conceptualización del trabajo doméstico: *Sentencia C-871 de 2014*

Los actores de la demanda suponen una violación a los artículos 13, 25, 53 y 93 de la Constitución Política, por parte del artículo 306 del Código Sustantivo del Trabajo el cual define la prima de servicios, aduciendo que se vulneran los derechos a la igualdad y al trabajo, así como los principios mínimos fundamentales de las relaciones laborales y el bloque de constitucionalidad al excluir a las trabajadoras del servicio doméstico de su reconocimiento y pago.

Los considerandos de la Corte expresan:

"Las personas incorporadas al servicio doméstico deben gozar de los mismos derechos que los demás trabajadores. En este orden de ideas, el servicio debe de-

> sarrollarse en condiciones dignas y justas (artículo 25 CP) y son aplicables en este ámbito los principios mínimos fundamentales establecidos en el artículo 53 de la Carta, tales como la existencia de una remuneración adecuada, mínima y móvil; la irrenunciabilidad de los beneficios mínimos definidos en las normas laborales, la aplicación del principio de favorabilidad en la interpretación y aplicación de las fuentes del derecho laboral y la primacía de la realidad sobre las formalidades pactadas por los contratantes, entre otros".

El artículo 13 de la Carta Política, referente al principio y derecho a la igualdad, adquiere especial relevancia para las trabajadoras del servicio doméstico, pues no solo exige la aplicación igualitaria de todos los derechos (incluidos los laborales), sino que prescribe la adopción de medidas afirmativas con el propósito de desterrar las desigualdades de hecho.

Sin embargo, a pesar de la protección que la Constitución Política y otras fuentes legales otorgan a estas personas, el servicio doméstico ha sido históricamente uno de los espacios en los que resulta más difícil incorporar el pleno respeto por las normas del derecho al trabajo, y donde más se perpetúa la desigualdad social y la discriminación hacia grupos vulnerables.

Son diversas las razones que concurren a obstaculizar la vigencia de los principios mínimos del trabajo a las relaciones de trabajo doméstico. En primer término, por motivos asociados a la negación histórica de los aportes de la mujer al hogar, no se reconoce adecuadamente el valor generado por el trabajo doméstico. Es decir, la negación de valor al trabajo doméstico *no* remunerado se traslada o afecta la percepción del valor que genera el trabajo doméstico remunerado.

El orden jurídico colombiano ha destacado, en ese marco, la necesidad de dar una adecuada valoración y reconocimiento al trabajo doméstico, tanto a nivel legal como a nivel jurisprudencial.

En efecto, aun cuando un sistema jurídico como el colombiano prevea la plena aplicación de los principios mínimos del derecho al trabajo, y las prestaciones asociadas a la seguridad social para las trabajadoras domésticas, el cumplimiento efectivo de estas obligaciones supone retos especiales para la sociedad y las autoridades del trabajo administrativas y judiciales.

Las modalidades de prestación del servicio (interno o por días) generan diversos problemas que, en últimas, coinciden en ahondar el déficit de protección de las mujeres que ocupan estos puestos de trabajo. Si este se desarrolla como interna, es decir, pernoctando en el lugar de trabajo, los pagos en especie se tornan difíciles de computar. Si el trabajo se efectúa esporádicamente -por horas o por días-, el vínculo se sume en condiciones de informalidad, que impiden la plena vigencia de las garantías laborales.

Por otro lado, frente a la concepto de trabajo doméstico la honorable corte constitucional expresa bajo el principio y derecho de igualdad el trabajo doméstico que: "el trabajo doméstico remunerado comprende todas las actividades que una persona adelanta en un hogar de familia, incluyendo el aseo del espacio físico y sus muebles y enseres, la preparación de alimentos, el lavado y planchado del vestido, servicios de jardinería y conducción, y el cuidado de miembros de la familia o de los animales que residen en casas de familia. El trabajo doméstico es, por regla general, contratado por otro particular, quien acude a los servicios de un tercero para tener la posibilidad de salir de casa en busca de la generación de ingresos propios".

El trabajo doméstico remunerado es, en su mayor parte, asumido por mujeres, motivo suficiente para que el estado deba desplegar esfuerzos adicionales en la dirección de superar las desigualdades y garantizar la existencia de condiciones de trabajos decentes para ellas. Además, entre las mujeres, muchas trabajadoras del servicio doméstico pertenecen a grupos étnicos minoritarios, y otras tantas no han cumplido los 18 años de edad, lo que significa que dentro del grupo, en sí mismo compuesto por personas de especial protección constitucional, se encuentran también mujeres en las que concurren otras circunstancias de vulnerabilidad, cuyas condiciones son entonces relevantes para la constitución política.

f. Horas extras del servicio doméstico: *Sentencia C-372 de 1998*

Se trata de una demanda de inconstitucionalidad en contra de los artículos 65 (parcial), 73 (parcial), 75 (parcial), 90, 91, 92, 93, 128, 147 (parcial), 155, 156, 162, 182, 187, 189 (parcial), 234, 240, 250, 267 (parcial), 279 (parcial), 307, 344 (parcial), 409 y 470, del CST.

Respecto a las horas extras en la jornada laboral del servicio doméstico la Corte Constitucional afirma que:

> "Una jornada laboral excesiva contradice los principios de la dignidad humana y las condiciones justas en que han de cumplirse las tareas domésticas, tornándose indispensable fijar un límite al período de trabajo que exceda de la jornada máxima ordinaria, límite por fuera del cual se quebrantarían las garantías mínimas del trabajador. Sólo en las anteriores condiciones la norma acusada puede ser exequible, de modo que aun cuando sea posible la exigencia de laborar durante un período de tiempo superior a la jornada máxima fijada legalmente, para la Corte lo razonable es que, en ningún caso, los trabajadores del servicio doméstico laboren más de 10 horas diarias, y en el evento de que se requiera el servicio más allá de tal límite, procederá entonces, el reconocimiento y pago de horas extras, en los términos de la legislación laboral".

Del artículo 162 del CST, referente a las exclusiones de la regulación sobre jornada máxima legal de trabajo, el actor demanda los literales a) y b), relativos, en su orden, a los trabajadores que desempeñan cargos de dirección, de confianza o de manejo y a los del servicio doméstico, ya se trate de labores en centros urbanos o en el campo.

Respecto a la demanda de constitucionalidad por el art 162 de CST la Corte ha estimado que "la protección al trabajo establecida por mandato del artículo 25 constitucional, incluye la fijación de jornadas máximas, dentro de las cuales los trabajadores presten los servicios propios de la relación laboral y estén sometidos a las órdenes del patrono", situación que se acompasa con el necesario descanso que es un derecho y que tiene como fines, entre otros, permitirle al trabajador "recuperar las energías gastadas en la actividad que desempeña, proteger su salud física y mental, el desarrollo de la labor con mayor eficiencia, y la posibilidad de atender otras tareas que permitan su desarrollo integral como persona".

De otra parte, en relación con el literal b) del artículo 261, referente a la excepción al régimen de jornada máxima para los trabajadores del servicio doméstico, la Corporación considera que el legislador sustrajo de dicho régimen la labor doméstica teniendo en cuenta que la familia no tiene las características de una empresa o de un patrono corriente o regular, pues es evidente que la economía doméstica y la labor desempeñada en la misma poseen unos rasgos particulares que implican una disponibilidad de tiempo diferente y adecuada a las actividades familiares, que no son asimilables a las desplegadas en otros ámbitos del quehacer económico o social.

En este orden de ideas, a juicio de la Corte, una jornada laboral excesiva contradice los principios de la dignidad humana y las condiciones justas en que han de cumplirse las tareas domésticas, tornándose indispensable fijar un límite al período de trabajo que exceda de la jornada máxima ordinaria, límite por fuera del cual se quebrantarían las garantías mínimas del trabajador.

g. Pensión en el servicio doméstico: *Sentencia C-967 de 2003*

El actor en esta demanda pretende inconstitucionalidad el artículo 5º (parcial) de la Ley 797 de 2003, que modificó el inciso 4º y parágrafo del artículo 18 de la Ley 100 de 1993.

Además de los considerandos de la Corte, en esta Sentencia se expresan opiniones importantes como la del Ministerio de Protección Social los cuales plantean que la reforma pensional contenida en la Ley 797 de 2003 tiene como objetivo primordial asegurar una mayor equidad social, solidaridad y responsabilidad fiscal, con el propósito de garantizar el cumplimiento de los fines esenciales del Estado. En ese contexto, en la mencionada reforma legal se elaboraron una serie de mecanismos que deben ser interpretados integralmente para comprender el funcionamiento cabal del sistema, mecanismos que parten de la base de que el trabajador colombiano mensualmente recibe, al menos, una suma equivalente a un salario mínimo legal mensual vigente, según lo establece el artículo 53 de la Constitución Política. Incluso, los trabajadores del servicio doméstico, que reciben parte del salario en especie, tienen derecho a ese mínimo, razón por la cual se decidió eliminar el beneficio consagrado en el artículo 18 de la Ley 100 de 1993.

Para el Ministerio Público, la norma acusada antes que perjudicar a los trabajadores del servicio doméstico los favorece, porque busca que ninguno sea remunerado por debajo del salario mínimo legal mensual. Por tanto, a pesar de recibir una parte de la remuneración en especie, el trabajador doméstico nunca puede recibir menos del salario mínimo, salario sobre el cual sólo debe pagar el 25% de la cotización, ya que el otro 75% le corresponde al empleador. En este sentido, antes que ir en contravía de la realidad nacional, el legislador persigue que en el futuro nadie sea remunerado por debajo de la cifra considerada mínima.

La supresión de la distinción contenida en el artículo 18 de las Ley 100 pretende entonces equiparar los derechos de los trabajadores del servicio doméstico con los de los demás empleados, en procura de garantizarles una subsistencia digna. Por ello, contrario a lo sostenido por el demandante, la norma no afecta derechos de los trabajadores, sino que los protege. Advierte que sobre la base de la remuneración equitativa para los empleados del servicio doméstico, no es posible afirmar que la norma introduzca un trato desigual, ya que también éstos tienen derecho a recibir un salario mínimo. Por iguales razones, si se supone que dichos empleados reciben la remuneración mínima permitida por la ley, es legítimo que se les obligue a contribuir en dicha proporción con el financiamiento de los gastos del Estado.

Así entonces, la Corte constitucional, de conformidad con lo prescrito por la ley laboral, afirma que el salario en especie debe valorarse expresamente en todo contrato de trabajo, y a falta de estipulación o de acuerdo sobre su valor real se estimará pericialmente, sin que pueda llegar a constituir y conformar más del cincuenta por ciento (50%) de la totalidad del salario. Ahora bien, las prescripciones legales sobre salario mínimo no excluyen a los trabajadores de servicio doméstico, por lo cual su remuneración total, es decir la parte en dinero sumada al valor de la parte en especie, no puede ser inferior al salario mínimo legal vigente.

Para tratar de remediar la situación descrita, la propuesta legislativa que se concretó en la Ley 797 de 2003 incorporó una serie de medidas que constituyen una respuesta integral a la situación de desequilibrio e inequidad detectada.

h. Pensión sanción en el servicio doméstico: *Sentencia T-014 de 2015*

En esta Sentencia, la Corte se pronuncia al respecto de la pensión sanción en el servicio doméstico así:

> "Los requisitos que debe cumplir un trabajador del sector privado, para reclamar el reconocimiento de la pensión-sanción, se pueden resumir de la siguiente forma: (i) la existencia de un contrato de trabajo (ii) la vigencia de la relación laboral, superior a diez años (iii) la ausencia de la afiliación al régimen de seguridad social en pensión y por lo tanto la omisión del pago de los aportes (iv) la terminación del contrato sin justa causa (v) el cumplimiento de la edad según el tiempo de servicio prestado, de 10 a 15 años, debe acreditar la edad de 60 años si es hombre y 55 años si es mujer y para una vigencia superior a 15 años, la edad de 55 años si es hombre y 50 años si es mujer".

Todos los trabajadores y trabajadoras domésticas tienen derecho a que se les garantice condiciones de trabajo dignas y justas. Ello implica, que como mínimo, los empleadores deben respetar: (i) el pago de un salario acorde con la jornada laboral; (ii) la vinculación al sistema de seguridad social para amparar los riesgos de vejez, muerte e invalidez; (iii) la jornada laboral permitida; (iv) la permanencia en el trabajo y en general todas las garantías mínimas e irrenunciables que el ordenamiento jurídico colombiano ponga a disposición de los trabajadores.

Si el retiro se produce por despido sin justa causa después de quince (15) años de servicios, la pensión se pagará cuando el trabajador despedido cumpla cincuenta y cinco (55) años de edad si es hombre, o cincuenta (50) años de edad si es mujer, o desde la fecha del despido, si ya los hubiere cumplido".

Así las cosas, la cuantía de la pensión será directamente proporcional al tiempo de servicios respecto de la que le habría correspondido al trabajador en caso de reunir todos los requisitos para acceder a la pensión de vejez en el régimen de prima media con presentación definida y se liquidará con base en el promedio devengado en los últimos diez (10) años de servicios, actualizado con base en la variación del índice de precios al consumidor certificada por el Departamento encargado de las estadísticas en Colombia. (DANE).

i. Pensión provisional: *Sentencia T-387 de 2011*

En esta Sentencia, la Corte define que la Pensión Provisional es el Pago de un salario mínimo mensual sin que se imponga la obligación de prestar sus servicios, ni guardar subordinación y afiliación a Seguridad Social en salud, esta decisión es transitoria en el entendido que existe un pleito pendiente en la jurisdicción laboral y se puede configurar cosa juzgada.

Mediante la presente acción de tutela, la señora María Lucila Rodríguez Hernández pretende que le sean amparados sus derechos a la seguridad social tanto en salud como en pensiones y, en este sentido, solicita que le sea reconocido de manera provisional el pago de una suma equivalente a un salario mínimo mensual hasta tanto exista un pronunciamiento definitivo por parte de la jurisdicción ordinaria y sea afiliada al sistema de salud en el régimen contributivo.

Así se adoptará la fórmula empleada en la Sentencia T-704 de 2009, precedente seguido en este caso el cual "aclara que aun cuando la suma indicada no tiene carácter salarial ni impone a la protegida la obligación de prestar servicios personales ni guardar subordinación, se constituye y concede a título de "pensión provisional". Que para el caso concreto se fundamenta en que la accionante actualmente cuenta con 69 años de edad y 30 años de servicio en la casa de los demandados, "es acreedora *prima facie* a la pensión de vejez, mientras la jurisdicción laboral ordinaria verifica el reconocimiento de este derecho"

Este dinero no tiene carácter salarial ni impone a la accionante la obligación de seguir prestando sus servicios ni guardar subordinación, se constituye y concede a título de "pensión provisional", teniendo en cuenta que la señora María Soledad Albino Luna por contar con 61 años de edad y 19 años de servicio en la casa del demandando, es acreedora en principio de la pensión de vejez, mientras la jurisdicción ordinaria verifica el reconocimiento de este derecho.

j. Jornada laboral para empleados domésticos: *Sentencia C-310 de 2007*

Para la ciudadana demandante el segmento normativo acusado del artículo 252 del CST viola el artículo 13 de la Carta Política, que consagra el principio de igualdad, pues al ordenar que para liquidación de cesantías de los empleados del servicio doméstico se tenga únicamente en cuenta el salario en dinero, discrimina a dichos trabajadores en la medida en que olvida que conforme a la ley laboral tanto el dinero como la especie constituyen remuneración.

Para la Corte la jornada del personal del servicio doméstico es larga o incluso excesiva, sin días de descanso ni compensación por las horas extraordinarias y su salario suele ser muy bajo y tienen una cobertura insuficiente en lo que atañe al seguro médico, lo anterior dado que, en no pocas ocasiones, los empleadores prefieren mantener el vínculo laboral en la informalidad para así ahorrar costos.

También la Corte se ha pronunciado sobre la jornada laboral de dichos trabajadores, señalando que los que residen en la casa del empleador no podrán tener una jornada superior a 10 horas diarias. Al declarar exequible con ese condicionamiento el literal b) del artículo 162 del CST, en sentencia C-372 de 1998 (julio 21), M. P. Fabio Morón Díaz, esta corporación expresó al respecto: "Una jornada laboral excesiva contradice los principios de la dignidad humana y las condiciones justas en que han de cumplirse las tareas domésticas, tornándose indispensable fijar un límite al período de trabajo que exceda de la jornada máxima ordinaria, límite por fuera del cual se quebrantarían las garantías mínimas del trabajador".

Conforme a lo dispuesto en el artículo 25 de la Carta, el trabajo, como objeto de especial protección estatal, se debe realizar en condiciones "dignas y justas", entre las cuales sobresale la remuneración que, según lo establece el artículo 53 ibídem, debe ser "proporcional a la cantidad y calidad de trabajo", principio que se expresa en la máxima universal "a trabajo igual salario igual", que así prevé en la legislación interna el artículo 143 del C. S. T.: "Artículo 143. A trabajo igual, salario igual. 1. A trabajo igual desempeñado en puesto, jornada y condiciones de eficiencia también iguales, debe corresponder salario igual, comprendiendo en éste todos los elementos a que se refiere el artículo 127.

IV. CONCLUSIONES

A lo largo de este documento se pudo constatar, la Corte Constitucional en su jurisprudencia, reconoce de manera fehaciente, que el trabajo del servicio doméstico en Colombia ha sido ejercido principalmente por mujeres y que en muchos de los casos, pertenecen a grupos étnicos minoritarios y/o son menores de los 18 años de edad. En síntesis, mujeres vulnerables a las cuales se les debe brindar especial protección por parte de dicho organismo, y por el Estado en general.

Finalmente, como ya se mencionó en este capítulo, es evidente que existe un avance legal frente al reconocimiento normativo del trabajo en el servicio doméstico, pues son varias las leyes que se han creado en busca de aliviar la situación laboral de las trabajadoras. Sin embargo, se debe reconocer que dichos avances resultan ser insuficientes para abordar la temática general, púes todavía existen vacíos normativos, no contemplados por esta. Es por ello, que ante dichos vacíos, el poder judicial, en este caso la Corte Constitucional ha asumido ese papel subsidiario en algunos temas que son de vital importancia para las trabajadoras del servicio doméstico. Púes, para la Corte el servicio doméstico es un trabajo, que requiere de la misma protección, (o incluso como ya se dijo, protección especial), como cualquier otro trabajo.

Es por ello, que a modo de recomendación final, se sugiere al Estado colombiano, que a través de sus organismos judiciales y legislativos, continúe aunando esfuerzos de modo, que se logre superar las desigualdades y garantizar la existencia de condiciones dignas y justas para quienes desarrollan dichas labores.

V. REFERENCIAS

Código Sustantivo del Trabajo, Editorial Legis. Bogotá, 2012.

Constitución Política de Colombia. Editorial Legis. Bogotá, 2004.

NACIONES UNIDAS, Convenio sobre las trabajadoras y los trabajadores domésticos, 2011 (núm. 189). Disponible en: http://www.ilo.org/wcmsp5/groups/public/---ed_protect/---protrav/---travail/documents/publication/wcms_164520.pdf.

DUQUE, C. *Servicio Doméstico - Mínimo Legal - Año 2015-* Colombia. Disponible: *http://consultas-laborales.com.co/index.php?option=com_content&view=article&id=443:2016-01-11-19-05-27&catid=1:laboral&Itemid=86*

GÁLVEZ, T., TODARO R. 1984. La especificidad del trabajo doméstico asalariado y la organización de las tra- bajadoras. En La mujer en el sector popular urbano: América Latina y el Caribe, ed. CEPAL, 155-159.

LEÓN, M. *Proyecto de Investigación-acción: trabajo doméstico y servicio doméstico en Colombia.* Revista de Estudios Sociales No. 45. Enero- abril de 2013. Pág. 199.

MINISTERIO DEL TRABAJO, Bogotá D. C., *Guía Laboral del Servicio Domestico*, junio de 2012 Primera edición: 2012.

MORALES MOSQUERA, E. y otros. Escuela Nacional Sindical (ENS) y la Corporación Afrocolombiana Desarrollo Social y Cultural (CARABANTÚ), *Barriendo la Invisibilidad de las trabajadoras del servicio doméstico en Medellín*". 2012. Pág. 6 y 9.

PALLARES OLIVER, G E. *Todo sobre los derechos de las empleadas domésticas*, abril 2015. Disponible en: http://www.araujoysegovia.com/blog/todo-sobre-los-derechos-de-las-empleadas-domesticas/

UPRIMNY YEPES, R. "*El bloque de constitucionalidad en Colombia. Un análisis jurisprudencial y un ensayo de sistematización doctrinal*". Facultad de Derecho de la Universidad Nacional Magistrado Auxiliar de la Corte Constitucional. Bogotá. Disponible en: http://www.internationaljusticeproject.org/pdfs/Uprimny-writing.pdf.

Jurisprudencia

Corte Constitucional Colombiana, Sentencia C-51 de 1995
Corte Constitucional Colombiana, Sentencia C-616 de 2013
Corte Constitucional Colombiana, Sentencia C-051 de 2005
Corte Constitucional Colombiana, Sentencia T-172 de 1997
Corte Constitucional Colombiana, Sentencia T-782 de 2014
Corte Constitucional Colombiana, Sentencia C-871 de 2014
Corte Constitucional Colombiana, Sentencia C-372 de 1998
Corte Constitucional Colombiana, Sentencia C-967 de 2003
Corte Constitucional Colombiana, Sentencia T-014 de 2015
Corte Constitucional Colombiana, Sentencia T-387 de 2011
Corte Constitucional Colombiana, Sentencia C-310 de 2007

CAPÍTULO 4.
LA PROTECCIÓN DEL TRABAJO AUTÓNOMO ECONÓMICAMENTE DEPENDIENTE COMO ESTÁNDAR LABORAL. BOSQUEJO DE ESTUDIO PARA SU FUTURA REGULACIÓN LEGISLATIVA EN EL PERÚ

Roberto Jorge Farroñay Espinoza[1]

[1] Abogado por la Universidad Nacional Pedro Ruiz Gallo.

I. INTRODUCCIÓN

Históricamente, el Derecho del Trabajo se ha mantenido alerta a los cambios que ha traído consigo el liberalismo económico. En un principio, por los acontecimientos ocurridos en los siglos XVII y XVIII, para posteriormente, estar presente en el actual sistema globalizado. Y aunque se ha querido trasmutar sus funciones, siempre ha mantenido un objetivo característico, el cual ha sido prodigar, a través del reconocimiento de derechos laborales, una regulación mínima que permita al ser humano tener un sistema de protección.

En este sentido, las diferentes manifestaciones del proceso de producción, sumado a las nuevas tecnologías han despertado más su labor. Por ejemplo, una realidad innegable, puesta de manifiesto por la Organización Internacional del Trabajo, es lo que ocurre con el empleo. Y es que se ha comprobado un apartamiento al modelo estándar, enmarcado este dentro de una relación asalariada, ya que según las estadísticas ello solo representa la mitad del empleo mundial, constituyendo hoy por hoy un incremento del trabajo por cuenta propia[2].

Justamente, el tema a desarrollar implicará adentrarse en un aspecto del trabajo por cuenta propia. En este caso, al trabajo autónomo económicamente dependiente que, incluso algún sector ha pretendido incluirlo dentro del derecho de la actividad profesional[3]. Analizar este tema no ha sido una tarea fácil; pues, a pesar de que en la legislación extranjera se ha positivizado su regulación, en el Perú no goza aún de un tratamiento específico. No obstante, ello no ha sido óbice para sumergirse en un tema que en la actualidad posee gran relevancia.

Realizada esta precisión, el presente artículo pretende destacar, primero, que la protección del trabajador autónomo económicamente dependiente se constituye ya en un estándar laboral que los Estados por obligación internacional deben asegurar. Segundo, que es necesario remitirnos a los antecedentes de esta institución para establecer, gracias a la remisión de la regulación foránea, sus principales características, sin dejar de lado cómo algunos países -en ausencia de su reglamentación- han prodigado diferentes formas de protección. En tercer lugar, y debido a la ausencia jurisprudencial, se ingresa a revisar cómo el Perú se ha acercado a regular algunos regímenes especiales. Gracias a esto, se logra ensayar que la libertad de trabajo es la que permitiría al legislador proponer un orden jurídico apropiado donde se contemplen derechos fundamentales mínimos, sobre todo por el número considerable de personas que pertenecen a este sector.

---

[2] INTERNATIONAL LABOUR ORGANIZATION. *World Employment Social Outlook. The changing nature of jobs.* ILO Research Department, Geneva, 2015, págs. 32-34. Ha habido un estudio comparativo entre países que encontró una relación negativa entre la tasa de empleo independiente y el grado de desarrollo. Véase: PIETROBELLI, C.; RABELLOTTI, R. y AQUILINA, M.:. *An empirical study of the determinants of self-employment in developing countries»*, en *Journal of International Development.* Vol. 16, issue 6, 2004, págs. 803-820.

[3] BARTHÉLÉMY, J.: *Du droit du travail au droit de l'activité professionnelle*, en *Les Cahiers du DRH.* N° 144, 2008, págs. 35-49.

II. ESTÁNDAR LABORAL

Cuando se habla de estándar laboral, debe entenderse como las condiciones mínimas que los Estados deben proveer al ser humano cuando se relacionan con la actividad humana del trabajo. En esa línea, fue de mucha importancia el informe de la OCDE de 1996, el cual los definió como «los principios y las reglas que gobiernan las condiciones de trabajo y las relaciones laborales». Posteriormente, en 1997 la OIT estableció en la Declaración relativa a los principios y derechos fundamentales en el trabajo ciertos estándares que la mayoría de países de forma normativa o prescriptiva hoy han adoptado.

Precisamente, cada Estado debe prodigar tal función. De hecho, un estudio ha evaluado por qué un Estado tiende a aceptar los estándares laborales[4]. Para ello, se han esgrimido dos posiciones: el institucionalismo racional y el institucionalismo sociológico. El primero de ellos apela a un cumplimiento a fin de evitar desventajas competitivas en los mercados mundiales, mientras que el segundo afirma su adhesión a las normas y, por lo tanto, a la pertenencia de una comunidad normativa (comportamiento apropiado prevalente entre los Estados), para lo cual se concluye un predominio del segundo. Es decir, el cumplimiento reside en que ellos están influenciados por lo que otros Estados hacen en su ratificación de decisiones y la ratificación interdependiente está afectada más por normas sociales que por incentivos económicos[5].

Ahora bien, el radio de acción de ellas ha aumentado de forma considerable: desde la clásica prohibición del trabajo forzado hasta llegar hoy en día a ofrecer al trabajador condiciones que permitan un trabajo digno y productivo. De hecho, un grupo considerable son los trabajadores autónomos económicamente dependientes que se sitúan en un espacio híbrido entre la subordinación y la independencia, pero que ya mereció la atención en la octogésima quinta Conferencia de la OIT, de 1997, la cual ha formulado la propuesta de elaborar un Convenio de la OIT, aplicable al «trabajo efectuado personalmente en condiciones de dependencia o subordinación a la empresa en cuestión, siendo dichas condiciones similares a las que caracterizan a una relación laboral regulada por la legislación en vigor y las prácticas nacionales, pero en la cual la persona que lleva a cabo el trabajo no posee una relación laboral reconocida con la empresa para la que trabaja».

---

[4] Se ha entendido el término "estándar laboral" de dos formas. «The term "labour standard" has two distinct meanings. This has led to misunderstanding and confusion. The first meaning refers to the actual terms and conditions of employment, work and welfare of workers in a particular location and point in time. It describes "what is" the situation of the labour force, normally by using statistics that indicate the national average level of education and vocational skills, wages, hours of work, occupational health and safety, social security, and so on. We will refer to these as "labour conditions". The second connotation of the term "labour standard" is normative or prescriptive. Labour standards stipulate "what should be" the terms and conditions of work». Véase: SENGENBERGER, W.: *Globalization and Social Progress: The role and impact of international labour standars*. Friedrich-Ebert-Stiftung, Boon, 2005, págs. 36.

[5] BACCINI, L. y KOENIG-ARCHIBUGI, M.: *Why do states commit to international labour standards? The importance of "rivalry" and "friendship"*. The London School Economics and Political Science. Working Paper Department of Government London School of Economics, N°. 1, 2011, pág.33.

Precisamente, en la actualidad diversos países han adoptado diversas normas que, en alguna medida, hay protegido a este tipo de trabajador, y que, a decir verdad, para el caso peruano, representa un gran porcentaje de la población económicamente activa.

III. EL TRABAJO AUTÓNOMO ECONÓMICAMENTE DEPENDIENTE

1. Antecedentes

Si bien los estudios sobre el trabajo autónomo económicamente dependiente empezaron a gestarse desde hace varias décadas, cobró importancia con los dos informes que a continuación se presentan.

1.1. Informe sobre las «Transformaciones del trabajo y futuro del Derecho del Trabajo en Europa»

Este informe, generado a partir de la organización de la Comisión Europea y coordinado por el jurista francés Alain Supiot[6], representó, en ese entonces, un diagnóstico multitemático del Derecho del Trabajo en Europa. Uno de los temas tocados fue «El trabajo y el poder privado» (capítulo I). Después de realizar un diagnóstico de este fenómeno, se concluyó en una de las orientaciones finales que la aplicación de ciertos aspectos del Derecho del Trabajo a los trabajadores que no eran ni asalariados ni empresarios necesitaban de una protección general adaptada a la situación que en algunos otros países ya eran atendidas (Alemania e Italia), para lo cual se proveería de derechos sociales que justificasen esa independencia[7].

1.2. Informe sobre el «Trabajo económicamente dependiente (parasubordinación): aspectos jurídicos, sociales» (Adalberto Perulli)

En el año 2000, la Comisión Europea provocó la cuestión del trabajo económicamente dependiente durante una consulta a los distintos actores sociales sobre la modernización y la mejora en las relaciones de trabajo. Estos y la Comisión reconocieron que hasta esa fecha diversos estudios e investigaciones ya habían tratado el tema. En este sentido, el Parlamento europeo encargó a la Comisión la dirección de un estudio, el cual finalizó con el informe mencionado. Este se caracterizó por realizar un distingo entre el trabajo asalariado e independiente, destacando la zona gris existente entre ellos. Así, concluye que:

> «En los Estados miembros de la Unión Europea, la bipartición entre el trabajo asalariado y el dependiente permanece un punto de base, en ningún Estado en efecto no existe una verdadera tercera categoría de trabajadores a medio camino entre los dos otros. La necesidad de prever una entrega al día de la distinción entre dos catego-

6 Su introducción señala que es una obra colectiva realizada por un grupo de expertos.

7 COMMISSION EUROPÉENNE. *Transformations du travail et devenir du droit du travail en Europe-Rapport final*, Office des publications officielles des Communautés européennes, Luxembourg, 1999, pág. 96.

rías, a fin de adaptarla a los cambios de la organización del trabajo y de las actividades de producción, está muy expandida, pero nada indica que este sistema binario no ha sido superado en favor de un sistema sobre tres categorías de trabajadores. Sin embargo, después de haber tomado acto de este elemento de estabilidad en los sistemas europeos, no hay que menos registrar una neta difusión de forma de trabajo que nosotros definimos como trabajo económicamente dependiente»[8].

Para la cual se concluye que en ciertos Estados existen unas nociones legales y, en muchos otros, se le trata como un fenómeno conocido que está aún en debate.

2. Concepto

La consolidación del Derecho del Trabajo ha partido de un presupuesto básico: la protección de quienes se encontraban en una relación de subordinación. De lejos, esto ha constituido en un asunto de relevancia a quienes de alguna u otra forma se encontraban vinculados mediante un contrato de trabajo, siendo el principal elemento la subordinación. Ciertamente, el poderío que ejerce el empleador sobre el trabajador constituye una característica fundamental que permite no solo la distinción con otros tipos de relaciones sino también la construcción de toda una disciplina tendiente a desarrollarla. Pero esta distinción marginó igualmente a aquel sector que no se encontraba en una relación de laboralidad.

En efecto, los trabajadores autónomos, cuyas características son la ausencia de subordinación (esta ya no es más el elemento principal) y la ajenidad en el trabajo, se han convertido hoy en día en un asunto de vital importancia para los Estados, sobre todo porque el porcentaje en algunos llega a ser considerable. Dentro de esta categoría se ha intentado dividirla en una serie de subtipos que de algún modo hacen visible ciertas diferencias. Una de ellas es la dependencia económica que tiene la persona a quien ofrece su trabajo. Desde esa óptica, el libro verde de la Comisión de Comunidades Europeas, «Modernizar el derecho del trabajo para afrontar los desafíos del siglo XXI», de 22 de noviembre de 2006, otorgó una idea que merece ser destacada:

«La noción del trabajo económicamente dependiente cubre unas situaciones que no revelan ni la noción bien establecida del trabajo asalariado, ni de la del trabajo independiente. Esta categoría de trabajadores no dispone de un contrato de trabajo. Ellos pueden no estar comprendidos en el ámbito de la legislación del trabajo, porque ellos ocupan una zona gris entre el derecho del trabajo y el derecho comercial. Aunque formalmente "independientes", ellos están económicamente dependientes de un solo empresario o cliente/empleador por la procedencia de sus ingresos»[9].

De lo señalado, parece haber una clara relación por motivos estrictamente económicos, con lo cual la permanencia o la durabilidad resultan necesarias.

---

[8] PERULLI, Adalberto. *Travail économiquement dépendant/parasubordination : les aspects juridiques, sociales et économiques*. Étude pour la Commission européenne, 2003, pág. 83.

[9] COMMISSION EUROPÉENNE. *Moderniser le droit du travail pour relever les défis du XXIe siècle*, Bruselas, 2006, pág. 12.

3. Consagración legislativa en España

A nivel legislativo, España, con la vigencia de la Ley 20/2007, Ley del Estatuto del Trabajo Autónomo reguló a los trabajadores autónomos económicamente dependientes. El artículo 11 prescribe que «son aquellos que realizan una actividad económica o profesional a título lucrativo y de forma habitual, personal, directa y predominante para una persona física o jurídica, denominada cliente, del que dependen económicamente por percibir de él, al menos, el 75 % de sus ingresos económicos o profesionales».

3.1. Dependencia económica

Ello quiere decir que la dependencia económica deberá ser solo predominante y no exclusiva. Es decir, «queda abierta la posibilidad de que pueda prestar servicios para más de un cliente»[10], pero «habrá de tener una importante vinculación económica»[11], constituyendo su primordial base generadora de ingresos, sin que implique una vinculación jurídica organizativa ni gerencial. Un problema que se ha planteado es que solo se habla de 75%, mas no incluye un supuesto mínimo (salario mínimo legal) ni un tiempo requerido para opere esta figura[12].

3.2. Prohibiciones

Asimismo, el inciso 2 del artículo 11 señala las prohibiciones:

— No tener a su cargo trabajadores por cuenta ajena.

Con eso se descarta la ayuda externa, «ni siquiera para actividades complementarias (por ejemplo, de asistencia o apoyo) o distintas de la principal llevada a cabo por el cliente (por ejemplo, en relación con otros clientes con los que mantengas una relación más o menos esporádica)»[13].

Así, sería lógico que se pruebe la continuidad en todo el periodo contractual y no únicamente cuando empieza la relación contractual.

— No contratar o subcontratar parte o toda la actividad con terceros, tanto respecto de la actividad contratada con el cliente del que depende económicamente como de las actividades que pudiera contratar con otros clientes.

En todo caso, cabe la acotación que esta prohibición no alcanzaría «a la contratación o subcontratación de servicios ajenos a dichas actividades principales»[14].

---

[10] BARRIOS BAUDOR, G. y SEMPERE NAVARRO A.: *Relaciones laborales especiales y contratos con particularidades*, en *El contrato de trabajo*. Directores (Antonio Sempre Navarro y Miguel Cardenal Carro). Vol. II, Aranzadi, Madrid, 2011, pág. 1614.

[11] Ídem.

[12] Ibídem, pág. 1616.

[13] Ibídem, pág. 1621.

[14] Ibídem, pág. 1623.

— No ejecutar su actividad de manera indiferenciada con los trabajadores que presten servicios bajo cualquier modalidad de contratación laboral por cuenta del cliente.

Resulta lógico que el trabajador se diferencie de los que integren una relación laboral con el cliente. Por eso, «se pretende que el trabajador autónomo económicamente independiente no realice su prestación confundiéndose con la planilla laboral de la empresa-cliente, lo que no impide que pueda llevarla a cabo de forma coordinada (que no dependiente) con otros trabajadores autónomos»[15].

— Disponer de infraestructura productiva y material propios, necesarios para el ejercicio de la actividad e independientes de los de su cliente, cuando en dicha actividad sean relevantes económicamente.

La independencia del trabajador se ve reflejada en los instrumentos utilizados para realizar su trabajo. Implica, además, que estos sean necesarios para diferenciarla del típico contrato de trabajo. Sin embargo, la expresión «relevantes económicamente» genera algunas dudas sobre los supuestos de aplicación, pues el término es genérico. Así, se han destacado algunas inconsistencias, pues «nada se indica respecto de qué ha de entenderse a estos efectos por infraestructura productiva lo que albergaría, según los casos, bienes muebles, inmuebles, acceso a las nuevas tecnologías de la información, etc.»[16]. En todo caso, sería la jurisprudencia quien determinaría en el caso concreto la exactitud de la expresión.

— Desarrollar su actividad con criterios organizativos propios, sin perjuicio de las indicaciones técnicas que pudiese recibir de su cliente.

Al igual que el anterior criterio quiere destacarse la independencia del trabajador. Esto implica una coordinación ejecutada de tal forma que se compatibilice con las «indicaciones» coordinadas que pudiera entablar con el cliente, que no siempre será fácil de determinar. Entre estos ejemplos podría encontrarse: «requerimiento al trabajador para desempeñar otras funciones, distintas de las convenidas, en la empresa; contenido y frecuencia de las instrucciones recibidas por parte del cliente; forma de cumplimiento de las obligaciones en materia de seguridad y salud laboral y naturaleza meramente técnica o funcional, o por el contrario estructural, de las instrucciones que puedan recibirse»[17].

— Percibir una contraprestación económica en función del resultado de su actividad, acuerdo con lo pactado con el cliente y asumiendo riesgo y ventura de aquella.

Característico de esta relación es la ajenidad en la que se encuentran los trabajadores, ya sea en los frutos como en los riesgos asumidos.

---

[15] Ibídem, pág. 1624.
[16] Ibídem, pág. 1625.
[17] Ibídem, págs.1626-1627.

4. Formas similares de protección en países donde hay ausencia de regulación expresa

4.1. Italia

En Italia no existe -en sentido estricto- el reconocimiento legal del trabajador autónomo económicamente dependiente, a pesar de que desde hace tiempo se reconoce en la doctrina las figuras del «*lavoro autónomo economicamente dipendente*» y de la «*parasubordinazione*». Sin embargo, existe la «*collaborazioni coordinate e continuative*» *o* «*co-co-co*» y el « *lavoro a progetto*», definidas como «relaciones contractuales que implican el ejercicio de actividades beneficiando a un cliente principal dentro del marco de una relación unitaria y continua, sin subordinación ni recursos a unos métodos organizacionales, a cambio de una compensación periódica predeterminada. Estas actividades no deben ser ejercidas dentro de los límites de servicios profesionales»[18]. Entre las principales características podemos anotar:

— Cuando la colaboración dura más de 8 meses dentro de dos años.
— Cuando la compensación supera el 80 % de ingresos totales del colaborador dentro de dos años.
— Cuando el colaborador posee un puesto de trabajo fijo dentro del establecimiento del cliente; fijo, significa inmóvil o permanente[19].

4.2. Francia

Francia es un país que con base en la subordinación distingue a sus trabajadores en dependientes e independientes, y aunque no se tiene un reconocimiento legal específico de la institución en comento, la «dependencia económica» no es ignorada del todo, pues existen diversas leyes que reconocen su *status*. Así, se tienen el «statut d'auto-entrepreneur» y el «portage salarial», que comparten ciertas características puntuales[20]:

— Tener un único cliente o efectuar un porcentaje mínimo de su cifra de negocios gracias a un único cliente.
— Ejercer su actividad profesional de manera personal.
— Participar en los riesgos de la actividad.
— Estar inscrito en una relación contractual durable (dos meses mínimo).

Empero, con más precisión se tienen las dos formas autónomas.

4.2.1. El «statut d'auto-entrepreneur»[21]

El «statut d'auto-entrepreneur», creado en 2008 ofrece ciertas ventas en comparación con el *status* del trabajador independiente, sobre todo en la disminución de

---

[18] COMMISSION EUROPÉENNE. *Travailleurs indépendants économiquement dépendants: Mesures statistiques, enjeux et opportunités.* Projet mis en place dans le cadre du Programme Relations Industrielles et Dialogue Social de la Direction Générale Emploi, Affaires Sociales et Inclusion de la Commission Européenne. Director : Sebastián Reyna Fernández, España, 2012, págs.16-17.

[19] Ibídem, p.17.

[20] Ibídem, pág. 14.

[21] Por razones didácticas se mantiene la expresión francesa.

cargas sociales y fiscales, al establecer una cifra de negocios máxima en un año: 82 200 euros para las actividades comerciales y 32 900 euros para las prestaciones de servicio.

4.2.2. El «portage salarial»

El «portage salarial», otro tipo de trabajo creado en 2008, establece una relación triangular entre el «porté» o empleado, la organización que emplea y el cliente. El trabajador «porté» es jurídicamente un asalariado a pesar de una cierta autonomía en el desarrollo de la actividad. Aquí el monto mínimo es de 2900 euros mensuales[22], incluso con un seguro de desempleo.

Una definición clara nos la da Kessler: «Esta forma triangular de trabajo se acerca al dispositivo de trabajo temporal. Sin embargo, el "portage salarial" se distingue por un punto esencial: "la sociedad de portage" no contrata al "trabajador porté" a la demanda de una empresa cliente sino a consecuencia de un procedimiento que este último emprendió para verse confiar la realización de una misión. La "sociedad de portage" constituye un intermediario concluyendo un contrato de prestación de servicios con la empresa cliente y empleándolo como asalariado. Esta práctica es original en el sentido de que ella reposa enteramente sobre la iniciativa del "trabajador porté"»[23].

Sin embargo, la crítica no se ha hecho esperar, y es precisamente la que el citado profesor realiza tomando en cuentas diversas casaciones francesas.

Por ejemplo, la Corte de Casación, estatuyendo sobre hechos anteriores a la Ley de 25 de junio de 2008, precisó que «los contratos -de "portage salarial"- están sometidos a las reglas del orden público del derecho del trabajo»[24].

El «portage salarial» no puede derogar a las reglas del contrato de trabajo. La sociedad de «portage», en calidad de empleador debe proporcionar trabajo a su asalariado empleado. Así, ella no está fundada en despedir al motivo que el asalariado permanezca sin actividad durante un periodo de dos meses, incluso cuando él hubiera suscrito el acuerdo de investigar sus misiones y de ejecutarlas dentro del respeto de las reglas en vigor en su dominio de actividad[25]. Él no puede ser derogado por la vía contractual a la obligación de indicar en el contrato de trabajo suscrito a tiempo parcial la duración semanal o mensual del trabajo y su repartición entre los días de la semana o del mes[26]. Además, durante la operación de «portage», la estructura de «portage» debe controlar el trabajo de los asalariados. Se realizan informes de las actividades regulares, al menos mensuales en las empresas de portage salarial. Los salarios «portés» deben precisar las horas o los días trabajados así como los gastos de misión corres-

---

22 Según el Acuerdo, de 24 de junio de 2010, relativa al «portage salarial».

23 KESSLER, F. : « *Des salariés sans patron: le portage salarial en France* », en *European Labour Law Network - 7th annual legal seminar nouvelles formes du travial et droit de l'union européenne*. Hilton, La Haye- Les Pays-Bas, 27 y 28 de noviembre de 2014, pág. 4.

24 Cass. soc., 17 février 2010, n°08-45.298, citado por KESSLER F., pág. 6.

25 Cass. soc., 17 février 2010, n°08-45.298, ídem.

26 Cass. soc., 17 février 2010, n°08-40.671, ídem.

pondientes. Esta obligación está prevista en el artículo 2.1.3 del acuerdo relativo a la actividad de «portage salarial», de junio de 2010, el que indica que «cualquiera que sea la forma del contrato, los asalariados portés deben informar a la empresa de portage salarial de su actividad transmitiendo un informe de actividad permitiendo alimentar la cuenta de actividad. Esta diligencia constituye un índice de subordinación permitiendo caracterizar una relación de trabajo asalariado»[27].

4.3. Reino Unido

En el Reino Unido existen tres diferentes categorías en el derecho laboral. La primera, según el «Employment Rights Act 1996», es un individuo que se encuentra bajo un contrato de trabajo. En el segundo, la legislación británica expande la protección a nueva categoría de «personas empleadas», introducidas por diversas leyes, los cuales son considerados como «individuos con algún contrato que ejecutan alguna labor». Por último, los «dependent self-employed workers» extendiéndose estos a la categoría de «workers».

Respecto a los beneficios que estos gozan merece ser destacado que: «Por ejemplo, la legislación sobre el tiempo de trabajo, niveles de salario mínimo, la discriminación por discapacidad, a tiempo parcial el trabajo, y la protección de las deducciones salariales no autorizadas se aplican no solo a los empleados, sino a todos los contratos en los que un individuo se comprometa a llevar a cabo personalmente el trabajo sin tener un negocio propio»[28].

IV. EL TRABAJO AUTÓNOMO ECONÓMICAMENTE DEPENDIENTE EN EL PERÚ

La legislación peruana ha seguido la clásica división entre trabajo subordinado y no subordinado. En este sentido, casi todo el ordenamiento jurídico ha tratado de enfocarse en la relación jurídica donde predomina el contrato de trabajo. Así, el primer párrafo del artículo 4 del Texto Único Ordenado del D. L. Nº 728, Ley de Productividad y Competitividad Laboral D.S. Nº 003-97-TR, ha señalado que en toda prestación personal de servicios remunerados y subordinados, se presume la existencia de un contrato de trabajo a plazo indeterminado, siempre y cuando se preste de forma personal y directa solo por el trabajador (art.5), constituyendo la subordinación el elemento diferenciador[29].

---

[27] Cass. soc., 16 décembre 2009, n°08-17.852, ídem.

[28] BÖHEIM, R. y MÜHLBERGER, U. : *Dependent Forms of Self-employment in the UK: Identifying Workers on the Border between Employment and Self-employment*, en *IZA Discussion Papers*, N° 1963, Bonn, 2006, pág. 6.

[29] Artículo 9º del T.U.O. de la LPCL.- «Por la subordinación, el trabajador presta sus servicios bajo dirección de su empleador, el cual tiene facultades para normar reglamentariamente las labores, dictar las órdenes necesarias para la ejecución de las mismas, y sancionar disciplinariamente, dentro de los límites de la razonabilidad, cualquier infracción o incumplimiento de las obligaciones a cargo del trabajador. El

En cuanto a los trabajadores independientes, para efectos tributarios, encuentran su permanencia en el régimen de cuarta categoría del Texto Único Ordenado de la Ley del Impuesto a la Renta, Decreto Supremo N°179-2004-EF.

De otro lado, no se ha previsto una legislación uniforme para el trabajador autónomo económicamente dependiente, tan solo existe en nuestro ordenamiento diversas normas que, de algún modo, se acercan a dicha institución. Entre las principales pueden tenerse.

1. Leyes que permiten un acercamiento

1.1. Código Civil (prestación de servicios)

El Código civil peruano de 1984 regula la prestación de servicios. A través de esta modalidad se encuadran el contrato de locación de servicios, el contrato de obra, el mandato, el depósito y el secuestro.

Quizá la figura que más tiene relación con la autonomía laboral sea el contrato de locación de servicios. El artículo 1764 señala que por la locación de servicios el locador se obliga, sin estar subordinado al comitente, a prestarle sus servicios por cierto tiempo para un trabajo determinado, a cambio de una retribución.

Obsérvese claramente que la relación surgida entre el locador y el comitente no está sujeta a subordinación, y que, a diferencia de la Ley laboral no se habla de remuneración sino de retribución. Además, este contrato puede recaer sobre servicios materiales e inmateriales (art.1765), predominando el carácter personal (art. 1766) con una duración máxima de seis años si se trata de servicios de profesionales y de tres años para otros servicios (art. 1768).

1.2. Código de Comercio (comisión mercantil)

Aquí destaca el contrato de comisión mercantil. El artículo 237 de la citada norma prescribe que se reputará comisión mercantil el mandato, cuando tenga por objeto un acto u operación de comercio, y sea comerciante o agente mediador del comercio el comitente o el comisionista.

Como puede verse, este contrato opera con el mandato que está regulado en el Código Civil, mediante el cual el mandatario se obliga a realizar uno o más actos jurídicos por cuenta y en interés del mandante (art. 1790).

Sin embargo, la característica es que solo debe tratarse de una operación de comercio y el mandante y mandatario son comerciantes. El ejemplo se presenta cuando el comerciante tiene una empresa de venta de bienes en una determinada ciudad y recu-

---

empleador está facultado para introducir cambios o modificar turnos, días u horas de trabajo, así como la forma y modalidad de la prestación de las labores, dentro de criterios de razonabilidad y teniendo en cuenta las necesidades del centro de trabajo».

rre para su difusión al comitente, con el fin de que contacte a clientes y adquieran los productos, pagando un determinado porcentaje por la operación realizada.

1.3. Ley N° 29088, Ley de Seguridad y Salud en el Trabajo de los Estibadores Terrestres y Transportistas Manuales y su Reglamento, Decreto Supremo Nº 005-2009-TR

En el año 1989 el gobierno peruano dictó la Ley N° 25047, Ley que otorga beneficios a trabajadores «estibadores terrestres», «transportistas manuales en carretillas y triciclos», que laboran en mercados, terminales terrestres o en establecimientos análogos.

De la lectura de la ley puede establecerse que estos trabajadores, siempre y cuando no dependan de un único empleador, tendrán derecho a descanso, a una compensación por tiempo de servicios y a ser beneficiarios del Instituto Peruano de Seguridad Social (ahora ESSALUD y ONP). Es decir, ellos se enmarcan en una relación laboral con el empleador, pues, tal como lo establece el artículo 4 de su Reglamento, Decreto Supremo Nº 010-2011-TR, los empleadores o principales deberán cumplir con las obligaciones laborales establecidas, siendo responsables solidarios por su incumplimiento; para lo cual la empresa administradora u operadora del mercado o establecimiento análogo, deberá contar con un listado o padrón de los comerciantes mayoristas y minoristas que realizan actividad económica dentro del perímetro de dichos espacios, sea que se encuentren en calidad de propietarios de los puestos de los mercados o establecimientos análogos o en calidad de arrendatarios, independientemente del tiempo de duración del arrendamiento (art. 5).

Posteriormente a la emisión de la Ley N° 25047, se dictaron tanto la Ley N° 29088, Ley de Seguridad y Salud en el Trabajo de los Estibadores Terrestres y Transportistas Manuales, como su reglamento, Decreto Supremo Nº 005-2009-TR. Estas dos normas brindaron una serie de directrices con el objetivo de prometer seguridad y salud en el trabajo:

— El peso máximo a estibar.
— El trabajo de niños y adolescentes.
— El peso máximo en el transporte manual.
— Las condiciones de envasado y la promoción de condiciones de envasado adecuado.
— La figura del responsable del programa de salud y seguridad ocupacional.
— La responsabilidad en someterse a exámenes médicos.
— La atención frente a accidentes de trabajo.
— Las condiciones de seguridad y salud en el trabajo en las instalaciones donde se desarrolla el trabajo.
— La prohibición del comercio ambulatorio dentro de tales instalaciones.
— La circulación interna en los mercados o centros de abasto.
— La medidas básicas de seguridad.
— La protección personal relativa a la vestimenta, a la protección contra lesiones y el polvo, a la protección anatómica.

— Señales y avisos de seguridad.
— Servicios de bienestar de las responsabilidades de la empresa administradora u operadora en las instalaciones de los mercados.
— La formación y capacitación de estibadores terrestres y transportistas manuales.
— Las entidades competentes para el control y cumplimiento de la norma de las infracciones y las sanciones a la ley[30].

1.4. Ley Nº 27475, Ley que regula la actividad de Lustradores de Calzado y su Reglamento, Decreto Supremo Nº 006-2002-TR

La actividad que ejerce el lustrador de calzado se basa en una relación de tipo civil, ya que el usuario paga un determinado monto a cambio de un servicio. El Perú, con ánimo de mejorar su situación, dictó la Ley Nº 27475[31], Ley que regula la actividad de Lustradores de Calzado. En su artículo 2 se señala que ellos utilizan la vía pública, en puestos debidamente autorizados o de manera ambulatoria. Según esta Ley y su Reglamento, Decreto Supremo Nº 006-2002-TR, son los gobiernos locales los responsables de llevar un registro y de promocionar esta actividad. Precisamente, se encuentran vigentes una serie de ordenanzas que han normado una serie de temas: la Ordenanza Municipal N° 011-2012-MPI, adoptada por la Municipalidad Provincial de Ica, la Ordenanza Municipal N° 472-2007, adoptada por la Municipalidad Provincial de Arequipa y la Ordenanza Municipal N° 0215-2010-MDI, adoptada por la Municipalidad distrital de Independencia. Todas ellas en conjunto han establecido:

— El empadronamiento de los trabajadores lustradores de calzado.
— La autorización municipal de uso de la vía pública por un determinado periodo de tiempo.
— El horario de trabajo o atención dentro de su puesto de trabajo.
— Las reglas sobre el depósito de desechos en contenedores o tachos destinados para tal fin.
— El porcentaje de la unidad impositiva tributaria por concepto de ocupación de la vía pública.
— La exoneración de todo tipo de pago por el uso de la vía pública para las personas de la tercera edad, los discapacitados y los menores de edad.
— Las disposiciones administrativas técnicas relativas al puesto de lustrado de calzado y su ubicación.
— Las obligaciones y las prohibiciones a las que están sujetos los lustradores de calzado y las posibles sanciones ante incumplimientos de aquellos.
— Lo que sucede con la autorización en caso de fallecimiento del titular.

---

[30] LEDESMA CÉSPEDES, C.: Organización Internacional del Trabajo. *Promover el empleo, proteger a las personas. Estudio regional sobre el trabajo autónomo y economía informal. Delimitación conceptual y análisis normativo*. Lima, 2013, pág. 44.

[31] Esta Ley fue modificada por la Ley N° 27597 (15.12.2001).

— La capacitación de los trabajadores lustradores de calzado[1].

1.5. *Ley N° 27607, Ley del Porteador y su Reglamento, Decreto Supremo N° 011-2005-TR*

El artículo 1 de la Ley N° 27607, Ley del Porteador, define al porteador como la persona que con su propio cuerpo transporta vituallas, equipo y enseres de uso personal y otros bienes necesarios para expediciones con fines turísticos, deportivos o de otra índole, por lugares donde no ingresan vehículos motorizados. Igualmente, el artículo 2 expresa que se encuentran dentro de la categoría de «los trabajadores independientes que prestan servicios personales de transporte de carga, bajo contrato del trabajo en la modalidad de servicio específico. La relación laboral que establece con uno o más empleadores está sujeta a las normas que establece la presente Ley. Su régimen tributario es el de cuarta categoría».

Además, dentro de las definiciones, su Reglamento, el Decreto Supremo N° 011-2005-TR, refiere que el contrato de trabajo se encuentra en la modalidad de servicio específico del trabajador porteador, definiéndolo como el acuerdo de voluntades de naturaleza especial que celebran el porteador con uno o varios empleadores, sean agencias de viajes y turismo u otros, cuando estos últimos se dediquen a expediciones con fines distintos a los turísticos y requieran o no autorización por parte de la autoridad competente.

Sobre esto, cabe manifestar que la redacción de ambos artículos es imprecisa, ya que, por un lado, establece que son trabajadores independientes (sin subordinación) y, del otro, indica que media una relación laboral «especial», para posteriormente mostrar que tributan en el régimen de cuarta categoría.

Fuera de tal incorrecta técnica legislativa, ambas leyes han propuesto una serie de beneficios destacados:

1. El contenido del contrato en la modalidad de trabajo de servicio específico del trabajador porteador.
2. Las condiciones mínimas de trabajo.
   — Dotación de alimentos, vestimenta adecuada y equipo para pernoctar.
   — Pago del transporte hasta el punto de partida de la expedición, al final de la jornada, salvo acuerdo distinto.
   — Seguro de vida.
   — Límite de carga de hasta 20 kilogramos. Cuando se trate de mujeres, los que fije el Reglamento, y
   — Descanso y pernocte adecuado durante el transporte.
3. La prohibición de la intermediación o cualquier otra modalidad similar.
4. La retribución única a recibir por su trabajo.
5. Los límites de trabajadores porteadores mujeres y adolescentes.
6. La afiliación voluntaria a los regímenes de salud y pensiones[32].

[32] Ibídem, pág. 47.

1.6. *La Ley N° 29073, Ley del Artesano y del Desarrollo de la Actividad Artesanal y su Reglamento, Decreto Supremo Nº 008-2010-MINCETUR*

La Ley N° 29073, Ley del Artesano y del Desarrollo de la Actividad Artesanal, ha diseñado un marco jurídico apropiado para que su labor sea reivindicada, ya sea con la protección intelectual que tienen sobre los bienes que elaboran o sobre la promoción de su trabajo e incluso con el acceso al crédito. En cuanto a los derechos enumerados, el artículo 5 de su Reglamento, Decreto Supremo Nº 008-2010-MINCETUR establece:

a) La protección, conservación, fortalecimiento y promoción de su actividad y valores culturales e históricos que expresa en sus obras.
b) La capacitación y el perfeccionamiento en la actividad artesanal que desarrolla, a fin de vincular su actividad al mercado, velando por la calidad de su producción.
c) Participar en los programas de desarrollo y promoción de la artesanía que lleve a cabo el MINCETUR, los Gobiernos Regionales y/o los Gobiernos Locales.
d) Participar en los concursos anuales «Premio Nacional Amautas de la Artesanía Peruana» y «Premio Nacional de Diseño de la Artesanía Peruana», en los términos que para tales efectos establezca el MINCETUR.
e) Participar en cursos, conferencias, ferias, exposiciones y demás eventos de similar naturaleza, que organicen las entidades públicas, entre ellas el MINCETUR, los Gobiernos Regionales y Locales, en materia de artesanía, previo cumplimiento de las disposiciones que para tal efecto se establezcan.
f) La propiedad intelectual de sus productos y diseños, y al uso de marcas colectivas, de acuerdo a las normas de la materia.
g) Otros que se deriven de la Ley.

1.7. *Ley N° 27360, Ley que aprueba las Normas de Promoción del Sector Agrario*

La actividad agraria es una fuerte importante de ingresos para la economía peruana. De hecho, para el 2007 contribuyó al 9% del Producto Bruto Interno, estando «formado masivamente por los trabajadores independientes y los trabajadores de familia no remunerados (TFNR). Esta realidad implica que el volumen de empleo está estrechamente relacionado a la dotación de factores de las unidades agropecuarias, a la intensidad de uso de estos factores y a su productividad»[33].

Sin embargo, según un estudio, ellos se encuentran en una situación precaria tanto en las relaciones contractuales como en las de protección social. En otros términos, «estimaciones de un índice de trabajo decente (ITD) en el empleo asalariado evidencian un déficit de empleo decente en la agricultura. Con respecto al acceso a componentes de protección social, se identifica la necesidad de aumentar su cobertura en los segmentos de los trabajadores independientes y los TFNR, especialmente en lo referente a la afiliación a un sistema de pensiones»[34].

---

[33] VELAZCO, J. y VELAZCO, J.: "Características del empleo agrícola", en *Empleo y protección social*, Cecilia Garavito e Ismael Muñoz (editores). Fondo Editorial de la Pontificia Universidad Católica del Perú, Lima, 2012, pág. 202.

[34] Ídem.

Pese a ello, en el Perú existe la Ley N° 27360, Ley que aprueba las Normas de Promoción del Sector Agrario. El inciso 1 del artículo 2 prescribe que comprende a personas naturales o jurídicas que desarrollen cultivos y/o crianzas (con excepción de la industria forestal)[35].

Respecto al tema laboral, el inciso 1 del artículo 7 clarifica que los trabajadores podrán ser contratados por período indeterminado o determinado. En este último caso, la duración de los contratos dependerá de la actividad agraria por desarrollar, pudiendo establecerse jornadas de trabajo acumulativas en razón de la naturaleza especial de las labores, siempre que el número de horas trabajadas durante el plazo del contrato no exceda en promedio los límites máximos previstos por la Ley. Los pagos por sobretiempo procederán solo cuando se supere el referido promedio. En cuanto a los derechos, el inciso 2 del artículo 7 refiere:

- Tendrán derecho a percibir una remuneración diaria (RD) no menor a S/. 16.00 (dieciséis y 00/100 Nuevos Soles), siempre y cuando laboren más de 4 (cuatro) horas diarias en promedio. Dicha remuneración incluye a la Compensación por Tiempo de Servicios y las gratificaciones de Fiestas Patrias y Navidad y se actualizará en el mismo porcentaje que los incrementos de la Remuneración Mínima Vital.
- El descanso vacacional será de 15 (quince) días calendario remunerados por año de servicio o la fracción que corresponda, salvo acuerdo entre trabajador y empleador para un período mayor.
- En caso de despido arbitrario, la indemnización es equivalente a 15 (quince) RD por cada año completo de servicios con un máximo de 180 (ciento ochenta) RD. Las fracciones de años se abonan por dozavos.

Pese al cuestionado catálogo de beneficios, el TC en el Exp. N° 00027-2006-PI declaró infundada la demanda de inconstitucionalidad contra diversos artículos de la citada ley. El argumento sobre el cual se apoyó radicó en la aplicación el test de igualdad[36].

2. La libertad de trabajo como presupuesto básico para su regulación legislativa en el Perú

La Constitución peruana de 1993 ha dedicado una serie de dispositivos legales que de forma indirecta propician una base para la regulación del trabajo autónomo económicamente dependiente. Pero si bien se acepta que el derecho al trabajo -consagrado en el artículo 22 y entendido en su primera acepción, esto es, como el derecho al acceso a un puesto de trabajo- es el que propicia un clima laboral adecuado, es la libertad de trabajo la que permite un mayor acercamiento.

---

[35] Inciso 2 del art. 2 de la Ley N° 27360.- «También se encuentran comprendidas en los alcances de la presente Ley las personas naturales o jurídicas que realicen actividad agroindustrial, siempre que utilicen principalmente productos agropecuarios, producidos directamente o adquiridos de las personas a que se refiere el numeral 2.1 de este artículo, en áreas donde se producen dichos productos, fuera de la provincia de Lima y la Provincia Constitucional del Callao. No están incluidas en la presente Ley las actividades agroindustriales relacionadas con trigo, tabaco, semillas oleaginosas, aceites y cerveza».

[36] Exp. N° 00027-2006-PI.

2.1. *La libertad de trabajo*

La libertad de trabajo se presenta hoy en día como un instrumento de materialización de la voluntad humana, esto es, la de ejercer dentro de un parámetro legal la actividad que el ser humano desee desempeñar. Y si bien, el origen puede tornarse un tanto difuso, se ha intentado decir, desde el punto de vista histórico, que el nacimiento de esta noción debe ser buscada en el Edicto de Turgot, de febrero de 1776[37].

Con acierto se ha manifestado que este pensamiento revolucionario no distinguió entre el trabajo independiente (autónomo) y el trabajo asalariado (subordinado), más bien «durante una buena parte del siglo XIX, la situación más común para los trabajadores manuales sería el alquiler del trabajo que trata sobre el producto y no sobre la persona del trabajador»[38]. Aquí la libertad de trabajo fue entendida como sinónimo de la libertad de emprender y solo después de mucho tiempo se les pudo concebir como categorías disímiles[39].

La aplicación tradicional de este principio se agrupa en el nombre mismo: «derecho de elegir un empleo», y que en derecho positivo implica i) la interdicción de los contratos vitalicios, ii) la interdicción del trabajo forzado, y iii) el derecho de un asalariado a renunciar a su empleo»[40].

Lo escrito revela que desde años atrás la protección de la libertad de trabajo estaba consensuada y aunque en décadas pasadas no pocos países infringían este principio, de alguna manera, la consagración en instrumentos internacionales impuso una obligación internacional a los Estados. Así, el artículo 23 de la Declaración Universal de los Derechos Humanos enseña que toda persona tiene derecho a la libre elección de su trabajo. De igual forma, el artículo 6 del Pacto Internacional de Derechos Económicos, Sociales y Culturales prescribe el derecho de toda persona a tener la oportunidad de ganarse la vida mediante un trabajo libremente escogido o aceptado.

Asimismo, el Protocolo Adicional a la Convención Americana sobre Derechos Humanos en materia de Derechos Económicos, Sociales y Culturales, en el literal b)

---

[37] En este preámbulo se decía: «Cada individuo talentoso o no debe poder tener la posibilidad de efectuar algún trabajo que él desee, o incluso efectuar varios. Así, esta libertad de trabajar para todos implica la voluntad de abolir los privilegios, los estatus, y sobre todo las instituciones arbitrarias que no permitiesen a los necesitados vivir de su trabajo y que parezcan condenar la libertad de trabajo para todos». Véase: LE CROM, J.: "La liberté du travail en droit français. Essai sur l'évolution d'une notion à usages multiples »», en *Diritto romano attuale*, 2006, 15, págs. 139-162. La versión citada proviene de la siguiente dirección electrónica: [*https://halshs.archives-ouvertes.fr/halshs-006447268/document*] pág. 2. Visitada el 06 de marzo de 2016. Por otro lado, algunos juristas encuentran su génesis durante la Revolución Francesa, esto, con la promulgación del artículo 7 del Decreto D' Allarde, de 2-7 de marzo de 1791, el cual prescribía: «Será libre toda persona de hacer tal negocio, o de ejercer tal profesión, arte o materia que él encuentre bien», Ídem, pág. 3.

[38] Ibídem.

[39] Ídem, pág. 4.

[40] En la actualidad, «se considera contrario que la libertad real del trabajador suponga a la vez que él sea protegido, en sus relaciones con el empleador, por una reglamentación imperativa, y que el Estado lidere una política activa del empleo, facilitando el acceso al trabajo». Véase : SAVATIER, J.: *La liberté dans le travail*. Répertoire travail Dalloz, 2005, pág. 2.

del artículo 7, señala «el derecho de todo trabajador a seguir su vocación y a dedicarse a la actividad que mejor responda a sus expectativas y a cambiar de empleo, de acuerdo con la reglamentación nacional respectiva».

En sede peruana, el inciso 15 del artículo 2 de la Constitución Política ha reconocido que toda persona tiene derecho a la libertad de trabajo con sujeción de ley. Y, de forma sistemática, el artículo 59 prescribe que el Estado lo garantiza[41]. Para lo cual, el TC peruano, siguiendo el concepto tradicional, ha manifestado que:

> «Comprende de manera enunciativa: el derecho de todo trabajador a seguir su vocación y a dedicarse a la actividad que mejor responda a sus expectativas, la libre elección del trabajo, la libertad para aceptar o no un trabajo y la libertad para cambiar de empleo»[42].

Con mayor precisión, indicó que:

> «(...) se formula como el atributo para elegir a voluntad la actividad ocupacional o profesional que cada persona desee o prefiera desempeñar, disfrutando de su rendimiento económico y satisfacción espiritual; así como de cambiarla o de cesar de ella. Para tal efecto, dicha facultad autodeterminativa deberá ser ejercida con sujeción a la ley. Por ello es que existen limitaciones vinculadas con el orden público, la seguridad nacional, la salud y el interés público.
>
> La Constitución asegura el derecho de optar, a condición de que sea lícita, por alguna actividad de carácter individual y/o física, con el objeto directo o indirecto de obtener un provecho material o espiritual; tal atributo se extiende a la potestad de posteriormente cambiar o cesar en dicha labor».

Dicho ello, no hay margen de duda en que el trabajo autónomo económicamente dependiente implica que el Estado respete la libertad de la persona de no ser más uno de carácter subordinado. Pero además, de que se cree un margen adecuado que permita concluir que dicha actividad está garantizada, pues, como se hizo notar es una garantía.

2.2. Realidad situacional

A este hecho se suma la gran cantidad de trabajadores independientes que predominan en esta categoría[43]. Y es que según cifras oficiales, hasta el 2014, los trabajadores independientes representaron más de la tercera población económicamente activa.

---

[41] Artículo 59.- «El Estado estimula la creación de riqueza y garantiza la libertad de trabajo y la libertad de empresa, comercio e industria. El ejercicio de estas libertades no debe ser lesivo a la moral, ni a la salud, ni a la seguridad pública. El Estado brinda oportunidades de superación a los sectores que sufren cualquier desigualdad; en tal sentido, promueve las pequeñas empresas en todas sus modalidades». Cabe recordar que el debate del proyecto sustitutorio del nuevo texto constitucional de 1993 propuesto por la Comisión de Constitución y de Reglamento estableció en el artículo 58 una redacción similar. Véase: Debate Constitucional Pleno-1993. Diario de debates. Congreso de la República. Tomo I, pág.748.

[42] STC recaída en el Exp. N° 0008-2003-AI/TC, f.j. 26.

[43] No se ha encontrado cifras del trabajo autónomo económicamente dependiente.

Categoría ocupacional	2004	2005	2006	2007	2008	2009	2010	2011	2012	2013	2014
Empleador	5.3	5.4	5.4	5.8	5.6	5.6	5.8	5.3	5.4	4.9	4.4
Empleador privado	12.7	13.1	14.1	14.5	15.4	15.4	15.2	15.9	17.0	18.2	17.8
Empleador público	7.1	6.8	7.0	7.8	7.5	7.5	7.1	7.6	7.7	7.5	7.4
Obrero privado	17.0	17.8	17.9	18.2	18.3	18.5	19.3	19.0	19.3	19.4	20.1
Obrero público	0.8	0.9	1.0	0.9	1.0	1.3	1.4	1.3	1.4	1.4	1.4
Independiente	34.9	35.0	33.9	34.8	35.1	34.7	35.1	35.1	34.8	34.5	35.1
Trabajador familiar no remunerado	18.6	17.3	16.9	14.5	13.8	13.7	12.9	13.0	11.8	11.6	11.4
Trabajador del hogar	3.7	3.7	3.9	3.6	3.3	3.2	3.2	2.7	2.6	2.6	2.3
Total relativo	100.0	100.0	100.0	100.0	100.0	100.0	100.0	100.0	100.0	100.0	100.0
PEA ocupada (miles de personas)	13059.6	13120.4	13683.0	14197.2	14459.2	14757.7	15089.9	15307.3	15541.5	15683.6	15769.9

Fuente: INEI: Encuesta Nacional de Hogares sobre Condiciones de Vida y Pobreza 2004-2014.
Elaboración: Ministerio de Trabajo y Promoción del Empleo-Dirección de Investigación Socio Económico Laboral

2.3. Derechos fundamentales mínimos a incluir

Aunque ha habido algún tímido intento del Ministerio de Trabajo y Promoción del Empleo por normar este sector, lo cierto es que hasta la fecha no se ha hecho nada concreto. A esto se aúna la proposición de legislar la actividad del autónomo, sin diferenciarlo del económicamente dependiente. Ahora bien, es un asunto de por sí complicado remitirse a la futura regulación legal. No obstante debe trascender a ella un sistema protector sobre el cual no se discrimine comparándolo con una relación laboral. Para ello, la legislación y experiencias comparadas sirven de base para proponer a grandes rasgos algunos derechos sobre protección social y actividad profesional.

2.3.1. El sistema de protección social

La seguridad social es una variable determinante en el desarrollo de un país. Dentro de tal aseveración, la aportación en el sistema peruano solo es obligatoria cuando media un contrato de trabajo; en cambio, para el trabajador independiente es solo facultativa, generando una serie de propuestas, entre ellas, una de carácter legal. En efecto, los artículos 1 y 2 de la Ley N° 30082, de 22 de setiembre de 2013, prescribían que aquellos trabajadores independientes afiliados tanto al Sistema Nacional de Pensiones (SNP) como al Sistema Privado de Pensiones que perciban ingresos mensuales que constituyan rentas de cuarta y/o quinta categoría se les aplicaría una tasa de aporte obligatorio. Posteriormente, dicha norma legal fue derogada por la Ley N° 30237, de 17 de setiembre de 2014, cuyo artículo 2 modificó el actual artículo 33 de la Ley del Sistema Privado de Administración de Fondos de Pensiones, aprobado por Decreto Supremo 054-97-EF, el mismo que dispone que el trabajador independiente puede afiliarse al Sistema Nacional de Pensiones (SNP) como al Sistema Privado de Pensiones, voluntariamente.

Como es de verse, ya ha habido un intento por establecer un sistema pensionario que abarque también a los trabajadores independientes, sin embargo, aunque parezca ilógico, fue el propio Congreso que después derogó tal propuesta. Incluso así, la futura regulación debería contemplar este tema.

2.3.2. Actividad profesional

Una pregunta que ha planteado un estudio elaborado por unos profesores enviado al Ministerio del trabajo, de Relaciones Sociales, de la Familia y de la solidaridad francés, destaca una variable determinante para acercarse a su desarrollo, para lo cual cita la regla de igualdad positivizada en el derecho comunitario, la cual comprende la prohibición de toda discriminación, incluyendo también al trabajador independiente o asalariado[44].

Así, podría considerarse el «derecho a huelga». Y aunque tradicionalmente se ha dicho que «este derecho presupone un estado de subordinación jurídica; la denega-

[44] ANTONMATTEI P. y SCIBERRAS J.: *Le travailleur écnomiquement dépendant : quelle protection ?* Rapport à M. le Ministre du Travail, des Relations sociales, de la Famille et de la Solidarité. 2008, pág. 17.

ción colectiva de trabajo hace perder dinero al empleador y se revela así como un medio eficaz de presión. Esto favorece al independiente»[45], se ha logrado rebatirlo con el siguiente argumento: «Esta opinión es perfectamente conforme al análisis tradicional que ve en la huelga una inejecución lícita de las obligaciones contractuales del trabajo asalariado»[46], pero es también aplicado a la función pública[47], agrega el autor que, además, su inclusión también «se explica por las nuevas formas de organización del trabajo que muchos de los trabajadores se someten a las disciplinas de una red de producción o servicios»[48].

A esto se aúna lo contemplado por el numeral d) del artículo 8 del Pacto Internacional de Derechos Económicos, Sociales y Culturales y del literal b) del inciso 1 del artículo 8 del Protocolo Adicional a la Convención Americana sobre Derechos Humanos en materia de Derechos Económicos, Sociales y Culturales (Protocolo de San Salvador), el mismo que reconoce el derecho de huelga y que, además, gracias al reconocimiento constitucional peruano, contemplado en el inciso 3 del artículo 28, el TC ha dicho que «su ejercicio corresponde a los trabajadores en sentido lato»[49].

En igual sentido, deberá contemplarse el «derecho a la negociación colectiva», ya que nuestra Constitución no discrimina su ejercicio a los trabajadores autónomos dependientes. Este derecho permitiría normar las reglas sobre los cuales el conjunto de trabajadores que comparten este régimen luego podrán defender.

También, el «derecho a la formación profesional» debe ser determinante para el buen ejercicio de sus labores. En la mayoría de los casos, se provee de un curso especializado pagado por el cliente y por el cual el trabajador se compromete a permanecer un tiempo acordado por ambos, «se piensa así en una obligación de adaptación, propicia a reforzar la empleabilidad del trabajador»[50].

Con no menos importancia, debe discutirse sobre la «remuneración o retribución mínima», pues, su ausencia puede tornarse injusta, en tanto se pretende que a través de ella pueda servirle para los gastos mínimos que involucren sus necesidades.

V. CONCLUSIÓN

Llegado a este punto, el lector habrá comprometido la necesidad de que el Derecho del Trabajo se interese por el trabajo independiente. De hecho, la economía globalizada no ha hecho sino incrementar más el número de personas pertenecientes a este

---

45 LYON-CAEN, G. : *Le droit du travail non salarié Paris*, Sirey, 1990, N°149, pág. 139, citado por SUPIOT Alain. *Revisiter les droits d'actions collective*, en *Droit Social*. N° 7/8, 2001, págs. 687-704. La versión aquí citada ha sido extraída de la siguiente dirección electrónica [*http://docplayer.fr/2501237-Revisiter-les-droits-d-action-collective.html*], pág.13. Visitada el 06 de marzo de 2016.

46 SUPIOT Alain. « Revisiter les droits d'actions collective », en *Droit Social*. N° 7/8, 2001 pág. 13.

47 Ídem.

48 SUPIOT Alain. « Les nouveaux visages de la subordination », en *Droit Social*. N° 2, 2000, pág. 131.

49 Exp. 008-2005-PI/TC, f.j.41.

50 Véase el artículo L. 6321-1 del Código del trabajo francés.

sector. Siendo más específicos, la vinculación económica ha desarrollado una subcategoría, la cual ha sido, el autónomo económicamente dependiente que, sin estar subordinado con el cliente, mantiene cierta relación con este a cambio de recibir un monto dinerario.

Este fenómeno, elevado a la categoría de estándar laboral, ha traído como consecuencia que los diversos países adopten sistemas de protección que tutelen al trabajador inmerso en él. Ejemplo de ello, lo hemos encontrado en Italia, Francia y Reino Unido. Sin embargo, España se convierte en uno de los que ha legislado con más precisión el tema. Así, las características más representativas suelen destacar el predominio de la actividad económica al cliente, descartando su no exclusividad y estableciendo un porcentaje mínimo.

Respecto a la realidad peruana, el índice de trabajadores independientes es considerablemente alto, pues involucra a la tercera parte de la fuera laboral. Paralelamente, nuestra legislación ha mostrado intención de normar a regímenes sectoriales, empero la subcategoría de los autónomos económicamente dependientes ha sido del todo obviada.

Bajo esa perspectiva, el derecho que permitiría la futura positivización sería la libertad de trabajo. Y atendiendo a que por obligación internacional el Estado debe proteger a ese grupo de trabajadores, el establecimiento de derechos fundamentales mínimos, tales como la huelga, la negociación colectiva, el monto mínimo, la formación profesional deben estar presentes. Esperamos, muy probablemente influenciado por el institucionalismo sociológico, una futura legislación.

BIBLIOGRAFÍA

ANTONMATTEI, P. y SCIBERRAS, J. : *Le travailleur économiquement dépendant : quelle protection ?* Rapport à M. le Ministre du Travail, des Relations sociales, de la Famille et de la Solidarité. 2008.

BACCINI, L. y KOENIG-ARCHIBUGI, M.: *Why do states commit to international labour standards? The importance of "rivalry" and "friendship"*. Working Paper Department of Government London School of Economics. The London School Economics and Political Sience. N°1. 2011.

BARRIOS BAUDOR, G. y SEMPERE NAVARRO, A.: *Relaciones laborales especiales y contratos con particularidades*, en *El contrato de trabajo*. Directores (Antonio Sempere Navarro y Miguel Cardenal Carro). Vol. II, Aranzadi, Madrid, 2011.

BARTHÉLÉMY J.: *Du droit du travail au droit de l'activité professionnelle*, en *Les Cahiers du DRH*. N° 144, 2008.

BÖHEIM, R. y MÜHLBERGER, U.: *Dependent Forms of Self-employment in the UK: Identifying Workers on the Border between Employment and Self-employment*, en *IZA Discussion Papers*, N° 1963, Boon, 2006.

COMMISSION EUROPÉENNE: *Moderniser le droit du travail pour relever les défis du XXIe siècle*, Bruselas, 2006.

COMMISSION EUROPÉENNE. *Transformations du travail et devenir du droit du travail en Europe-Rapport final*, Office des publications officielles des Communautés européennes, Luxembourg, 1999.

COMMISSION EUROPÉENNE: *Travailleurs indépendants économiquement dépendants : Mesures statistiques, enjeux et opportunités*. Projet mis en place dans le cadre du Programme Relations Industrielles et Dialogue Social de la Direction Générale Emploi, Affaires Sociales et Inclusion de la Commission Européenne. Director: Sebastián Reyna Fernández, España, 2012.

INTERNATIONAL LABOUR ORGANIZATION: *World Employment Social Outlook. The changing nature of jobs*. ILO Research Department, Geneva, 2015.

KESSLER, F.: *Des salariés sans patron: le portage salarial en France*, en *European Labour Law Network – 7th annual legal seminar nouvelles formes du travial et droit de l'union européenne*. Hilton, La Haye, Les Pays-Bas, 27 y 28 de noviembre de 2014.

LE CROM, J.: *La liberté du travail en droit français. Essai sur l'évolution d'une notion à usages multiples*, en *Diritto romano attuale*, 2006. La versión citada proviene de la siguiente dirección electrónica: [*https://halshs.archives-ouvertes.fr/halshs-006447268/document*]. Visitada el 06 de marzo de 2016.

PERULLI, A.: *Travail économiquement dépendant/parasubordination: les aspects juridiques, sociales et économiques*. Étude pour la Commission européenne, 2003.

PIETROBELLI, C.; RABELLOTTI, R. y AQUILINA, M.: *«An empirical study of the determinants of self-employment in developing countries»*, en *Journal of International Development*, vol. 16, issue 6, 2004.

SAVATIER, J.: *La liberté dans le travail*. Répertoire travail Dalloz, 2005.

SENGENBERGER, W.: *Globalization and Social Progress: The role and impact of international labour standars*, Friedrich-Ebert-Stiftung, Bonn, 2005.

SUPIOT, A.: *Les nouveaux visages de la subordination*, en *Droit Social*. N° 2, 2000.

SUPIOT, A.: *Revisiter les droits d'actions collective*, en *Droit Social*. N° 7/8, 2001. La versión aquí citada ha sido extraída de la siguiente dirección electrónica: [*http://docplayer.fr/2501237-Revisiter-les-droits-d-action-collective.html*]. Visitada el 06 de marzo de 2016.

VELAZCO, J. y VELAZCO, J.: *Características del empleo agrícola*, en *Empleo y protección social*, Cecilia Garavito e Ismael Muñoz (editores). Fondo Editorial de la Pontificia Universidad Católica del Perú, Lima, 2012.

CAPÍTULO 5.
TRABAJO AUTÓNOMO Y CONCILIACIÓN EN LA UE

ANA I. PÉREZ CAMPOS[1]

Sumario: I. INTRODUCCIÓN. II. EVOLUCIÓN NORMATIVA. III. HACIA LA CONCILIACIÓN DEL TRABAJO AUTÓNOMO IV. NUEVAS TENDENCIAS: IGUALDAD Y CONCILIACIÓN DEL AUTÓNOMO Y DE SUS COLABORADORES FAMILIARES 4.1. Prestación por maternidad de las trabajadoras autónomas y acceso a servicios de sustituciones temporales 4.2 Derechos de los cónyuges o parejas de hecho. 4.3 Defensa de los derechos e indemnizaciones V. LA DOCTRINA DEL TRIBUNAL DE JUSTICIA DE LA UNIÓN EUROPEA. ASPECTOS BÁSICOS. VI. REFLEXIÓN FINAL. VII BIBLIOGRAFÍA.

I. INTRODUCCIÓN

El binomio trabajo-familia se ha entendido de múltiples y diversas formas. En un sentido estricto, podría referirse a la compatibilización de los tiempos dedicados a la familia y al trabajo. Conciliar, significa, por tanto, mantener el equilibrio en las diferentes dimensiones de la vida con el fin de mejorar el bienestar, la salud y la capacidad de trabajo personal. Y, en su sentido amplio, haría referencia al conjunto de medidas tendentes a paliar las dificultades que presenta la vida profesional, personal y familiar, más acusadas en el ámbito del trabajo autónomo.

El advenimiento a la escena social en los últimos años de la conciliación de la vida laboral y familiar ha constituido un motor de impulso para el desarrollo normativo y de la creación de políticas en esta materia. Sin embargo, la conciliación entre la vida profesional y familiar, así como el justo y equitativo reparto de las responsabilidades domésticas y de cuidado entre los miembros de la unidad familiar sigue constituyendo, en la actualidad, una cuestión pendiente. Especialmente en lo que refiere a deter-

---

[1] Profesora Titular de Derecho del Trabajo y de la Seguridad Social. Universidad Rey Juan Carlos. Madrid.

minados colectivos más vulnerables, como es el caso de los trabajadores autónomos. El trabajo autónomo ha tenido que superar barreras que parecían casi infranqueables para llegar a una nueva situación en la que su presencia en el mundo empresarial comienza a ser reconocida, valorada, incluso considerada muy positiva, por toda la opinión pública.

En los últimos años puede constatarse en todo el territorio de la Unión Europea, la expansión absolutamente generalizada, de lo que se ha convenido en denominar las nuevas formas de protección de colectivos vulnerables, que agrupan una gran multiplicidad de supuestos, entre los que también podría encontrarse el trabajo autónomo o independiente, particularmente cuando éste se ejerce para una sola empresa en condiciones de subordinación económica, aunque mantenga la independencia jurídica. En efecto, progresivamente, se avanza hacia una mayor laboralización de los más pequeños empresarios y, también en sentido contrario, puede constatarse que se ejercen muchísimas formas de trabajo dependiente a través de formas jurídicas no laborales[2].

Así pues, buena parte de la población europea converge en un término híbrido entre el trabajo y la empresa[3] donde, como se demostrará a continuación, ni el análisis estadístico, ni el derecho comparado han contribuido con eficacia plena a la equiparación de derechos laborales entre trabajadores asalariados y autónomos, subsistiendo, desde una determinada perspectiva, la calificación de éstos últimos, de colectivo vulnerable. Y es que la heterogeneidad de realidades contempladas bajo los conceptos más habituales, como son los del trabajo autónomo, independiente o autoempleo, dificulta seriamente la conformación de bases de datos suficientemente sólidas para describir la realidad que representa el colectivo de trabajadores autónomos.

La conciliación de la vida privada y laboral se persigue como uno de los objetivos fundamentales desde las instituciones europeas, dada su repercusión en los objetivos de la Estrategia Europea de Empleo[4]. Es más, desde la Carta Comunitaria de los Derechos Sociales de los Trabajadores de Estrasburgo, de 19 de diciembre de 1989, en el ámbito comunitario se alude a la necesaria conexión entre igualdad y conciliación al

---

2 Después de estudiar los datos obtenidos de la encuesta los investigadores concluyen que no existe en este momento ningún modelo europeo ideal en cuanto a medidas para favorecer la conciliación entre familia y trabajo. No obstante, señalan que queda claro que las empresas del Reino Unido y Suecia son las que más iniciativas de este tipo han implantado y pueden por ello ser consideradas como ejemplos interesantes a tener en cuenta. Véase, estudio sociológico realizado entre más de 5000 empresas de varios países de la Unión Europea por le Instituto de Investigación Económica de Colonia y la Fundación Robert Stiftung, con el patrocinio del Ministerio alemán de familia, tercera edad, mujer y juventud. Berlín 2010.

3 REYNA FERNÁNDEZ, S., El trabajo autónomo en el modelo social europeo y en el reordenamiento jurídico de la UE en la estrategia de Lisboa después de 2010: especial referencia al trabajador autónomo dependiente, en *AA:VV El nuevo trabajo autónomo en Europa www.upta.es.*

4 El aumento de la tasa de empleo femenino no es el principal objetivo de las políticas públicas de conciliación, ahora bien en las sociedades en las que se comparten las cargas familiares, las mujeres acceden y tienen mayor permanencia en el ámbito laboral AÑÓN ROIG, Mª J., "¿Una legislación para transformar la realidad social? A propósito de la Ley para la igualdad efectiva de mujeres y hombres" en *AA.VV Medidas de conciliación de la vida personal, laboral y familiar. Hacia un respeto igualitario de las reformas parentales*. Bomarzo, Albacete, 2009, pág. 20.

afirmarse que, "*para garantizar la igualdad de trato y de oportunidades entre hombres y mujeres, conviene desarrollar medidas que les permitan compaginar más fácilmente sus obligaciones profesionales y familiares*" (art. 16). De esta manera la igualdad entre los trabajadores pasa por dotar a todos, con independencia de su género, de los mismos derechos y obligaciones, tanto en su esfera puramente laboral como en la privada, para que no incida negativamente en su acceso, permanencia y promoción profesional, ni menoscabe su vida personal y familiar[5].

A ello de debe añadirse que la asunción mayoritariamente por parte del colectivo femenino de los costes que conlleva el ejercicio de los derechos de conciliación supone un grave obstáculo para alcanzar la igualdad efectiva[6]. Por lo tanto, la consecución de este objetivo pasa porque ambos sexos compartan los costes laborales que exige la dedicación a las responsabilidades familiares, sin que éstas vengan atribuidas a uno de ellos en exclusiva. Así nace el principio de corresponsabilidad, auspiciado por las instituciones comunitarias[7] y que marca el inicio de una nueva etapa en el desarrollo de los derechos de conciliación de la vida familiar y profesional. Se utiliza la expresión "corresponsabilidad" cuyo término originario es "sharing", en lugar de la traducción de "conciliación" que se acomoda más a la "reconciliation" y que implica compartir las obligaciones familiares con otro posible responsable y cuidador, en muchos casos del género masculino[8].

Aunque en el desarrollo de los derechos de conciliación pueden diferenciarse varias etapas, la legislación comunitaria concibe la protección a la familia como elemento de diversos derechos, del de libre circulación de trabajadores, del de reagrupación familiar y, al mismo tiempo como derecho autónomo ligado a la necesidad de compaginar obligaciones profesionales y familiares, así como al trabajo de la mujer como vía de discriminación de género. Es mas, puede apreciarse una cierta evolución de las medidas conciliadoras dirigidas a desplegar otros aspectos del tiempo de trabajo, o más bien del desarrollo de la relación de trabajo como mecanismo para favorecer la conciliación de la vida, familiar y laboral en conexión con el principio de igualdad entre mujeres y hombres, de tal forma que puede señalarse que ha establecido un vínculo más fuerte que el existente en el ámbito del trabajo por cuenta ajena entre las políticas de conciliación y las de género[9].

---

5 CABEZA PEREIRO, J., "Conciliación de vida privada y familiar", *Temas Laborales*, núm.103, 2010, pág. 49.

6 Véase, Dictamen del Comité Económico y Social Europeo de 4 de mayo de 2011 sobre El papel de la política familiar en el cambio demográfico: compartir las mejores prácticas entre los Estados miembros (SOC/399).

7 Resolución del consejo de 29 de junio de 200l sobre participación equilibrada de hombres y mujeres en la actividad profesional y en la vida familiar (DOCE C/218 5, de 31 de julio de 20000. Véase también CABEZ PEREIRO, J., "Conciliación de vida privada y laboral", *Temas laborales*, núm. 103, 2010, págs. 44-53.

8 LEWIS, J., "Work-family reconciliation, equal, and social policies: the interpretation of policy trajectories at the EU level and the meaning of gender equality". *Journal of European Public Policy*, núm. 13 (3), 2006, págs. 420 y ss.

9 Véase el Preámbulo de la Directiva 2010/18/UE del Consejo de 8 de marzo de 2010, por el que se aplica el Acuerdo revisado sobre el permiso parental celebrado por BUSINESSEUROPE, la UEAPME; el CEEP y la CES y se deroga la Directiva 96/34/CE.

La regulación de los derechos de conciliación del trabajo autónomo en el ámbito de la Unión Europea apenas acaba de iniciarse y trae su causa principal en la compleja delimitación conceptual de la figura, como consecuencia de la gran diversidad existente en el espacio comunitario. Los estudios realizados por los analistas europeos sobre las tendencias y realidades que representa el trabajo independiente o autónomo en la Unión Europea, coinciden mayoritariamente en una conclusión, la de la enorme complejidad para abarcar la determinación de este colectivo, la heterogeneidad que representa y la escasa fuente de datos mínimamente homologables sobre la que se puede trabajar[10].

El trabajo por cuenta propia es una forma de empleo importante -aunque minoritaria- en Europa, y representa alrededor del 16 % de la población activa[11]. Alrededor del 11 % de los trabajadores autónomos europeos dependen de la ayuda de sus cónyuges o parejas que trabajan, de manera informal, en pequeños negocios familiares, como sucede en las explotaciones agrarias o en las consultas de los médicos locales. Tradicionalmente, estos cónyuges colaboradores siempre han dependido totalmente de sus parejas trabajadoras por cuenta propia, por lo que se enfrentan a un riesgo elevado de pobreza en caso de divorcio, muerte de su pareja o quiebra. Más de veintisiete millones de europeos trabajan por cuenta propia, aunque las estadísticas son de valor relativo, si tenemos en cuenta la heterogeneidad del colectivo y las diferentes referencias nacionales[12]. El fenómeno que más se extiende es el conocido como trabajo autónomo económicamente dependiente, al que se ha dado respuesta normativa en varios países miembros, pero sobre el que no existe, ni siquiera, un suficiente debate ni entre los agentes sociales europeos ni en las propias Instituciones. De esta forma, en Europa se han generalizado los sistemas de protección social para las personas que ejercen actividades por cuenta propia, reflejando así la necesidad de atender la vertiente personal y social de estos colectivos.

Literalmente el que trabaja de forma independiente se distingue del que ejerce su actividad bajo la dependencia de un tercero. No obstante, esta simplicidad aparente no consigue ocultar el hecho de que el trabajo autónomo o independiente comprende

[10] BALLESTER PASTOR, Mª A., "Conciliación laboral y familiar en la Unión Europea: remoras, avances y nuevas líneas de tendencia en el ámbito de la corresponsabilidad", *Revista de Derecho Social* núm. 51, 2003, págs. 31 y ss.

[11] Más específicamente la Agencia Estadística Europea: Eurostat, indica que en Europa el número de autoempleados se encuentra ya próximo a los 23 millones de personas. Si contamos también países tan cercanos como Turquía, Suiza o Croacia, la cifra supera ya a los 27 millones. Estos datos serían muy superiores si incorporáramos la realidad incontestable de la expansión del trabajo independiente, aunque no registrado, existente en muchos países de reciente incorporación, como Eslovaquia, Rumania o Bulgaria, y que se encuentra fuera de todo nuestro control y registro. También resulta difícil acceder a cuantificar el peso de los nuevos inmigrantes en Italia o España que trabajan por su cuenta fuera de los cauces legales. En cualquier caso el trabajo autónomo de carácter tradicional, así como, el subordinado con respecto a una empresa o cliente principal, es una realidad que se ha extendido en Europa en los últimos años. Con especial presencia en los países del sur y en los de más reciente incorporación a la Unión Europea.

[12] Fuente. Eurostat. 3º trimestre 2015.

una gran diversidad de situaciones tanto a nivel social como económico que no pueden, sin duda, ser todas tratadas del mismo modo[13].

Son diversos los factores que determinan el origen y proliferación del trabajo autónomo entre los que destacan: las estrategias de las empresas y en particular ciertas formas de externalización del empleo; la emergencia de nuevas necesidades sociales que deben ser satisfechas, relacionadas en especial con los cambios demográficos y con el envejecimiento de la población; los cambios que afectan a la mano de obra, como el aumento del nivel de formación de las poblaciones y el aumento del número de mujeres que se incorporan al mercado laboral[14]. A ello debe adicionarse que los cambios demográficos y otras transformaciones derivadas de la sociedad actual han propiciado una alteración en el concepto tradicional de familia. Una política destinada a conciliar la vida profesional, familiar y privada debe tener en cuenta todas las formas de vida existentes (por ejemplo, familias monoparentales, familias recompuestas (en las que cada miembro de la pareja aporta hijos de un matrimonio anterior), solteros, padres divorciados, padres adoptivos, trabajadores que estudian, parejas del mismo sexo, personas que viven solas). Además, el porcentaje creciente de personas de la tercera edad o más mayores sigue aumentando la necesidad de provisión de servicios de asistencia dentro y fuera de la familia.

Efectuar un análisis que delimite la política de conciliación de la vida personal y familiar del trabajo autónomo en el ámbito comunitario, nos permitirá realizar una exégesis comparada de las políticas españolas respecto de su espejo legal de referencia, el Derecho europeo, en el que se encuentra la fuente de su configuración actual.

II. EVOLUCIÓN NORMATIVA

En todos los Estados, la definición del trabajo autónomo o independiente proviene de normas fiscales o contables, del derecho de Seguridad Social, del derecho civil o del Código de Comercio. A veces, con definiciones diferentes según la rama del derecho del que proceda. En casi todos los Códigos de Trabajo o Leyes Laborales ha sido exceptuado el trabajo autónomo. No parece muy adecuado legislar por contraposición,

[13] La encuesta de población activa de Eurostat distingue dentro de los trabajadores autónomos tres grupos:

- Los empleadores que se definen como las personas que explotan su propia actividad para obtener beneficio y que contratan al menos a una persona.
- los «own account workers» (trabajadores por cuenta propia), que se definen como las personas que explotan su propia actividad (empresa, profesión liberal, actividad agrícola) para obtener un beneficio, pero sin recurrir para ello a la contratación de asalariados;
- los «family workers» (trabajadores familiares), que se definen como aquellas personas que ayudan a un miembro de su familia en el ejercicio de una actividad económica (comercial o agrícola), siempre y cuando no se les pueda calificar de asalariados.

[14] Dictamen SOC/344 del Comité Económico y Social Europea de 19 de enero de 2011 sobre nuevas tendencias del trabajo autónomo: el caso específico del trabajo autónomo económicamente dependiente. (DOUE de 19 de enero de 2011).

menos aún para un colectivo tan determinante en nuestra vida económica y social. No se trata de establecer normas comunes de aplicación a las empresas que tienen forma jurídica, que ya cuentan con un marco adecuado prácticamente en todos los países miembros. Las sociedades por acciones y las cooperativas cuentan con una normativa casi homogénea, incluso con sus referentes supranacionales a través de la Sociedad Anónima Europea o Cooperativa Europea. Se trata de afrontar una definición homologable de la persona titular de la empresa o de la empresa personal, sus derechos y sus deberes, su régimen profesional, su protección social, incluso su sistema fiscal, y de manera especial cuando empresa y persona coinciden en una misma identidad.

Es en este contexto, y con esta salvedad, como se debe analizar la nueva categoría del trabajo autónomo, desde la lógica del derecho mercantil, en cuanto una ordenación comercial, pero también desde la lógica del derecho del trabajo, puesto que estamos ante la necesidad de acometer una normativa protectora que nace de la asimetría de la relación entre la persona que hace un trabajo y la empresa contratante o cliente del servicio. También en esta materia han avanzado diversas Instituciones europeas. A este respecto, resulta especialmente significativa la Recomendación del Consejo de 18 de Febrero de 2003 relativa a la mejora de la protección de la salud y la seguridad en el trabajo de los trabajadores autónomos. Cómo es más habitual de lo deseable en el marco de la legislación europea, en este caso, una vez más se aborda el principio adjetivo antes que la definición sustantiva. Se establecen recomendaciones en un espacio parcial, la seguridad y salud, sin abordar la definición de los sujetos del derecho.

Por otra parte, en el ámbito de la UE, desde sus comienzos, proliferan instrumentos jurídico-normativos y meramente declarativos que persiguen la integración de la vida personal, familiar y laboral. Como ya se ha referido, la Directiva 96/34/CE, se ha constituido en el hito más sobresaliente en relación con la conciliación. A partir de esta norma los instrumentos jurídicos de la Unión Europea se han dirigido a utilizar el tópico de la conciliación para buscar un objetivo más ambicioso, la igualdad real entre los trabajadores de distinto sexo. Para que dicho objetivo se convierta en una realidad, desde las instituciones europeas se defiende la corresponsabilidad como meta y una de las formas de alcanzarla, es otorgar derechos relacionados con la conciliación individualmente. En esta línea la nueva Directiva 2010/18/UE que deroga a la anterior refiere expresamente a que *"las medidas para animar a los hombres a participar por igual en las responsabilidades familiares no han dado suficiente resultado"*, de manera que *"hay que adoptar medidas más efectivas para fomentar una distribución más equitativa de las responsabilidades familiares entre hombres y mujeres"* (Considerando 12 de la citada Directiva).

También la Estrategia de Lisboa, establecida en 2000, incluía la conciliación. Su relanzamiento, en 2005, puso más énfasis en el crecimiento y los empleos y reconoció la necesidad de explotar el enorme potencial de las mujeres en el mercado laboral para que la Estrategia alcanzase sus objetivos. El Consejo Europeo de marzo de 2005 subrayó la contribución que las medidas de conciliación del trabajo y la vida familiar pueden contribuir a atraer a más personas al mercado laboral. No obstante, al situar el objetivo de tasa de empleo femenino en un 60 %, es decir, por debajo del objetivo global (70 %), el Consejo reconoció el desequilibrio de género que sigue existiendo en las tasas de empleo.

La conciliación de la vida profesional, familiar y privada también se constituyó en una de las prioridades enunciadas por la Comisión Europea en el Plan de trabajo para la igualdad entre las mujeres y los hombres adoptado en marzo de 2006[15]. Con objeto de mejorar la conciliación del trabajo, la familia y la vida privada, la Comisión destaca tres prioridades: Acuerdos laborales flexibles, tanto para mujeres como para hombres; aumento de los servicios de asistencia y la mejora de políticas de conciliación, tanto para mujeres como para hombres.

Con la Comunicación de la Comisión Europea: "El futuro demográfico de Europa: transformar un reto en una oportunidad", publicada el 12 de octubre de 2006, se emprendió la primera consulta a los interlocutores sociales sobre la conciliación de la vida profesional, familiar y privada, de conformidad con el artículo 138 del Tratado CE.

En la primera parte de la consulta, la Comisión destaca la importancia del tema de la conciliación de la vida profesional, familiar y privada. Debe mejorar la tasa de empleo de las mujeres, en particular teniendo en cuenta la evolución demográfica y la presión que ésta ejerce sobre los sistemas de Seguridad Social. Además, se hace hincapié también en el papel de la conciliación para alcanzar los objetivos de Lisboa fijados por la Comisión. En efecto, en sus respectivas respuestas a la Comisión, los interlocutores sociales europeos hicieron hincapié en la importancia de la cuestión de la conciliación de la vida familiar y profesional, en particular en el contexto de una participación todavía insuficiente de las mujeres en el mercado laboral y del envejecimiento continuo de la población. Los interlocutores sociales sostienen expresamente la aplicación de los objetivos en materia de desarrollo de las infraestructuras de cuidado de los niños fijados en 2002 por el Consejo Europeo de Barcelona y también están de acuerdo en considerar que las tres prioridades para la igualdad enunciadas en el Plan de trabajo pueden dar buenos resultados. Por otra parte, los interlocutores sociales señalan que debe velarse también por superar los papeles tradicionales atribuidos hasta ahora a uno y otro sexo, sin cuya modificación será difícil alcanzar progresos en este ámbito.

La normativa comunitaria exige que la UE aspire a eliminar las desigualdades y a promover la igualdad entre mujeres y hombres en todas sus actividades. Pese a ello, los indicadores de sueldos, segregación en el mercado laboral y número de mujeres en puestos decisorios no han mostrado estos últimos años ninguna mejora significativa. Es improbable que esta situación cambie mientras persista el actual desequilibrio de género en materia de opciones de conciliación (como el trabajo a tiempo parcial o los permisos por razones familiares) y mientras haya una diferencia significativa entre las tasas de empleo de las mujeres con hijos y las mujeres sin hijos[16].

---

[15] COM(2006) 92 final.

[16] Entre 2010 y 2015 aumentó la tasa de empleo global de ambos grupos, pero la diferencia entre ellos se mantuvo en doce puntos porcentuales. En 2012, más de 2 145 millones de personas estaban desemplea-

Ante el panorama descrito, si tuviéramos que calificar el tratamiento normativo de los derechos de conciliación en la Unión Europea su adjetivo calificativo debiera ser necesariamente el de disgregación en normas de diversa naturaleza. En términos generales, esta materia tiene presencia en normas preventivas, antidiscriminatorias por género y en materia de permisos parentales. Incluso algunos autores clasifican dichas normas en dos grupos, el primero, relativo a las normas de conciliación cuyo titular exclusivo es la mujer y donde destacan las Directivas 92/85/CE sobre embarazo y maternidad y la Directiva 2006/54/CE de prohibición de discriminación por razón de género. El segundo bloque de normas está dirigido tanto a hombres como mujeres destacando la Directiva 2010/18/UE sobre permisos parentales[17].

Junto a la diversificación destacaría también el limitado ámbito de aplicación de las medidas conciliadoras, tratadas en exclusiva desde la vertiente jurídico-laboral. El espacio abordado por la normativa de la Unión Europea en el ámbito de la conciliación se mueve en torno al trabajo, a sus condiciones y garantías.

No obstante lo anterior, tras el análisis de las normas existentes puede aludirse a una cierta evolución o al menos, progresión en el tratamiento que el derecho comunitario dedica a la conciliación. Y ello porque como se ha señalado por parte de la doctrina científica no se trata de un tema estático, sino dinámico y en constante proceso de cambio[18]. Más específicamente, en lo que respecta al tratamiento dispensado al trabajador autónomo y, en concreto, al régimen jurídico de las medidas de conciliación de la vida personal, familiar y laboral del ordenamiento europeo destaca la estrecha relación de estos con los instrumentos de la Unión Europea sobre "la política comunitaria en materia de igualdad entre hombres y mujeres".

Bien es cierto que este nuevo fenómeno que ha supuesto uno de los cambios más relevantes experimentados en este siglo, por lo que al mundo socio-laboral se refiere, ha tenido su razón de ser en la aparición de causas de diversa índole, entre las que cabe destacar, con carácter principal, una mejor y mayor formación de las mujeres, concretada en el acceso de las mismas a los niveles superiores de estudios, que les ha permitido competir con los varones en igualdad de condiciones en lo que a puestos de trabajo se refiere. A ello se une la aparición de diversas técnicas más avanzadas, para realizar las tareas domésticas[19]. La conjunción de estos y otros elementos, han determinado una mayor independencia social y económica de la mujer. Se procede así a un cambio

das en la UE, en comparación con 2011. El riesgo de pobreza era del 26 % para las mujeres y del 23,9 % para los hombres. Fuente, Eurostart.

17 BALLESTER PASTOR, Mª A., Conciliación y corresponsabilidad en la Unión Europea *en AAVV: Conciliación de la vida familiar y laboral y corresponsabilidad entre sexos* (Dirs. J. Cabez Pereiro y B. Fernández Docampo), Tirant lo Blanch, Valencia, 2011, págs. 25 y ss.

18 BALLESTER PASTOR, Mª A., "Conciliación laboral y familiar en la Unión Europea: Remoras, avances y nuevas líneas de tendencia en el ámbito de la corresponsabilidad"... cit., pág. 35.

19 MORGADO PANADERO, P., "Hacia un derecho de ciudadanía sin límites para el trabajador autónomo: el reconocimiento de su vida personal, familiar y profesional" en *AAVV. Trabajo autónomo e igualdad: reflexiones desde el Derecho del Trabajo (Coord. P. Morgado Panadero),* Thomson-Aranzadi, Pamplona, 2011, pág. 94.

definitivo de los papeles o roles acuñados en función del sexo. Se asiste, en definitiva, a un nuevo modelo de cooperación y compromiso entre mujeres y hombres que permita un reparto equilibrado de responsabilidad en la vida profesional y privada.

Así pues, durante la década de los años 80 y durante los primeros años de década de los 90 los programas comunitarios de igualdad de oportunidades para las mujeres hicieron expresa referencia a la importancia de promover el reparto de responsabilidades como instrumento para la consecución de la igualdad real entre hombres y mujeres[20]. Con este nuevo conjunto de normas se pretende dar cumplimiento a dos fines esenciales. En primer lugar, la posibilidad de compaginar prestaciones de servicios con la existencia de responsabilidades familiares, y, por otro lado, conseguir que la mujer trabajadora que quiera ser madre tenga la opción de reincorporarse posteriormente a su trabajo. A nuestros efectos, se trataría de aplicar esta misma tendencia más allá del trabajo asalariado.

En lo que podría denominarse una segunda fase, la desconexión entre las políticas de conciliación y las antidiscriminatorias se convierte en una realidad evidente como lo demuestra la promulgación de una serie de Directivas comunitarias[21], que aunque tenían claramente un ámbito de aplicación femenino obviaban cualquier referencia a cuestiones de género. En esta misma línea tanto el Libro Blanco de la Comisión Europea de 1993 sobre crecimiento, competitividad y empleo: retos y pistas para entrar en el siglo XXI[22] y el Libro Verde de la Comisión Europea sobre cooperación para una nueva organización del Trabajo de 1997[23] se establece que la conciliación puede tener beneficios tanto para las trabajadoras como para los trabajadores e, incluso, se produjo el fenómeno de que la conciliación dejó de ser un objetivo en sí mismo, para pasar a justificar medidas de flexibilidad laboral dirigidas a incrementar la productividad y la competitividad de las empresas.

No obstante lo anterior, esta desvinculación entre género y conciliación ha sido objeto de crítica por parte de la doctrina científica, en la medida en que puede resultar particularmente peligroso potenciar modelos flexibles de trabajo sin tener en cuenta las consecuencias de género y sin aplicar medidas correctoras de reparto, en la medida en que puede tener como consecuencia la intensificación de la marginalización del trabajo femenino y el endurecimiento de la discriminación[24]. Conviene recordar también que jurisprudencialmente en esta etapa se produjo la desvinculación de la discriminación por razón de conciliación de la discriminación por razón de género, a

[20] En este momento evolutivo la cuestión del reparto de responsabilidades entre hombres y mujeres aparecía formulada como un complemento de las normas antidiscriminatorias por razón de género. BALLESTER PASTOR, Mª A., Conciliación y corresponsabilidad en la UE, en *AA:VV Conciliación de la vida familiar y corresponsabilidad entre sexos…* cit., pág. 20.

[21] Véanse, a este respecto, la Directiva 96/34/CE de 3 de junio de 1996 sobre permiso parental y la Directiva 97/81/CE de 15 de diciembre de 1997 sobre el trabajo a tiempo parcial.

[22] COM (93) 700, diciembre de 1993.

[23] COM (97)128, abril de 1997.

[24] BALLESTER PASTOR, Mª A., Conciliación y corresponsabilidad en la Unión Europea…cit., pág. 22.

través de la STJCE de 8 de junio de 2004, *Österreichischer,* asunto C- 220/02) donde se negaba que fuese una discriminación indirecta por razón de género el no computar la antigüedad del tiempo transcurrido en excedencia por cuidado de hijo.

En lo que sería la última fase se está produciendo una tímida tendencia a normalizar en el ámbito de la Unión Europea, el reparto de responsabilidades familiares a través de la implicación del padre en un intento de lograr el objetivo de la alteración de roles sociales en el ámbito comunitario[25]. Y es precisamente en esta última fase de extensión de la conciliación hacia nuevas áreas donde, en principio, tendría cabida la corresponsabilidad más allá de la vertiente jurídico-laboral. En efecto, en el ámbito de la UE, el Consejo propone de manera más general otras medidas que "favorezcan un reparto equilibrado entre los trabajadores, hombres y mujeres", de los cuidados que deben dispensarse a sus familiares de manera que se consiga la igualdad real. Resalta la importancia de acciones publicitarias, de formación y de investigación que trasladen a la sociedad este reparto por igualdad de responsabilidades familiares entre hombres y mujeres[26].

III. HACIA LA CONCILIACIÓN DEL TRABAJO AUTÓNOMO

Al margen de estas previsiones normativas genéricas sobre conciliación y en lo que a la evolución de su tratamiento respecto del trabajador autónomo se refiere, podría hablarse de etapa primaria u originaria, toda vez que la conciliación no tendría formulación normativa expresa, aunque estaría conectada a la cuestión del género.

Como es sabido, a nivel normativo ya existían una serie de instrumentos jurídicos para la aplicación del principio de igualdad de trabajo que abarcan las actividades au-

---

[25] Véase la actual Directiva 2010/18/UE, de 8 de marzo por la que se aplica el Acuerdo marco revisado sobre el permiso parental, celebrado por BUSINESSEUROPE, la UEAPME, el CEEP y la CES, y se deroga la Directiva 96/34/CE que intentan no fomentar la atribución femenina de los citados permisos a través de la regla de la intransferibilidad y el borrador de reforma de Directiva 92/85/CEE de 19 de octubre relativa a la aplicación de medidas para promover la mejora de la seguridad y de la salud en el trabajo de la trabajadora embarazada, que haya dado a luz o en periodo de lactancia que incluye expresamente el permiso por paternidad como objetivo de alterar el rol social de atribución femenina de las cargas familiares.

[26] Las políticas familiares no son competencia de la Unión Europea. Por lo demás, en el artículo 9 de la Carta de los Derechos Fundamentales se especifica que el derecho a fundar una familia está regido por las leyes nacionales que regulan su ejercicio. Sin embargo, la UE puede legislar en los ámbitos relativos a la conciliación entre vida familiar y vida profesional, y los interlocutores sociales pueden negociar acuerdos que luego se convierten en directivas. Así ha ocurrido con el permiso parental y en los debates sobre la duración del permiso de maternidad. La UE puede también legislar en el ámbito de la igualdad profesional entre el hombre y la mujer, uno de los componentes de cualquier política familiar, así como en la protección y el desarrollo de la infancia sobre la base del reciente programa de la Comisión Europea sobre los derechos del niño14.

La Estrategia Europa 2020 establece un objetivo de tasa de empleo para hombres y mujeres que solo podrá cumplirse si se combina con una política familiar que permita a hombres y mujeres criar el número de hijos que deseen mientras siguen trabajando, lo que actualmente no ocurre en la mayor parte de los Estados miembros de la Unión. Véase, Dictamen del Comité Económico, Social y europeo de 3 de mayo de 2011 sobre el papel de la política familiar en el cambio demográfico: compartir las mejores prácticas entre los Estados miembros. SOC/399.

tónomas, como son, en particular, la Directiva 79/7/CEE del Consejo de 19 de diciembre de 19878, relativa a la aplicación progresiva del principio de igualdad de trato entre hombres y mujeres en materia de Seguridad Social y, más recientemente, la Directiva 2006/54/CE del Parlamento Europeo y del Consejo, de 5 de julio de 2006, relativa a la aplicación del principio de igualdad de trato entre hombres y mujeres en asuntos de empleo y ocupación. Ello permite aludir al fenómeno expansivo de la conciliación en la Unión Europea. Y es que recientemente se está produciendo un cierto despliegue de los presupuestos y objetivos ligados al tema de la conciliación en áreas que hubieran sido impensables hace sólo unos años en la Unión Europea. De modo particularmente relevante, la cuestión de la conciliación ha aparecido conectada a otros temas relacionados con la aplicación del principio antidiscriminatorio por causas diferentes al género, con manifestaciones tanto normativas como jurisprudenciales.

Normativamente es llamativa la referencia a las cuestiones del cuidado familiar que aparece en el art. 6 de la Directiva 2000/78/CE que regula garantiza la igualdad por razón de religión y convicciones, edad, discapacidad y orientación sexual. El citado precepto refiere a una serie de supuestos en los que está justificada la diferencia por razón de la edad. Así, destaca la letra a) del art. 6.1 de la norma señala *"el establecimiento de condiciones especiales de acceso al empleo y a la formación profesional, de empleo y de trabajo, incluidas las condiciones de despido y recomendación, para los jóvenes, los trabajadores, de mayor edad y los que tengan personas a su cargo, con vistas a favorecer su inserción profesional o garantizar la protección de dichas personas"*.Justifica el establecimiento de condiciones diferenciadas para los sujetos con responsabilidades familiares, pero no deja de resultar curioso que esta referencia aparezca en un precepto destinado a la regulación de la discriminación por razón de la edad.

En este contexto normativo, tras varios intentos fallidos, el 1 de diciembre de 2009 entró en vigor el Tratado de Lisboa, oficialmente firmado por los Jefes de Estado el 13 de diciembre de 2007[27]. Se trata del nuevo texto de derecho originario europeo que en su art. 6 atribuye eficacia de Tratado a la Carta de Derechos Fundamentales de la Unión Europea, adoptada el 12 de diciembre de 2007 en Estrasburgo[28]. En la Carta de Derechos Fundamentales de la Unión Europea se reconocen entre otros derechos, la conciliación entre la vida familiar y profesional (art. 33).

Paralelamente a los cambios normativos operados en materia de conciliación se ha producido una evolución en la protección del trabajo autónomo. En concreto el 29 de abril de 2010 se aprobó en Bruselas un interesante Dictamen SOC/344 del Comité Económico y Social Europeo (CESE) titulado "nuevas tendencias del trabajo autóno-

---

[27] DOUE de 17 de diciembre de 2007, 2007/C 306/01. Sobre este texto véase. GÁRATE CASTRO, J., *Transformaciones en las normas sociales de la Unión Europea*, Editorial universitaria Ramón Areces, Madrid, 2010.

[28] RODRÍGUEZ RODRÍGUEZ, E., *Instituciones de conciliación de trabajo con el cuidado de familiares*, Bomarzo, Albacete, 2010, págs. 46 y ss. FERNÁNDEZ DE GATTA SÁNCHEZ, D., "El principio de igualdad entre hombres y mujeres en la Unión Europea: evolución y régimen vigente", en *AA:VV Hacia la igualdad efectiva entre hombres y mujeres*, Comares, Granada, 2007, pág. 29 y ss.

mo: el caso específico del trabajo autónomo económicamente dependiente"[29]. Se trata de un dictamen de iniciativa que trata de las definiciones que diversos organismos europeos han realizado sobre las formas de trabajo autónomo. Específicamente, analiza de forma prácticamente monográfica las tendencias más recientes que afectan a la citada figura o institución. Las reflexiones relativas al trabajo autónomo responden al deseo de comprender mejor las evoluciones del trabajo autónomo independiente que, bajo el efecto de profundos cambios tanto económicos como sociales, ha evolucionado más allá de las formas tradicionales de trabajo autónomo, reconocidas desde hace tiempo en los países de la Unión Europea.

En este contexto de mayor visualización de los derechos de conciliación no puede dejarse de mencionar la Directiva 2010/18/UE de 8 de marzo de 2010 por la que se aprueba el Acuerdo marco revisado sobre el permiso parental, celebrado por Business Europe, la UEAPME, el CEEP y la CES y que deroga la Directiva 96/34/CE[30]. Sobre la base de su origen negocial y con el objetivo de convertirse en un texto de mínimos que homogenice las diferentes legislaciones nacionales en materia de conciliación, queda justificado a juicio de la doctrina científica su carácter laxo[31]. Más específicamente, los desafíos relacionados con la protección de los trabajadores autónomos pueden verse reflejados en la Directiva 2010/41/UE relativa a la aplicación del principio de igualdad de trato entre hombres y mujeres que ejerzan una actividad autónoma. Nuevamente el derecho de igualdad y el mundo del trabajo autónomo abren sendas paralelas poco exploradas por las legislaciones de buena parte de los Estados miembros.

En definitiva, la conciliación de la vida familiar y laboral de hombres y mujeres ha adquirido una dimensión transversal que se plasma en derechos concretos reconocidos en múltiples preceptos y normas que otorgan esa valoración integradora a esta regulación.

Teniendo en cuenta estos antecedentes normativos quizá no sea en exceso aventurado señalar que el camino iniciado determinará también la regulación *ad futurum* de derechos para otros sujetos y situaciones como pueden ser los derechos de conciliación de los trabajadores autónomos analizados en el presente trabajo. Los inusitados ámbitos en los que está apareciendo el tema del cuidado evidencian cierta sensibilidad de las instituciones europeas frente al tema de la conciliación de responsabilidades y cierta conciencia de que puede desarrollar ramificaciones. Se trataría de nuevas perspectivas que pueden desarrollar ramificaciones en otros ámbitos.

A partir de aquí quedaría por cuestionarse si la autonomía de los derechos de corresponsabilidad determinará también la extensión de éstos a los trabajadores autó-

---

29 DOUE de 19 de enero de 2011 (C -18/08).

30 La cláusula 8. Disposiciones finales establece que "los Estados miembros cuentan con un plazo de 2 años para transponer el contenido de esta Directiva. Si bien los Estados miembros podrían disponer de un período adicional de un año como máximo para dar cumplimiento a la presente Directiva.

31 CABEZA PEREIRO, J., ¿En qué debe cambiar el Derecho Español para adaptarse al acuerdo marco revisado sobre el permiso parental? *Aranzadi Social*; núm. 6/2010. (BIB 2010/1242).

nomos objeto de este estudio. La presunción debe entenderse en sentido afirmativo especialmente por las circunstancias económicas y demográficas en las que vivimos que hacen que la noción de familia y trabajador varíe y especialmente por los antecedentes jurisprudenciales que, aunque incipientemente así lo indican. Nos referimos al ya citado asunto *Roca Álvarez* (STJUE de 30 de septiembre de 2010) donde la posición del alto tribunal ha adquirido especial relevancia e interés por su nueva perspectiva y además porque se trata de un tema español. Como es sabido, se planten ante el TJUE si resulta acomodado a la Directiva de permisos parentales y a la Directiva antidiscriminatoria por género que el permiso de lactancia configurado en el ordenamiento español se establezca con titularidad fundamentalmente femenina, estando el acceso masculino sujeto a condicionantes especiales -sólo permitido en el caso de que ambos trabajen-. En la sentencia se establece que no existen dados suficientes para considerar que hay infracción de la Directiva 96/34/CE pero indica que la formulación desigualatoria del permiso de lactancia en el ordenamiento español contradice lo establecido en la normativa antidiscriminatoria por género. Como ya han indicado algunos autores, se trata de una sentencia particularmente relevante porque no establece que la preferencia femenina en el acceso a un permiso parental configure una discriminación por razón de género contra el varón. Al contrario, lo que hace es destacar que dichas preferencias constituyen discriminación por razón de género contra las mujeres, puesto que perpetúan roles sociales y promueven el abandono femenino del trabajo para asumir funciones de cuidado[32].

Así pues, la tendencia marcada por los últimos pronunciamientos judiciales permite afirmar que el tema de los derechos de conciliación es un espacio en expansión en el ámbito del Derecho Social de la Unión Europea.

IV. NUEVAS TENDENCIAS: IGUALDAD Y CONCILIACIÓN DEL AUTÓNOMO Y DE SUS COLABORADORES FAMILIARES

A escala de la Unión Europea, una buena conciliación del trabajo y la vida privada es de gran importancia en la consecución de diversos objetivos políticos clave[33]. Sin embargo, si bien en Europa ya no se pone en tela de juicio la necesidad de políticas de conciliación, la inadecuación de estas políticas y el desequilibrio entre hombres y mujeres en el recurso a las mismas hacen que las medidas de conciliación todavía no contribuyan óptimamente al logro de los objetivos políticos fundamentales de la UE. Mejorar el equilibrio entre la vida profesional y familiar constituye asimismo una

[32] La sentencia no deroga la doctrina sentada por el asunto Hoffmann que no consideraba discriminatorio el alargamiento del permiso de maternidad que el Estado alemán establecía en beneficio exclusivo de la madre trabajadora. No obstante, implica una nueva visión de las cuestiones de cuidado en relación con el género. En el mismo sentido, véase, BALLESTER PASTOR, Mª A., "Conciliación y corresponsabilidad en la Unión Europea"...cit., pág. 45.

[33] Comunicación de la Comisión, al Parlamento Europeo, al Consejo, al Comité Económico y Social y al Comité de las Regiones sobre Un mejor equilibrio en la vida laboral: más apoyo a la conciliación de la vida profesional, privada y familiar de 3 de octubre de 2008. COM(2008) 635 final.

verdadera oportunidad de conciliar los objetivos de seguridad y flexibilidad e incluso para los trabajadores autónomos.

Compaginar la vida familiar y el trabajo no solo es difícil para los trabajadores por cuenta ajena, sino también para los autónomos y sus cónyuges que los ayudan en su profesión o actividad empresarial. La Directiva 86/613/CEE estableció el principio de que la igualdad de trato no se limita a los trabajadores por cuenta ajena. En ella se reconoció asimismo la necesidad de medidas de conciliación, especialmente en relación con la maternidad.

La citada norma, a pesar de tener un impacto limitado y ser de difícil aplicación por la ambigüedad de su formulación, resultaba necesaria, dado que, cada vez con mayor frecuencia se reconoce la necesidad de abordar el desequilibrio entre hombres y mujeres en materia de espíritu empresarial. Una razón de este desequilibrio puede ser la escasa —o inexistente— protección social de las trabajadoras autónomas, en especial por maternidad. Algunos datos estadísticos confirman la necesidad de actuación tales como el hecho de que aproximadamente el 11 % de los trabajadores autónomos cuenta con su cónyuge colaborador para gestionar la empresa familiar, o que una tercera parte de los cónyuges colaboradores trabaja más de veinticinco horas por semana, pese a lo cual no tiene protección alguna en caso de divorcio o defunción del cónyuge autónomo[34].

Teniendo en cuenta estos antecedentes la Comisión Europea ha decidido proponer la derogación de la citada Directiva de la década de los 80 y elaborar otra nueva, para alcanzar de manera más efectiva los objetivos establecidos e inalcanzados por la Directiva original. Así se aprueba la Directiva 2010/41/UE de 7 de julio sobre aplicación del principio de igualdad de trato entre hombres y mujeres que ejercen una actividad autónoma, de recepción obligatoria en los ordenamientos de los Estados miembros antes de 5 de agosto de 2012[35].

Entre los objetivos perseguidos por la citada norma de futura aplicación destaca el garantizar la igualdad y la protección de la maternidad ampliando su ámbito más allá del trabajo asalariado. Como se indicaba en la Comunicación de 2 de julio de 2008 sobre agencia social renovada, oportunidades, acceso y solidaridad en la Europa del Siglo XXI, "era necesario actuar contra las diferencias de género relacionadas con la actividad empresarial y conciliar mejor la vida privada con la profesional".

Con la entrada en vigor de esta nueva norma, Europa da un paso importante para mejorar la protección social y a la vez ofrece unos derechos económicos y sociales iguales a los hombres y mujeres que ejercen una actividad autónoma y a sus cónyuges[36], en la me-

---

[34] Véase, el informe de upta sobre el análisis de los trabajadores autónomos en la Unión Europea a partir de los datos publicados por Eurostat correspondientes al primer trimestre de 2011.

[35] La nueva Directiva nace a partir de la Comunicación de la Comisión del 2 de julio de 2008 sobre la necesidad de actuar contra las diferencias de género en la actividad empresarial y facilitar una mejor conciliación de vida profesional y la personal.

[36] De "avance histórico" ha sido calificado por la doctrina. MORGADO PANADERO, P., "Hacia un derecho de ciudadanía sin límites: el reconocimiento..." cit., pág.102.

dida en que garantiza en la práctica la igualdad de la mujer trabajadora con independencia del régimen laboral, al promover la actividad empresarial femenina y ofrecer a las mujeres que ejercen una actividad autónoma una mejor protección de Seguridad Social.

Junto a este objetivo destaca muy especialmente la citada norma porque recoge la necesidad de que los cónyuges o parejas de hecho reconocidas a nivel nacional que participen en las actividades del negocio familiar tengan acceso a un sistema de protección social y disfruten del derecho a beneficiarse de la protección establecida para los trabajadores autónomos en general. A este respecto, se entiende por cónyuge o pareja de hecho de los trabajadores autónomos, que no sean empleados o socios de estos últimos, siempre que participen habitualmente en las actividades de la empresa en las condiciones establecidas por el Derecho nacional, efectuando, bien las mismas tareas o bien tareas auxiliares. Además, se establece el derecho de las mujeres autónomas a beneficiarse de las prestaciones por maternidad en las mismas condiciones que las trabajadoras asalariadas.

La Directiva se presenta, así como una norma conciliadora, en la medida en que trata de mejorar la situación de los cónyuges o parejas de hecho de los autónomos, reconociéndoles derechos en virtud del trabajo que realizan para estos últimos. Tendrán el mismo derecho a la cobertura de la Seguridad Social (como las pensiones, por ejemplo) que los trabajadores por cuenta propia, siempre que el Estado miembro ofrezca dicha protección a los trabajadores autónomos, lo que ayudará a establecer una red de protección social más fuerte y a impedir que las mujeres caigan en la pobreza.

4.1. Prestación por maternidad de las trabajadoras autónomas y acceso a servicios de sustituciones temporales

A juicio de los legisladores europeos, la vulnerabilidad económica y física de las trabajadoras autónomas embarazadas exige que se les reconozca el derecho a las prestaciones por maternidad. Por ello, el artículo 8 de la Directiva 2010/41/UE conmina a los Estados miembros a adoptar las medidas necesarias para que a las trabajadoras autónomas se les pueda conceder, de conformidad con el Derecho nacional, un subsidio por maternidad de cuantía suficiente que permita interrupciones en su actividad profesional por causa de embarazo o maternidad.

La duración del período durante el cual las trabajadoras por cuenta propia tienen derecho a las prestaciones por maternidad es idéntica a la regulación del permiso de maternidad, actualmente vigente en la Unión Europea para las trabajadoras por cuenta ajena: como mínimo de 14 semanas, dejándose así, en manos de los Estados, su posible ampliación.

El Parlamento y el Consejo Europeo reconocen la competencia de los Estados miembros para organizar las prestaciones por maternidad de las trabajadoras autónomas. Será el Estado Miembro el que decidirá si el subsidio por maternidad se concede de forma voluntaria u obligatoria. Incluso tienen la potestad de establecer el nivel de cotización necesario para ser beneficiario del subsidio y disponer lo preciso con respecto a las prestaciones y pagos. En particular, reconoce que son competentes para determinar en qué momento se concede el derecho a la prestación por maternidad, si antes y/o después del parto.

En cualquier caso, el subsidio por maternidad deberá tener una cuantía que se adapte a los parámetros recogidos en el artículo 8.3 de la Directiva 2010/41/UE. A tal efecto, la prestación por maternidad debe garantizar unos ingresos al menos equivalentes:

— al subsidio que la persona recibiría si interrumpiera su actividad por motivos de salud y/o;
— a la pérdida de ingresos o beneficios en relación con un período anterior comparable sujeto a un límite máximo fijado en virtud del Derecho nacional, y/o;
— a cualquier otro subsidio relacionado con la familia establecido por el Derecho nacional, dentro de los límites máximos que éste establezca.

Asimismo, la Directiva también concede a las trabajadoras autónomas el derecho, bien a acceder a servicios que ofrezcan sustituciones temporales que posibiliten las interrupciones de su actividad profesional por causa del embarazo o la maternidad, o bien, a los servicios sociales existentes en el país en el que desarrollen su actividad profesional. Sin embargo, deja en manos de los Estados miembros la potestad de decidir si el acceso a los citados servicios constituye una alternativa al subsidio por maternidad o un complemento de éste. De optar el Estado nacional por la primera de las opciones, la trabajadora debería elegir entre la prestación o la utilización de los servicios.

Al margen de lo señalado conviene precisar que el derecho reconocido por la Directiva comunitaria a las trabajadoras autónomas, ya se encuentra regulado en nuestro ordenamiento en virtud de la disposición adicional undécima bis de la LGSS y del artículo 3 del Real Decreto 295/2009, según los cuales resulta de aplicación el artículo 48.4 del ET a los trabajadores por cuenta propia, siendo beneficiarios del subsidio por maternidad los trabajadores por cuenta propia que se encuentren en algunas de las situaciones del citado precepto estatutario[37].

[37] La equiparación en derechos de los trabajadores por cuenta propia y ajena en lo que se refiere a las prestaciones por maternidad y paternidad, recogida en la Directiva 2010/41 y reiterada por el Real Decreto 295/2009, determina la revisión de la postura que el Tribunal Supremo ha venido manteniendo, plasmada en sus Sentencias de 28 de diciembre de 2000 (*A* 2001/1882) y 20 de noviembre de 2001 (*A* 2002/360). Esta línea jurisprudencial eliminaba el derecho al descanso por maternidad en los supuestos en los que la madre desarrollase una profesión liberal o prestase servicios en la función pública, dado que, en palabras del Alto Tribunal, «es requisito esencial del supuesto que la trabajadora que dé a luz esté vinculada por un contrato laboral susceptible de suspensión según previene el artículo 45, d), del propio Estatuto de los Trabajadores». En virtud de ello, se negaba la posibilidad de que un trabajador por cuenta ajena, cuya mujer estaba afiliada y dada de alta en el RETA, pudiera solicitar la suspensión de su contrato por decisión de su esposa de que fuera él el beneficiario del período de descanso por maternidad, de conformidad con el artículo 48 del ET. Véase, RODRIGUEZ CRESPO, Mª J., "La Directiva 2010/41/UE sobre

4.2. Derechos de los cónyuges o parejas de hecho

La verdadera novedad de la Directiva 2010/41/UE, de 7 de julio de 2010 y que, sin duda, obliga a reformar la legislación nacional en materia de prestaciones por maternidad, es el reconocimiento de dicho derecho a la cónyuge del trabajador autónomo o pareja de hecho (siempre que sea mujer)[38]. Dichas mujeres, desde el momento en que den a luz, sólo se encuentran protegidas por el ordenamiento jurídico laboral español en el caso de que sean, bien trabajadoras por cuenta ajena, en cuyo caso se aplica el artículo 48.4 del ET, bien trabajadoras autónomas. Pero no existe un reconocimiento del derecho a la prestación por maternidad en el caso de que no presten servicio retribuido alguno[39].

La Directiva comunitaria viene así a reconocer un nuevo supuesto de beneficiarios de la prestación por maternidad: Las cónyuges o parejas de hecho (mujeres, se entiende), cuando estén reconocidas en el Derecho nacional, de los trabajadores autónomos, que no sean empleadas o socias de estos últimos, siempre que participen habitualmente en las actividades de la empresa en las condiciones establecidas por el Derecho nacional, efectuando, bien las mismas tareas u otras auxiliares.

Teniendo en cuenta la participación en las actividades del negocio familiar que realizan los cónyuges y parejas de hecho de los trabajadores autónomos, la Directiva pretende equipararlos en derechos en materia de protección social. En el artículo 7 les concede el derecho de disfrutar de la misma protección social que el Estado otorga a los trabajadores y trabajadoras autónomos, en el caso de que este sistema de protección social exista, y siempre con arreglo a lo establecido en el Derecho nacional. Esto es, no regula la obligación de los Estados de crear un sistema de protección social para los trabajadores autónomos, sino la de aplicarlo a los cónyuges y parejas de hecho de éstos, en el caso de que ya exista.

Esta equiparación en derechos implica que los cónyuges y parejas de hecho de los trabajadores autónomos que no sean empleados o socios de éstos, pero que participen de manera habitual en las actividades de los citados profesionales, tendrán los mismos derechos que éstos.

Como puede deducirse, se reconoce a los cónyuges o parejas de hecho de los trabajadores autónomos el derecho a la prestación por maternidad, con independencia

---

la aplicación del principio de igualdad de trato entre hombres y mujeres que ejercen una actividad autónoma. especial referencia a la nueva prestación por maternidad del cónyuge del trabajador autónomo", Portal jurídico Lex Nova, 2011.

[38] En los considerandos de la citada Directiva se alude expresamente a "trabajadoras autónomas y las cónyuges", mientras que en el articulado de la mencionada norma comunitaria la referencia es al género masculino en sentido neutro. Casi con toda probabilidad habrá que esperar a un futuro pronunciamiento judicial que interprete el alcance subjetivo de la norma.

[39] Los únicos pronunciamientos judiciales que se encuentra en este sentido, son los que conceden a una trabajadora por cuenta propia el derecho a transferir el disfrute del permiso por maternidad al padre (Sentencia del Tribunal de Justicia del País Vasco de 2 de diciembre de 2008 [AS 2009/1128]).

de que su trabajo no pueda ser calificado como por cuenta propia ni ajena, dado que sólo participan o colaboran en la actividad profesional del autónomo, pero no son empleadas ni socias de éstos.

Así pues, se produce un gran avance en lo que a conciliación de la vida familiar y laboral de los trabajadores autónomos: no sólo las trabajadoras autónomas pueden solicitar la prestación por maternidad, sino también las cónyuges de los trabajadores autónomos o sus parejas, sin necesidad de que estas mujeres se den de alta como autónomas ni como trabajadoras por cuenta ajena.

No obstante lo anterior, conviene precisar que la Directiva circunscribe el derecho al subsidio a las mujeres, sean trabajadoras autónomas, cónyuges o parejas de hecho de los trabajadores autónomos. En consecuencia, se estaría vedando el reconocimiento de este derecho al padre, tanto si es él el autónomo como si es el cónyuge o pareja de hecho. De producirse esta situación habría que analizar si la medida es o no discriminatoria[40].

4.3. Defensa de los derechos e indemnizaciones

No cabe duda de que la atribución de derechos a los trabajadores/as autónomos, cónyuges y/o parejas de hecho resulta ineficaz si no se habilitan mecanismos de tutela para el supuesto de inaplicación del principio de igualdad de trato. Por ello, la Directiva 2010/41/UE en su artículo 9, regula la obligación por parte de los Estados de asegurar que existen en los ordenamientos internos procedimientos para hacer que se cumplan las obligaciones reguladas en su texto. Dichos procedimientos podrán ser administrativos, judiciales o conciliadores, pero cualquiera de ellos deberá estar a disposición de todas las personas que consideren haber sufrido pérdidas o daños, por no habérseles aplicado el principio de igualdad de trato. La reclamación, sea por una u otra vía, se puede interponer aun cuando se haya terminado la relación en la que se alegue haber sufrido la discriminación.

A su vez, la Directiva también obliga a los Estados miembros a habilitar un mecanismo por el cual las asociaciones, organizaciones u otras personas jurídicas que tengan un interés legítimo en velar por el cumplimiento de lo dispuesto en la norma, (como pueden ser las asociaciones de trabajadores autónomos), puedan iniciar, en nombre o con el apoyo del demandante y con su autorización, cualquier procedimiento judicial o administrativo tendente a exigir el cumplimiento de cualquier derecho relacionado con el principio de igualdad de trato entre hombres y mujeres que ejercen una actividad autónoma.

Si, fruto del recurso a estos mecanismos de tutela, se demuestra la violación de cualquiera de los derechos contenidos en la Directiva 2010/41/UE, el demandante

[40] En los considerandos de la citada Directiva se alude expresamente a "trabajadoras autónomas y las cónyuges", mientras que en el articulado de la mencionada norma comunitaria la referencia es al género masculino en sentido neutro. Casi con toda probabilidad habrá que esperar a un futuro pronunciamiento judicial que interprete el alcance subjetivo de la norma.

tendrá derecho a una indemnización o reparación, por lo que los Estados están obligados a introducir en sus ordenamientos jurídicos nacionales las medidas necesarias para garantizar la obtención de las citadas indemnizaciones o reparaciones de derechos, de forma real y efectiva. A ello debe añadirse que dicha indemnización no podrá estar limitada por un tope máximo fijado *a priori* por el Estado, garantizándose así poder atender a la proporcionalidad entre daño e indemnización.

A modo de recapitulación, puede señalarse que estos importantes hitos normativos encuentran su causa a los efectos que ahora interesan en la cada vez mayor relevancia que la conciliación de la vida personal, familiar y profesional en su conjunto ha adquirido últimamente en todos los ámbitos de nuestra sociedad (incluidos los profesionales). Pero, quizás también, en el deseo de dejar constancia expresa que, pese a la tradicional ausencia de medidas al respecto y/o a las dificultades existentes para poder poner en marcha cualquier iniciativa sobre el particular, los trabajadores autónomos también tienen derecho a conciliar su vida personal y familiar con la profesional. Derecho que, con independencia de otros factores, correspondería por igual a hombres y mujeres que prestan sus servicios por cuenta propia.

V. LA DOCTRINA DEL TRIBUNAL DE JUSTICIA DE LA UNIÓN EUROPEA. ASPECTOS BÁSICOS

Como es sabido, el Tribunal de Justica de la Unión Europea (TJUE) viene desarrollando una extraordinaria actividad interpretativa en materia de igualdad y, por ende, en materia de conciliación de la vida personal, familiar y profesional de los trabajadores europeos, incluidos los autónomos. Por razón de espacio no es éste el momento de dar cumplida cuenta de toda esta importante labor interpretativa, sin embargo, si resulta obligado realizar una sucinta referencia a la incidencia de la jurisprudencia del TJUE en materia de permiso de lactancia para autónomos.

En lo que refiere a la titularidad del derecho de lactancia y tal y como se encontraba entonces redactada la norma, titular originaria del derecho parecería serlo en exclusiva la mujer trabajadora por cuenta ajena que fuera madre de un menor de nueve meses. Atribución que, por lo demás, se ha entendía en España acorde a la Constitución Española de 1978 no reputándose, por tanto, discriminatoria[41]. Es más, esta titularidad originaria se concedía a la madre trabajadora con absoluta independencia de cuál fuera su concreto estado civil (casada, separada, divorciada) y, lo que ahora resulta más importante, de si el padre trabajaba o no (ya sea por cuenta ajena o por cuenta propia). Siendo ello así, solo de forma subsidiaria o derivada la trabajadora por cuenta ajena podía transmitir ese derecho al padre del menor si es que también era

[41] STC 109/1993, de 25 de marzo (RTC 1993, 109) comentada por CARDONA RUBERT, Mª B. y TARABINI-CASTELLANI AZNAR, M., "Permiso de lactancia ¿Discriminación por razón de sexo o medida de acción positiva? (Comentario a la STC 109/2003, de 25 de marzo)", *Tribuna Social*, núm. 37, 1994. En el mismo sentido se mantuvo, asimismo, la STC 187/1993, de 14 de junio (RTC 1993, 187).

trabajador por cuenta ajena (o funcionario)[42]. En todo caso, aunque ambos trabajaran, sólo uno de ellos podía disfrutar el permiso; bien la madre de forma originaria o bien el padre de forma subsidiaria (por transmisión de su titular femenina).

Pese a esta interpretación, el Tribunal de Justicia de la Unión Europea procedió a reinterpretar dicho criterio. Y ello en el sentido de señalar que el hecho de denegar el disfrute del permiso de lactancia español a los padres que tuvieran la condición de trabajadores por cuenta ajena por el único motivo de que la madre del menor protegido no tuviera esa condición, vulneraba el Derecho Social Comunitario[43]. Así pues, la Sentencia del Tribunal de Justicia de la Unión Europea de fecha 30 de septiembre de 2010 *Roca Álvarez,* asunto c-104/09 (TJCE 2010, 280), que consideró no acorde al Derecho Comunitario que el disfrute de una parte del permiso por maternidad se condicione, para los varones trabajadores, al hecho de que la madre posea la condición de trabajadora por cuenta ajena, pues que sólo la madre asalariada sea titular del derecho, y no lo sea el padre, ayuda a perpetuar un reparto tradicional de funciones entre el hombre y la mujer al mantener a los hombres en una función subsidiaria de las mujeres respecto al ejercicio de su función parental. Denegar el disfrute del permiso a los padres que tengan la condición de trabajadores por cuenta ajena, por el único motivo de que la madre no tenga esa condición, podría dar lugar a que si la madre es autónoma se viera obligada a limitar su actividad profesional y soportar sola la carga derivada del nacimiento de su hijo, sin poder recibir la ayuda del padre del niño. De esta forma, el permiso de lactancia podrá tener el efecto de favorecer a las mujeres al permitir que las madres que tienen la condición de trabajadoras conserven su empleo a la vez que dedican tiempo a su hijo y ese efecto se reforzará si el padre del niño tiene también la condición de trabajador en el sentido de que podrá disfrutar del permiso en lugar de la madre, quien no sufrirá consecuencias negativas en su empleo a causa del cuidado y la atención dedicados a su hijo. En definitiva, es indiferente que la madre o el padre no trabaje, ya que cualquiera de ellos puede disfrutarlo, sin que quede condicionado a que la madre trabaje, pues es posible, que aunque la madre no trabaje, el padre disfrute de este derecho, a diferencia de la regulación anterior donde ello no era posible.

Como fácilmente puede deducirse, la importancia de la citada sentencia resulta más que evidente[44]. Fundamentalmente por cuanto corrige la discriminación que en

---

[42] Criticando y reinterpretando la titularidad femenina del permiso de lactancia en el ámbito de la función pública española *vid.* ALFONSO MELLADO, C. L., *Igualdad entre mujeres y hombres en la función pública*, Bomarzo, Albacete, 2008, pág. 65.

[43] Aunque el Tribunal únicamente analizó la Directiva 76/207/CEE, acabó reconociendo que el resultado sería el mismo si las normas a tener en cuenta hubieran sido la Directiva 2002/73/CE, cuyo tenor no resultaba temporalmente aplicable al supuesto debatido (ambas Directivas fueron refundidas en la Directiva 2006/54/CE) y/o la Directiva 96/34/CE del Consejo, de 3 de junio de 1996, relativa al Acuerdo marco sobre el permiso parental celebrado por la UNICE, el CEEP y la CES, porque tal norma no se alegó en la cuestión prejudicial planteada (esta última norma se encuentra derogada por la Directiva 2010/18/UE del Consejo, de 8 de marzo de 2010, por la que sea plica el Acuerdo marco revisado sobre el permiso parental celebrado entre BUSINESSEUROPE, la UEAPME, el CEEP y la CES).

[44] No es de extrañar, por tanto, la extraordinaria atención que la sentencia que ahora se comenta haya despertado entre la doctrina científica española. Entre otra *véase*, por ejemplo, FERNÁNDEZ ROZAS,

la práctica suponía el mantenimiento en el ordenamiento jurídico laboral español de la regla de la titularidad femenina del permiso de lactancia[45]. Discriminación que no solo refería a los trabajadores (por cuenta ajena o funcionarios) varones cuyas parejas no trabajaran por cuenta ajena o al servicio de una Administración Pública, sino también a las propias mujeres trabajadoras, titulares o no del derecho discutido.

No es de extrañar, por tanto, que el controvertido artículo 37.4 del Estatuto de los Trabajadores acabara siendo modificado para adaptarse a la doctrina sentada por el Tribunal de Justicia de la Unión Europea. En concreto a través de la disposición final primera del RDLey 3/2012, de 10 de febrero, primero y de la disposición final primera de la Ley 3/2012, de 6 de julio. Básicamente para señalar que, en lo que ahora nos importa, "Este permiso constituye un derecho individual de los trabajadores, hombres o mujeres, pero sólo podrá ser ejercido por uno de los progenitores en caso de que ambos trabajen". En tal caso, será éste quien pueda solicitar el ejercicio del derecho con absoluta independencia de su sexo, masculino o femenino[46].

En definitiva, el trabajador, hombre o mujer, es titular del derecho con independencia del sexo, y sin necesidad de que nadie le ceda tal facultad, por lo que ahora ya no tiene sentido hablar de titularidad originaria y derivada.

No obstante, inmediatamente seguido, el precepto indica que este permiso *«sólo podrá ser ejercido por uno de los progenitores en caso de que ambos trabajen»*. De este modo, el interés del menor deja de contemplarse desde una perspectiva feminista, para pasar a bilateralizarse y asexualizarse, pues con anterioridad este derecho se reconocía de forma incluso exclusiva a la mujer[47], aunque con posterioridad se fue flexibilizando y permitiendo que el padre también lo disfrutarse, pero con carácter subsidiario.

De cualquier modo, en la redacción actual no cabe duda que, aunque la madre o el padre esté en excedencia, el otro progenitor podrá disfrutar de este permiso, pues

---

J. C., "Discriminación no justificada basada en el sexo: el caso de la lactante autónoma ante el Tribunal de Justicia", *Diario La Ley*, núm. 7499, 2010, HIERRO HIERRO, F. J., "La titularidad de la pausa por lactancia", *Aranzadi Social*, núm. 1, 2011, LOUSADA AROCHENA, J. F.: "El permiso de lactancia es un permiso para el cuidado de hijo/as (a propósito de la STJCE de 30 de septiembre de 2010, caso Roca Álvarez)", *Diario La Ley*, núm. 7536, 2010 o RODRÍGUEZ CARDO, I., "El trabajador varón como titular del permiso de lactancia: situación tras la STJCE de 30 de septiembre de 2010", *Actualidad Laboral*, núm. 22, 2010. BARRIOS BAUDOR, G. La sentencia Roca Álvarez: un nuevo punto de inflexión en materia de conciliación de la vida personal, familiar y profesional de los trabajadores autónomos europeos. *AAVV: Últimas tendencias en la jurisprudencia del Tribunal de Justicia de la Unión Europea (2008-2011).* Coord. Javier Díez-Hochleitner Rodríguez, Carmen Martínez Capdevila, Irene Blázquez Navarro, Javier Frutos Miranda, La Ley, 2012, ISBN 978-84-9020-051-3, págs. 1039-1062.

[45] Aplicando la doctrina del Tribunal *vid.* ya la STSJ Galicia 12 noviembre 2010 (AS 2011, 73).

[46] BARRIOS BAUDOR, G.L, PÉREZ CAMPOS, A.I., "La labor creadora de Derecho del Tribunal de Justicia de la Unión Europea. Una aproximación al tema a partir del Derecho del Trabajo Español", *Anuario Jurídico Económico Escurialense*, núm. 39, 2016.págs. 13-62.

[47] STSJ Galicia, de 22 de septiembre de 2010 (LA LY 184153/2010), que clarifica, al amparo de la normativa anterior, que no se debe confundir la titularidad del derecho con el disfrute del mismo, pues con anterioridad la madre ostentaba la titularidad del derecho pero pudiendo ceder su disfrute al padre.

únicamente se exige que sea un trabajador, ya sea por cuenta ajena o propia, sin exigir que ambos progenitores estén trabajando simultáneamente, pudiendo por tanto disfrutarlo el padre aunque la madre no sea trabajadora. El único límite, obviamente, es que no lo pueden disfrutar los dos de forma duplicada, sino sólo uno de ellos.

Por último, cabría preguntarse si es posible que durante el período de ejercicio del derecho se cambie el titular de su disfrute, pasando de un progenitor a otro. El art. 37.4 ET no prevé expresamente dicha posibilidad, aunque tampoco parece prohibirla, por lo que, a mi entender, cabe considerar que dicho cambio será posible siempre que sea razonable y no se cometan abusos de derecho o se actúe de mala fe, además de preavisar, lógicamente, a los empresarios afectados, pues a la postre, lo que se persigue es posibilitar el reparto entre los progenitores de las cargas derivadas del nacimiento, adopción o acogimiento de un hijo, intentado evitar que, como es usual, recaiga de modo preferente, o incluso, exclusivo, en la mujer trabajadora con los consiguientes costes personales y profesionales que ello acarrea sobre la misma, como el doble trabajo, el demérito de su carrera profesional o la subvaloración de su actividad profesional respecto de la del padre[48].

VI. REFLEXIÓN FINAL

Las decisiones que hombres y mujeres toman para combinar aspecto profesional, privado y familiar de sus vidas son principalmente de carácter personal. No obstante, el modo en que las personas compaginan estas obligaciones encontradas tiene consecuencias en las políticas públicas. A su vez, las políticas influyen en dichas opciones, por ejemplo, al recoger en el ordenamiento jurídico el derecho al permiso por motivos familiares o la oferta pública de atención a niños y otras personas dependientes, o al afectar a otros factores, como los horarios comerciales o escolares. Aunque hasta ahora se ha tendido a favorecer las opciones de conciliación de quienes trabajan o desean trabajar por cuenta ajena, la situación repercute, al menos, por igual a los autónomos. El papel de la Unión Europea en este campo es relativamente limitado, pero el éxito de las políticas de conciliación concierne al logro de objetivos importantes de la UE, en particular, el de más y mejores puestos de trabajo.

A pesar de que en los últimos años se ha avanzado mucho, dicho avance no proviene de una actuación coordinada de la autoridad legislativa, o administrativa, ni tampoco existe un debate suficientemente consensuado en el ámbito social, o empresarial. Ahora bien, conviene precisar que la heterogeneidad de realidades contempladas bajo los conceptos más habituales, como son los del trabajo autónomo, independiente o autoempleo, dificulta seriamente la conformación de bases de datos suficientemente sólidas para describir la realidad que representa el colectivo. Esto ocurre en todo el ámbito internacional, particularmente en Europa y en el seno incluso de cada Estado miembro de la Unión Europea.

[48] POQUET CATALÁ, R., "El permiso de lactancia tras las últimas reformas", *Actualidad Laboral*, núm. 4, 2014. (LA LEY 1443/2014).

VII. BIBLIOGRAFÍA

ALFONSO MELLADO, C. L., *Igualdad entre mujeres y hombres en la función pública*, Bomarzo, Albacete, 2008.

AÑÓN ROIG, Mª J., "¿Una legislación para transformar la realidad social? A propósito de la Ley para la igualdad efectiva de mujeres y hombres" en *AA.VV Medidas de conciliación de la vida personal, laboral y familiar. Hacia un respeto igualitario de las reformas parentales*. Bomarzo, Albacete, 2009.

BALLESTER PASTOR, Mª A., "Conciliación laboral y familiar en la Unión Europea: remoras, avances y nuevas líneas de tendencia en el ámbito de la corresponsabilidad", *Revista de Derecho Social* núm. 51, 2003.

BALLESTER PASTOR, Mª A., Conciliación y corresponsabilidad en la Unión Europea *en AAVV: Conciliación de la vida familiar y laboral y corresponsabilidad entre sexos* (Dirs. J. Cabeza Pereiro y B. Fernández Docampo), Tirant lo Blanch, Valencia, 2011.

BARRIOS BAUDOR, G. La sentencia Roca Álvarez: un nuevo punto de inflexión en materia de conciliación de la vida personal, familiar y profesional de los trabajadores autónomos europeos. AAVV: Últimas tendencias en la jurisprudencia del Tribunal de Justicia de la Unión Europea (2008-2011). Coord. Javier Díez-Hochleitner Rodríguez, Carmen Martínez Capdevila, Irene Blázquez Navarro, Javier Frutos Miranda, La Ley, 2012.

BARRIOS BAUDOR, G.L, PÉREZ CAMPOS, A.I., "La labor creadora de Derecho del Tribunal de Justicia de la Unión Europea. Una aproximación al tema a partir del Derecho del Trabajo Español", Anuario Jurídico Económico Escurialense, núm. 39, 2016.

CABEZA PEREIRO, J., ¿En qué debe cambiar el Derecho Español para adaptarse al acuerdo marco revisado sobre el permiso parental? *Aranzadi Social*; núm. 6/2010. (BIB 2010/1242).

CABEZA PEREIRO, J., "Conciliación de vida privada y familiar", *Temas Laborales*, núm.103, 2010.

CARDONA RUBERT, Mª B. y TARABINI-CASTELLANI AZNAR, M., "Permiso de lactancia ¿Discriminación por razón de sexo o medida de acción positiva? (Comentario a la STC 109/2003, de 25 de marzo)", *Tribuna Social*, núm. 37, 1994.

FERNÁNDEZ DE GATTA SÁNCHEZ, D., "El principio de igualdad entre hombres y mujeres en la Unión Europea: evolución y régimen vigente", en *AA:VV Hacia la igualdad efectiva entre hombres y mujeres*, Comares, Granada, 2007.

FERNÁNDEZ ROZAS, J. C., "Discriminación no justificada basada en el sexo: el caso de la lactante autónoma ante el Tribunal de Justicia", *Diario La Ley*, núm. 7499, 2010.

GÁRATE CASTRO, J., *Transformaciones en las normas sociales de la Unión Europea*, Editorial universitaria Ramón Areces, Madrid, 2010.

HIERRO HIERRO, F. J., "La titularidad de la pausa por lactancia", *Aranzadi Social*, núm. 1, 2011.

LOUSADA AROCHENA, J. F.: "El permiso de lactancia es un permiso para el cuidado de hijo/as (a propósito de la STJCE de 30 de septiembre de 2010, caso Roca Álvarez)", *Diario La Ley*, núm. 7536, 2010.

MORGADO PANADERO, P., "Hacia un derecho de ciudadanía sin límites para el trabajador autónomo: el reconocimiento de su vida personal, familiar y profesional" en *AAVV. Trabajo autónomo e igualdad: reflexiones desde el Derecho del Trabajo (Coord. P. Morgado Panadero),* Thonsom-Aranzadi, Pamplona, 2011.

POQUET CATALÁ, R., "El permiso de lactancia tras las últimas reformas", *Actualidad Laboral,* núm. 4, 2014. (LA LEY 1443/2014).

REYNA FERNÁNDEZ, S., El trabajo autónomo en el modelo social europeo y en el reordenamiento jurídico de la UE en la estrategia de Lisboa después de 2010: especial referencia al trabajador autónomo dependiente, en *AA:VV El nuevo trabajo autónomo en Europa www.upta.es.*

RODRÍGUEZ CARDO, I., "El trabajador varón como titular del permiso de lactancia: situación tras la STJCE de 30 de septiembre de 2010", *Actualidad Laboral,* núm. 22, 2010.

RODRIGUEZ CRESPO, Mª J., "La Directiva 2010/41/UE sobre la aplicación del principio de igualdad de trato entre hombres y mujeres que ejercen una actividad autónoma. especial referencia a la nueva prestación por maternidad del cónyuge del trabajador autónomo", Portal jurídico Lex Nova, 2011.

RODRÍGUEZ RODRÍGUEZ, E., *Instituciones de conciliación de trabajo con el cuidado de familiares,* Bomarzo, Albacete, 2010.

CAPÍTULO 6.
EL DERECHO AL TRABAJO Y LOS AUTÓNOMOS (ECONÓMICAMENTE DEPENDIENTES) EN COLOMBIA

STEFANNY BRAVO GONZÀLES[1]

SUMARIO: I. INTRODUCCIÓN. II. CONTEXTO DE LOS TRABAJADORES INDEPENDIENTES EN COLOMBIA. ANÁLISIS JURISPRUDENCIAL: "PROTECCIÓN DEL DERECHO AL TRABAJO Y OTROS DERECHOS FUNDAMENTALES DE LOS TRABAJADORES INDEPENDIENTES EN COLOMBIA".3.1. Derecho al trabajo en los trabajadores independientes bajo la Constitución política de 1991. 3.2. Elementos definitorios del contrato de prestación de servicios y sus diferencias con el contrato de trabajo. 3.3. Protección a los honorarios como única fuente de ingresos. 3.4. Protección a la maternidad en los contratos de prestación de servicios. 3.5. Derecho al trabajo en personas en situación de discapacidad vinculadas por contrato de prestación de servicios. 3.6. Tratamiento de la mora en el pago de cotizaciones al Sistema General de Pensiones por parte del trabajador independiente. IV. CONCLUSIONES. V. BIBLIOGRAFÍA Y REFERENCIAS JURISPRUDENCIALES.

I. INTRODUCCIÓN

En Colombia, los términos de trabajador autónomo, y autónomos económicamente dependientes, no son manejados. Sin embargo, el ordenamiento normativo adopta la figura del trabajador independiente, y en este concepto incluye aquellos trabajadores por cuenta propia, cuyos ingresos provienen de la ejecución de un contrato de prestación de servicios, a quienes se les denomina contratistas independientes.

Este artículo tiene como objetivo principal conocer el desarrollo del derecho al trabajo de aquellos contratistas independientes en el marco legislativo y jurisprudencial.

---

[1] Stefanny Bravo Gonzàles, Máster en Derecho con énfasis en Derecho Laboral y Seguridad Social de la Universidad ICESI de Cali-Colombia. Abogada Especialista en Derecho Laboral y Seguridad Social de la Universidad ICESI de Cali-Colombia. Docente de tiempo completo de la Universidad de San Buenaventura Cali. Correo electrónico: sbravo@usbcali.edu.co

Para lo anterior, se desarrollan dos acápites, en el primero de ellos, se muestra el contexto de los trabajadores independientes en Colombia, resaltando los diferentes grupos de trabajadores inmersos en la categoría de independientes y su importante participación en la tasa nacional de ocupación, según cifras oficiales del DANE (Departamento Administrativo Nacional de Estadística), en esta línea y con el ánimo de aportar a la discusión de los trabajadores económicamente dependientes, se realiza un enfoque en los contratistas independientes, indicando los diversos conceptos de esta figura, las obligaciones a cargo y aquellos mecanismos legales establecidos para su protección.

En el segundo acápite, se realiza un análisis jurisprudencial del precedente desarrollado por la Corte Constitucional Colombiana en relación con la protección del derecho al trabajo y otros derechos fundamentales de los trabajadores independientes en Colombia. En este punto, se abordaran los siguientes temas: el Derecho al trabajo en los trabajadores independientes bajo la Constitución política de 1991, los elementos definitorios del contrato de prestación de servicios y sus diferencias con el contrato de trabajo, la protección a los honorarios como única fuente de ingresos, la protección a la maternidad en los contratos de prestación de servicios, el derecho al trabajo en personas en situación de discapacidad vinculadas por contrato de prestación de servicios y el tratamiento de la mora en el pago de cotizaciones al Sistema General de Pensiones por parte del trabajador independiente.

Finalmente, se presentaran las conclusiones en las cuales se indica el desarrollo que ha tenido en Colombia, el derecho al trabajo de los trabajadores independientes, enfatizado en aquellos que dependen de un contrato de prestación de servicios, es decir, los contratistas independientes.

II. CONTEXTO DE LOS TRABAJADORES INDEPENDIENTES EN COLOMBIA

La Corte Constitucional ha reconocido que en Colombia "de acuerdo con la Clasificación Internacional de la Situación en el Empleo (CISE), elaborada bajo el auspicio de la OIT es posible distinguir seis grupos de trabajadores: 1. Asalariados; 2. Empleadores; 3.Trabajadores por cuenta propia; 4.Miembros de cooperativas de productores; 5. Trabajadores familiares auxiliares, y 6.Trabajadores que no pueden clasificarse según la situación en el empleo.

La anterior clasificación tiene en su base un conjunto de criterios, que permite diferenciar dos grandes grupos de trabajadores, los asalariados, por un lado, y los independientes, por el otro, atendiendo, entre otros factores, a la consideración sobre el tipo de relaciones que surgen entre las partes de la relación de trabajo y a diversos aspectos sobre la asunción del riesgo económico propio de la respectiva actividad.

Así, los Empleos asalariados: son aquellos en los que los titulares tienen contratos de trabajo implícitos o explícitos (verbales o escritos), por los que reciben una remuneración básica que no depende directamente de los ingresos de la unidad para la que trabajan (esta unidad puede ser una corporación, una institución sin fines de lucro, una unidad gubernamental o un hogar).

Los Empleos independientes, a su vez, son aquellos en los que la remuneración depende directamente de los beneficios (o del potencial para realizar beneficios) derivados de los bienes o servicios producidos (en estos empleos se considera que el consumo propio forma parte de los beneficios). Los titulares toman las decisiones operacionales que afectan a la empresa, o delegan tales decisiones, pero mantienen la responsabilidad por el bienestar de la empresa. En este contexto, la "empresa" se define de manera suficientemente amplia para incluir a las operaciones de una sola persona."[2]

Teniendo en cuenta la anterior clasificación, es importante indicar que en Colombia de acuerdo con el DANE (Departamento Administrativo Nacional de Estadística) a febrero de 2016, la población ocupada en empleos independientes es del 51,6% del total nacional, teniendo un porcentaje altamente significativo, los trabajadores por cuenta, quienes constituyen el 43,1% de la población ocupada[3].

En este sentido es preciso indicar que el DANE considera trabajadores por cuenta propia a quienes la "Persona natural con un trabajo, profesión u oficio, cuya remuneración depende directamente de la comercialización y venta de los bienes o servicios producidos; se caracteriza por no contratar a terceros como asalariados para lograr sus metas y objetivos"[4].

En el grupo de trabajadores por cuenta propia, se encuentra que existen en realidad tres subgrupos al interior de esta categoría ocupacional. El criterio de diferenciación de estos subgrupos es en ultimas el nivel de su capital humano y productividad laboral, y por supuesto, su nivel de ingreso.

El primer subgrupo de trabajadores por cuenta propia es el de los profesionales independientes. En términos generales, son trabajadores que explotan individualmente una profesión, como el derecho, la medicina o la ingeniería. Estos trabajadores deberían poseer una capacidad de pago y una racionalidad de cobertura de riesgos que supondría su afiliación al sistema de seguridad social.

El segundo subgrupo de cuenta propia son los trabajadores de oficios técnicos. Estos trabajadores tienen alguna experticia en un oficio o servicio, como el transporte, la electrónica básica, los servicios de estética, o la mecánica. Se consideran trabajadores de ingresos medios, y en muchas ocasiones combinan periodos de trabajo independiente con trabajo asalariado. Es de suponer que la variabilidad de los ingresos y del

---

[2] Sentencia Corte Constitucional, C-645-11, Magistrado Ponente: GABRIEL EDUARDO MENDOZA MARTELO.

[3] *http://www.dane.gov.co/files/investigaciones/boletines/ech/ech/bol_empleo_feb_16.pdf*

[4] DANE-METODOLOGÍA GHE- Organización Internacional del Trabajo (OIT). Resolución concerniente a la clasificación en el empleo adoptado por la Conferencia de Estadísticos Laborales 15. Enero 1993.10

tipo de posición ocupacional no garantiza necesariamente su afiliación al sistema de seguridad social, o alternativamente tienen periodos variables de cotización.

Finalmente, el tercer subgrupo de trabajadores por cuenta propia lo conforman los llamados informales con ingresos de subsistencia. En este subgrupo se contabilizarían algunos comerciantes callejeros y trabajadores de oficios no especializados. Estos trabajadores tienen un límite de ingresos que solo les permite cotizar a parte de las prestaciones de seguridad social, y que en el caso de hacerlo a todas las prestaciones sociales, sus ingresos corrientes netos sufrirían una importante disminución[5].

Para efectos de este documento, tomaremos como referencia aquellos empleos independientes, desempeñados por trabajadores por cuenta propia que perciben ingresos provenientes del desarrollo de contratos de prestación de servicios, es decir, aquellos a los cuales nuestra legislación denomina contratistas independientes.

La legislación colombiana adopta diversos conceptos para los contratistas independientes:

- Código Sustantivo de Trabajo, Art. 34: "Son contratistas independientes y, por tanto, verdaderos patronos y no representantes ni intermediarios las personas naturales o jurídicas que contraten la ejecución de una o varias obras o la prestación de servicios en beneficios de terceros, por un precio determinado, asumiendo todos los riesgos, para realizarlos con sus propios medios y con libertad y autonomía técnica y directiva. Pero el beneficiario del trabajo o dueño de la obra, a menos que se trate de labores extrañas a las actividades normales de su empresa o negocio, será solidariamente responsable con el contratista por el valor de los salarios y de las prestaciones e indemnizaciones a que tenga derecho los trabajadores, solidaridad que no obsta para que el beneficiario estipule con el contratista las garantías del caso o para que repita contra él lo pagado a esos trabajadores.

El beneficiario del trabajo o dueño de la obra también será solidariamente responsable, en las condiciones fijadas en el inciso anterior, de las obligaciones de los subcontratistas frente a sus trabajadores, aun en el caso de que los contratistas no estén autorizados para contratar los servicios de subcontratistas".

- Decreto 723 de 2013, "Por el cual se reglamenta la afiliación al Sistema General de Riesgos Laborales de las personas vinculadas a través de un contrato formal de prestación de servicios con entidades o instituciones públicas o privadas y de los trabajadores independientes que laboren en actividades de alto riesgo y se dictan otras disposiciones.". Art. 2: Campo de Aplicación: …

Parágrafo 1°. Para efectos del presente decreto, todas las personas vinculadas a través de un contrato formal de prestación de servicios con una duración superior a un (1) mes, se entenderán como contratistas.

[5] http://portal.uexternado.edu.co/pdf/6_derechoSeguridadSocial/observatorio/publicaciones/boletines/boletin_11.pdf

Parágrafo 2°. Se entiende como contrato formal de prestación de servicios, aquel que conste por escrito. Tratándose de entidades o instituciones públicas, se entienden incluidos los contratos de prestación de servicios independientemente del rubro presupuestal con cargo al cual se efectúa el pago".

- Ley 797 de 2003, Por la cual se reforman algunas disposiciones del sistema general de pensiones previsto en la Ley 100 de 1993 y se adoptan disposiciones sobre los Regímenes Pensionales exceptuados y especiales, Art. 3: Afiliados. Serán afiliados al Sistema General de Pensiones:

En forma obligatoria: ... "las personas naturales que presten directamente servicios al Estado o a las entidades o empresas del sector privado, bajo la modalidad de contratos de prestación de servicios, o cualquier otra modalidad de servicios que adopten, los trabajadores independientes".

- Decreto Reglamentario 1406 de 1999, artículo 16, clasifica y define los trabajadores independientes como:

> "Se clasifica como trabajador independiente a aquel que no se encuentre vinculado laboralmente a un empleador, mediante contrato de trabajo o a través de una relación legal y reglamentaria.
>
> Se considerarán como trabajadores independientes aquellos que teniendo un vínculo laboral o legal y reglamentario, además de su salario perciban ingresos como trabajadores independientes".

Teniendo claro lo anterior, es importante indicar que el Código Sustantivo de Trabajo Colombiano, presume que toda relación de trabajo personal está regida por un contrato de trabajo[6].

Quien pretenda demostrar que no se trata de una relación de trabajo, deberá desvirtuar la concurrencia de los siguientes elementos esenciales:

> "a. La actividad personal del trabajador, es decir, realizada por sí mismo;
>
> b. La continuada subordinación o dependencia del trabajador respecto del empleador, que faculta a éste para exigirle el cumplimiento de órdenes, en cualquier momento, en cuanto al modo, tiempo o cantidad de trabajo, e imponerle reglamentos, la cual debe mantenerse por todo el tiempo de duración del contrato. Todo ello sin que afecte el honor, la dignidad y los derechos mínimos del trabajador en concordancia con los tratados o convenios internacionales que sobre derechos humanos relativos a la materia obliguen al país; y
>
> c. Un salario como retribución del servicio.
>
> Una vez reunidos los tres elementos de que trata este artículo, se entiende que existe contrato de trabajo y no deja de serlo por razón del nombre que se le dé ni de otras condiciones o modalidades que se le agreguen"[7].

Una vez determinada la calidad de contratista independiente es preciso indicar que para el desarrollo de su trabajo, esta población tiene "la obligación de estar afilia-

---

[6] Código Sustantivo de Trabajo Colombiano, Art. 24.
[7] Código Sustantivo de Trabajo Colombiano, Art. 23.

dos al sistema de seguridad social en salud, pensiones y riesgos laborales. Respecto de la afiliación a salud y pensiones, el contratista tiene la obligación de afiliarse y pagar, y a su vez el contratante tiene la obligación de verificar la afiliación y el pago correcto y oportuno de las contribuciones. Por su parte, en riesgos laborales, la afiliación del contratista independiente, para prestación de servicios de más de un mes, corre por cuenta del contratante, y el costo es asumido por el contratista, cuando la actividad es de riesgo bajo o medio (I al III); y del contratante para las actividades de alto riesgo (IV y V), en los cuales el contratante, además de afiliar, debe asumir el pago"[8].

En cuanto a la protección legal que reciben los contratistas independientes es preciso indicar que actualmente la Ley 1636 de 2013, establece los Mecanismos de Protección al Cesante mediante "los cuales garantiza la protección social de los trabajadores en caso de quedar desempleados, manteniendo el acceso a salud, el ahorro a pensiones, su subsidio familiar y el acceso a servicios de intermediación y capacitación laboral. Esto en pro de proteger a los trabajadores más vulnerables, manteniendo la calidad de vida y la formalización de los empleos. A través de este mecanismo se integran, además de los beneficios monetarios, los servicios de intermediación laboral y la capacitación brindada por el SENA y las Cajas de Compensación Familiar. Para acceder a estos beneficios el trabajador independiente deberá demostrar:

- Que su contrato haya cumplido con el plazo de duración pactado y no cuente con ningún otro o no cuente con ninguna fuente de ingresos.
- Que hayan realizado aportes durante dos años, continuos o discontinuos, a una Caja de Compensación Familiar en el transcurso de los últimos tres años para el caso de los trabajadores dependientes.
- Inscribirse en cualquiera de los servicios de empleo autorizados pertenecientes a la Red de Servicios de Empleo y desarrollar la ruta hacia la búsqueda de empleo.
- Estar inscrito en programas de capacitación y re-entrenamiento en los términos dispuestos por la reglamentación que expida el Gobierno Nacional.
- Para tener derecho al incentivo monetario por el ahorro voluntario de sus cesantías, quienes devenguen hasta dos SMMLV deberán haber ahorrado como mínimo el 10% del promedio de su salario mensual del último año. Para quienes devenguen más de 2 SMMLV el ahorro mínimo deberá ser de 25%"[9].

Finalmente, es preciso indicar que la protección de los derechos de los contratistas independientes está confiada en nuestro país a la jurisdicción ordinaria, en sus especialidades laborales y de seguridad social, quien "es la encargada de resolver los conflictos jurídicos que se originan en el reconocimiento y pago de honorarios o remuneraciones por servicios personales de carácter privado, cualquiera que sea la relación que los motive"[10].

No obstante lo anterior, es preciso indicar que la Corte Constitucional Colombiana ha adoptado decisiones en las cuales ha tutelado el derecho el derecho al trabajo y

---

[8] http://www.ambitojuridico.com/BancoConocimiento/Laboral-y-Seguridad-Social/los-contratistas-independientes-y-su-seguridad-social-integral.asp?Miga=1

[9] file:///C:/Users/steff_000/Downloads/Abece%20Mecanismo%20Proteccion%20al%20Cesante%20(1).pdf

[10] Código Procesal del Trabajo y de la Seguridad Social

otros derechos fundamentales de los trabajadores independientes, tal como se indicará a continuación.

III. ANÁLISIS JURISPRUDENCIAL: "PROTECCIÓN DEL DERECHO AL TRABAJO Y OTROS DERECHOS FUNDAMENTALES DE LOS TRABAJADORES INDEPENDIENTES EN COLOMBIA"

3.1. Derecho al trabajo en los trabajadores independientes bajo la Constitución política de 1991

La Corte Constitucional desde sus inicios ha indicado que "el derecho al trabajo, por su parte, garantiza al individuo la posibilidad de ejercer libremente una actividad económica con miras a asegurar su existencia material en un plano de sociabilidad. No sólo la actividad laboral subordinada está protegida por el derecho fundamental al trabajo. El trabajo no subordinado y libre, aquel ejercido de forma independiente por el individuo, está comprendido en el núcleo esencial del derecho al trabajo. La Constitución más que al trabajo como actividad abstracta protege al trabajador y su dignidad. La creciente intervención del Estado en la esfera de la personalidad, -principalmente por la complejidad de la vida económica, el desempleo, el desarrollo de la tecnología, el marginamiento y la pobreza- ha llevado al constituyente a consagrar y proteger este derecho fundamental de aplicación inmediata"[11].

En relación con todas las modalidades de trabajo, la Corte Constitucional manifestó: "el mandato constitucional de brindar especial protección al trabajo implica dos tipos de responsabilidades para el Estado. Por un lado, el deber de promover las condiciones que permitan a todas las personas que lo requieran acceder a un trabajo para generar los ingresos necesarios y, por otro, velar porque el trabajo se desarrolle en condiciones de dignidad, particularmente cuando se realiza bajo subordinación y dependencia, dado que, en ese escenario, se presenta una contraposición de intereses, dentro de la cual el trabajador es el extremo más débil.

El deber de promover el empleo, en cualquiera de sus formas, responde a un imperativo de la dignidad de la persona humana, porque busca dar una respuesta, no sólo a los requerimientos materiales de las personas, sino también a sus necesidades de autosuficiencia, realización personal y contribución a la vida social.

A su vez, la garantía de las condiciones de dignidad en el trabajo, implica promover una cultura laboral acorde con las mismas, definir un mínimo de derechos del trabajador y aplicar el poder del Estado para proscribir las conductas contrarias a ese mínimo, así como para señalar el marco obligatorio dentro del cual deben desenvolverse las distintas modalidades de trabajo. Esta última dimensión tiene particular sentido cuando existe oposición de intereses y se interviene en favor del extremo más débil de la relación"[12].

---

[11] Corte Constitucional, Sentencia T-475-92, Magistrado Ponente: Dr. EDUARDO CIFUENTES MUÑOZ.

[12] Corte Constitucional, Sentencia C-645-11, Magistrado Ponente: GABRIEL EDUARDO MENDOZA MARTELO.

3.2. Elementos definitorios del contrato de prestación de servicios y sus diferencias con el contrato de trabajo

Frente a este punto la Corte Constitucional en Sentencia C-154 de 1997, al estudiar la constitucionalidad de algunas expresiones contenidas en el numeral 3o. del artículo 32 de la Ley 80 de 1993, "Estatuto General de Contratación de la Administración Pública", indicó lo siguiente:

> "El elemento de subordinación o dependencia es el que determina la diferencia del contrato laboral frente al de prestación de servicios, ya que en el plano legal debe entenderse que quien celebra un contrato de esta naturaleza, como el previsto en la norma acusada, no puede tener frente a la administración sino la calidad de contratista independiente sin derecho a prestaciones sociales; a contrario sensu, en caso de que se acredite la existencia de un trabajo subordinado o dependiente consistente en la actitud por parte de la administración contratante de impartir órdenes a quien presta el servicio con respecto a la ejecución de la labor contratada, así como la fijación de horario de trabajo para la prestación del servicio, se tipifica el contrato de trabajo con derecho al pago de prestaciones sociales, así se le haya dado la denominación de un contrato de prestación de servicios independiente. Así las cosas, la entidad no está facultada para exigir subordinación o dependencia al contratista ni algo distinto del cumplimiento de los términos del contrato, ni pretender el pago de un salario como contraprestación de los servicios derivados del contrato de trabajo, sino, más bien, de honorarios profesionales a causa de la actividad del mandato respectivo"[13].

Bajo la misma línea, la Corte Constitucional se pronunció al estudiar la demanda de inconstitucionalidad contra el artículo 9º (parcial), del Decreto Ley 1281 de 1994, "Por el cual se reglamentan las actividades de alto riesgo, manifestando:

> "Los trabajadores independientes no se encuentran vinculados mediante un contrato de trabajo, porque desarrollan, en favor de una o varias personas, en virtud de una relación o relaciones jurídicas regidas por normas civiles, comerciales u otras, una labor o actividad laboral, en forma personal o con el concurso de otras personas, con completa independencia y autonomía, sin encontrarse sujetos a poder jurídico de subordinación o dependencia alguno. En el desarrollo de la actividad laboral del trabajador independiente, no interesa propiamente la disponibilidad de su fuerza de trabajo con respecto a la persona que lo contrata sino que lo relevante es el resultado específico concreto logrado con dicha actividad"[14].

3.3. Protección a los honorarios como única fuente de ingresos

La Corte Constitucional en sentencia T- 725 de 2014, estudio el caso de un ciudadano que interpuso una acción de tutela contra un juzgado, "por considerar que este

[13] Corte Constitucional, Sentencia C-154-97, Magistrado Ponente: Dr. HERNANDO HERRERA VERGARA.

[14] Corte Constitucional, Sentencia C-333.03, Magistrada Ponente: Dra. CLARA INÉS VARGAS HERNÁNDEZ.

había vulnerado su derecho fundamental al mínimo vital cuando, intentando asegurar el cumplimiento de una sentencia condenatoria proferida en un proceso ejecutivo que adelantaba en su contra, ordenó el embargo del cien por ciento (100%) de los honorarios que percibía de un contrato de prestación de servicios y que constituían su único ingreso.

En este caso, el Honorable Tribunal Constitucional reiteró los Límites constitucionales aplicables al embargo de salarios y honorarios, señalando:

> "Si bien es cierto que no se debe presumir la afectación al mínimo vital del contratista con ocasión del embargo de sus honorarios, cuando este acredita siquiera sumariamente que esta es su única fuente de ingresos, se debe (i) evitar el embargo total o parcial de dicha acreencia cuando es inferior al salario mínimo legal mensual vigente; (ii) restringir el embargo hasta la quinta parte del monto que excede el salario mínimo, y (iii) permitir el embargo de hasta el cincuenta por ciento (50%) de los honorarios únicamente cuando se busca el pago de deudas contraídas con cooperativas legalmente autorizadas, o para cubrir pensiones alimenticias que se deban de conformidad con los artículos 411 y concordantes del Código Civil.

Dando aplicación a esta regla, diferentes Salas de Revisión de esta Corporación han hecho extensiva la protección del salario del trabajador a los honorarios de los contratistas cuando su sostenimiento económico depende directamente del pago de dicha prestación. Así, por ejemplo, en la Sentencia T-309 de 2006 se consideró que el embargo del cien por ciento (100%) de los honorarios de una persona vulneraba su derecho fundamental al mínimo vital pues de estos dependía su sostenimiento y el de todo su núcleo familiar. A este respecto, señaló:

> "Si bien resulta razonable, en abstracto, no hacer extensivas las normas laborales que restringen el porcentaje en que puede ser embargado el salario de un trabajador, al caso del embargo de honorarios que se perciben como retribución de un contrato de prestación de servicios, el juez no puede dejar de lado las circunstancias concretas del asunto sometido a su juicio, so pena de tomar una decisión que resulte desproporcionada y, en consecuencia, lesione los derechos fundamentales de las partes. Esto fue lo que ocurrió en el presente asunto, pues la peticionaria se encontraba, al momento del decreto del embargo del 100% de sus honorarios, como responsable exclusiva de la subsistencia de su núcleo familiar conformado por su esposo y sus dos hijos menores de edad, en tanto su esposo se encontraba desempleado. Entonces, se reitera, no era válido a la luz de los principios constitucionales, embargar la totalidad de los ingresos mensuales con los que contaba una familia para cubrir sus necesidades básicas de alimentación, vestido, educación, servicios públicos domiciliarios, etc. Ello es así, en consideración a que en un Estado Social de Derecho, las autoridades públicas deben propender por la protección de los derechos de los administrados, sin que estos se vean en la necesidad de acudir a la acción de tutela por la vulneración de estos derechos".

Posteriormente, en la Sentencia T-788 de 2013 la Sala Tercera de Revisión se ocupó del caso de una contratista a la que, por no haber cumplido con la totalidad de sus obligaciones tributarias, sus honorarios le fueron embargados en un proceso administrativo de cobro iniciado por la DIAN. A pesar de constatar que el juez que decretó la medida cautelar respetó las restricciones legales relacionadas, encontró que este no tuvo en cuenta que los honorarios embargados representaban la única fuente de sostenimiento del núcleo familiar de la actora y, por ende, vulneró su derecho fundamental al mínimo vital. Al abordar el caso concreto, señaló lo siguiente:

Si bien tanto el salario como los honorarios buscan retribuir el trabajo realizado, se diferencian en que el primero se enmarca en una relación contractual en la que existe subordinación y exclusividad, elementos que no se presentan en los segundos; en ese orden, desde una perspectiva lógica estas dos clases de remuneraciones son asimilables para efectos de la aplicación de restricciones al decreto de medidas cautelares, cuando una persona perciba honorarios producto de un único contrato del cual derive su subsistencia y agote la totalidad de su tiempo en el desarrollo de éste, pues las consecuencias del embargo de su fuente de ingresos serían equivalentes a los perjuicios que sufriría un trabajador si fuera afectado su salario. En resumen, en los eventos en los que se decrete el embargo de honorarios, y estos puedan ser asimilables al salario, el ciudadano afectado puede acudir ante la autoridad pública y colocar de presente su situación, la cual deberá ser atendida y resuelta teniendo en cuenta si la medida cautelar vulnera sus derechos fundamentales, debiéndose limitar o levantar según sea el caso, ya sea aplicando una excepción de inconstitucionalidad, conforme al Artículo 4 superior, o una analogía legal"[15].

3.4. Protección a la maternidad en los contratos de prestación de servicios

> "La Corte ha dispuesto que el principio de estabilidad laboral reforzada se predica de todos los contratos, con independencia de su tipo o clase y de que el empleador sea público o privado, dado que la fuente de protección es la condición de mujer gestante y los derechos del que está por nacer, de manera que por tal estado biológico no se presente ruptura abrupta del vínculo laboral y, consecuentemente, de los recursos necesarios para su subsistencia y atención integral"[16].

Por otro lado, la Corte ha establecido que "tratándose de mujeres embarazadas que mantienen una relación civil en contratos de prestación de servicios, se debe aplicar el principio de estabilidad laboral reforzada y se debe ordenar la renovación del contrato. Así lo ha desarrollado la jurisprudencia:

Tal estabilidad se predica también para los contratos de prestación de servicios, en los cuales a pesar de conocerse que su naturaleza no genera una relación laboral de subordinación, se debe aplicar el criterio establecido por la jurisprudencia mediante el cual se ha dicho para los contratos a término fijo que el solo vencimiento del plazo o del objeto pactado, no basta para no renovar un contrato de una mujer embarazada.

[15] Corte Constitucional, Sentencia, T-725-14, Magistrado Ponente: MARÍA VICTORIA CALLE CORREA.

[16] Corte Constitucional, Sentencia, T-105-11, Magistrado Ponente: NILSON PINILLA PINILLA.

Lo anterior, teniendo en cuenta los principios de estabilidad laboral y primacía de la realidad sobre las formalidades establecidas por las partes del contrato laboral; tal figura se aplica siempre que al momento de la finalización del plazo inicialmente pactado subsistan la materia de trabajo y las causas que los originaron y el trabajador haya cumplido efectivamente sus obligaciones, a éste se le deberá garantizar su renovación.

Así, la jurisprudencia constitucional sintetiza la protección tutelar para la estabilidad laboral reforzada de la mujer embarazada, en las siguientes reglas: "(i) Que el despido o la desvinculación se ocasione durante el embarazo o dentro del período de lactancia; (ii) que la desvinculación se produjo sin los requisitos legales pertinentes para cada caso; (iii) que el empleador conozca o deba conocer el estado de embarazo de la empleada o trabajadora; (iv) que el despido amenace el mínimo vital de la actora o que la arbitrariedad resulta evidente y el daño que apareja sea devastador, y que (v) que al momento del retiro de la trabajadora embarazada subsistan las causas del contrato de trabajo y no haya una causal objetiva o relevante que justifique el retiro"[17].

3.5. Derecho al trabajo en personas en situación de discapacidad vinculadas por contrato de prestación de servicios

La jurisprudencia constitucional ha sostenido que la garantía de la estabilidad en el empleo se predica de todos los trabajadores independientemente de la modalidad del contratos que se haya celebrado o el tipo de relación laboral que se establezca en tanto lo que se busca es asegurar al empleado la certeza mínima de que el vínculo laboral contraído no se romperá de manera abrupta y sorpresiva, de manera tal que este no quede expuesto, en forma permanente, a perder su trabajo y con los ingresos que permiten su propio sustento y el de su familia, por la decisión arbitraria del empleador.

La Corte también ha extendido la presunción legal que opera en la legislación laboral para la mujer durante el embarazo y el periodo de lactancia, de forma tal que, se presume que el despido o la terminación del contrato de trabajo se produjo como consecuencia de su discapacidad. Ello, por cuanto, exigir la prueba de la relación causal existente entre la condición física, sensorial o sicológica del trabajador y la decisión del empleador constituye una carga desproporcionada para una persona que se encuentra en una situación de vulnerabilidad evidente. Por tanto, una vez se establece que el despido o la terminación del contrato de trabajo de una persona discapacitada se produjo sin previa autorización del Ministerio de la Protección Social, el juez constitucional debe presumir que la causa fue la discapacidad que lo afecta, lo que en ocasiones, puede surgir como consecuencia de la labor desempeñada en desarrollo de la relación laboral.

De conformidad con lo expuesto, para el reconocimiento del derecho a la estabilidad laboral reforzada de un trabajador que se encuentre en condiciones de debilidad manifiesta, es necesario establecer el nexo de causalidad entre los siguientes aspectos:

---

[17] Corte Constitucional, Sentencia T-222-12, Magistrado Ponente: MAURICIO GONZÁLEZ CUERVO.

(i) Que el peticionario pueda considerarse una persona discapacitada, en estado de debilidad manifiesta o sujeto de especial protección;
(ii) Que el empleador tenga conocimiento de tal situación; y
(iii) Que la terminación del contrato o la desvinculación laboral se lleve a cabo sin permiso de la autoridad laboral competente.

Verificados tales presupuestos, corresponde al juez constitucional proteger los derechos fundamentales del peticionario, declarando la ineficacia del despido, obligando al empleador a reintegrarlo, de ser necesario reubicarlo y en caso de no haberse verificado el pago de la indemnización prevista por el inciso segundo del artículo 26 de la ley 361 de 1997, deberá igualmente condenar al empleador al pago de la misma. Sin embargo, hay ocasiones en las que no es posible o conveniente el reintegro del trabajador, caso en el cual la Corte ha recurrido a alternativas, igualmente válidas, para restablecer al máximo posible, los derechos del trabajador. En sentencia T-529 de 2011, esta Corporación señaló al respecto:

> "A pesar de esto, debe tenerse en cuenta que en ocasiones, la solución comúnmente utilizada por la jurisprudencia para el restablecimiento de los derechos vulnerados, el reintegro, no es la más adecuada, caso en el cual la Corte ha recurrido a mecanismos alternativos, buscando el restablecimiento de la situación del accionante. La primera opción en este caso sería buscar la reubicación del trabajador a un puesto de trabajo compatible con sus condiciones de salud, en los términos previstos en el artículo 8° de la Ley 776 de 2002. La protección de este derecho, se justifica en cuanto desarrolla el principio de solidaridad y el respeto a la dignidad e igualdad de la persona afectada, con el fin de permitir que pueda potencializar su capacidad productiva y realizarse profesionalmente pese a la disminución que le sobrevino, de forma que se concilien los intereses del empleador de maximizar la productividad de sus funcionarios y los del trabajador en el sentido de conservar un trabajo en condiciones dignas. Sin embargo, muchas veces tampoco es viable la reubicación del trabajador por la inconveniencia de la medida para él, o imposibilidad de cumplirlo para el empleador, en cuyo caso ha debido recurrir la Corte a soluciones intermedias que permitan obtener la realización de los derechos fundamentales del solicitante. En algunos casos, la inexistencia de la empresa para la que laboraba el trabajador desvinculado, por su liquidación, la terminación de la obra para la que se conformó la empresa o bien la persistencia de la incapacidad absoluta para trabajar del accionante, han conducido a la Corte a aplicar alternativas distintas al reintegro o la reubicación, vislumbrando la compensación salarial y la indemnización contemplada en el artículo 26 de la Ley 361 de 1997, como opciones de último recurso".

De conformidad con lo anterior, es posible concluir que en virtud del derecho a la estabilidad laboral reforzada, el trabajador que se encuentre en una situación de debilidad manifiesta como resultado de la grave afectación de su salud, tiene derecho a conservar su trabajo, a no ser despedido en razón de su situación de vulnerabilidad y a permanecer en él siempre que sea posible y haya cumplido de manera adecuada sus funciones, hasta que se configure una causal objetiva que amerite su desvinculación laboral, previa verificación y autorización de la autoridad laboral correspondiente. En caso de que se omita este presupuesto, por vía de interpretación jurisprudencial la Corte Constitucional ha considerado procedente la solicitud de reintegro por tutela"[18].

3.6. Tratamiento de la mora en el pago de cotizaciones al Sistema General de Pensiones por parte del trabajador independiente

La Corte Constitucional en Sentencia T-377-15[19], señala que "en la actualidad es plausible que un trabajador independiente, a pesar de no haber realizado el pago de sus aportes en forma oportuna, salde su deuda con el sistema y obtenga, tras el correspondiente pago de los intereses y de la actualización monetaria que ello implica, el reconocimiento de los periodos que trabajó, pero omitió sufragar en su debido momento. Destaca que de acuerdo con lo dispuesto en el artículo 7 del Decreto 3085 de 2007, se establece expresamente que los trabajadores independientes sí pueden pagar los intereses por la mora en la que incurran y que estos se constituirán siempre desde el momento en el que, teniendo la obligación de cotizar, el trabajador omitió hacer el pago correspondiente.

IV. CONCLUSIONES

1. En Colombia de acuerdo con el DANE (Departamento Administrativo Nacional de Estadística) a febrero de 2016, la población ocupada en empleos independientes es del 51,6% del total nacional, teniendo un porcentaje altamente significativo, los trabajadores por cuenta, quienes constituyen el 43,1% de la población ocupada.
2. Para efectos de trabajadores autónomos económicamente dependientes, es preciso indicar que en Colombia no se hace referencia ni hay legislación específica que proteja esta categoría de trabajadores, sin embargo, en la normatividad, es se hace referencia al concepto de contratistas independientes, definidos de manera general como aquellas personas que contratan la ejecución de una o varias obras o la prestación de servicios en beneficios de terceros, por un precio determinado, asumiendo todos los riesgos, para realizarlos con sus propios medios y con libertad y autonomía técnica y directiva.
3. Conforme al principio de progresividad, actualmente los trabajadores independientes deben estar afiliados obligatoriamente al Sistema General de Seguridad Social Integral en Salud, Pensiones, y Riesgos Laborales. El pago de la Cotización en Salud, Pensión y Riesgos Laborales (Nivel I, II y III) corresponde al Contratista y en actividades de alto riesgo (IV y V) corresponde al contratante.

---

[18] Corte Constitucional, Sentencia T-613-11, Magistrado Ponente: Dr. MAURICIO GONZÁLEZ CUERVO.

[19] Corte Constitucional, Sentencia T-377-15, Magistrado Ponente: Dr. ALBERTO ROJAS RÍOS. Sentencia disponible en la Web oficial de la Corte Constitucional Colombiana: *http://www.corteconstitucional.gov.co/relatoria/2015/T-377-15.htm*.

4. La ley 1636 de 2013, incluye a los trabajadores independientes como beneficiarios de los Mecanismos de Protección al Cesante, en caso de terminación del contrato de prestación de servicios, sin tener otra fuente de ingresos, a través de estos mecanismos se garantiza la protección social de los trabajadores manteniendo el acceso a salud, el ahorro a pensiones, su subsidio familiar y el acceso a servicios de intermediación y capacitación laboral, siempre y cuando se cumplan con los requisitos establecidos en la norma anteriormente referida.
5. De manera general, la protección de los derechos de los contratistas independientes está confiada en nuestro país a la jurisdicción ordinaria, en sus especialidades laborales y de seguridad social, quien "es la encargada de resolver los conflictos jurídicos que se originan en el reconocimiento y pago de honorarios o remuneraciones por servicios personales de carácter privado, cualquiera que sea la relación que los motive.
6. La Corte Constitucional de Colombia ha señalado que la protección del derecho al trabajo no es exclusiva del trabajo subordinado o dependiente, por el contrario, ha indicado que la Constitución protege todas las modalidades de trabajo incluido el trabajo independiente, a quienes de acuerdo con lo señalado en el documentos se les ha reconocido la garantía de una remuneración mínima, proscribiendo el embargo de honorarios del 100%, cuando estos son la única fuente de ingresos del contratista; en igual forma, ha protegido el derecho a la estabilidad laboral reforzada en mujeres en estado de embarazo y personas en situación de discapacidad, sin discriminar la modalidad de contratación por servicios, finalmente, se señala la posibilidad que tienen los trabajadores independientes de ponerse al día con la mora de las cotizaciones en el Sistema General de Pensiones, para cubrir las contingencias que en un futuro se les pueda presentar.

V. BIBLIOGRAFÍA Y REFERENCIAS JURISPRUDENCIALES

Constitución Política de Colombia de 1991. Disponible en la página web: *http://www.secretariasenado.gov.co/senado/basedoc/constitucion_politica_1991.html.*

Código Sustantivo del Trabajo y Código Procesal del Trabajo y de la Seguridad Social, Edición 37, Legis Editores S.A, 2016.

Ley 797 de 2003. Disponible en la página web: *http://www.alcaldiabogota.gov.co/sisjur/normas/Norma1.jsp?i=7223.*

Decreto 723 de 2013. Disponible en la página web: *http://www.alcaldiabogota.gov.co/sisjur/normas/Norma1.jsp?i=52627.*

Decreto 1406 de 1999. Disponible en la página web: *http://www.alcaldiabogota.gov.co/sisjur/normas/Norma1.jsp?i=13585.*

Ley 1636 de 2013. Disponible en la página web: *http://wsp.presidencia.gov.co/Normativa/Leyes/Documents/2013/LEY%201636%20DEL%2018%20DE%20JUNIO%20DE%202013.pdf.*

Sentencia Corte Constitucional, C-645-11, Magistrado Ponente: Dr. GABRIEL EDUARDO MENDOZA MARTELO. Sentencia disponible en la Web oficial de la Corte Constitucional Colombiana: *http://www.corteconstitucional.gov.co/RELATORIA/2011/C-645-11.htm.*

Corte Constitucional, Sentencia T-475-92, Magistrado Ponente: Dr. EDUARDO CIFUENTES MUÑOZ. Sentencia disponible en la Web oficial de la Corte Constitucional Colombiana: *http://www.corteconstitucional.gov.co/relatoria/1992/T-475-92.htm.*

Corte Constitucional, Sentencia C-154-97, Magistrado Ponente: Dr. HERNANDO HERRERA VERGARA. Sentencia disponible en la Web oficial de la Corte Constitucional Colombiana: *http://www.corteconstitucional.gov.co/relatoria/1997/c-154-97.htm.*

Corte Constitucional, Sentencia C-333-03, Magistrada Ponente: Dra. CLARA INÉS VARGAS HERNÁNDEZ. Sentencia disponible en la Web oficial de la Corte Constitucional Colombiana: *http://corteconstitucional.gov.co/relatoria/2003/C-333-03.htm.*

Corte Constitucional, Sentencia, T-725-14, Magistrado Ponente: MARÍA VICTORIA CALLE CORREA. Sentencia disponible en la Web oficial de la Corte Constitucional Colombiana: *http://www.corteconstitucional.gov.co/relatoria/2014/T-725-14.htm.*

Corte Constitucional, Sentencia, T-105-11, Magistrado Ponente: NILSON PINILLA PINILLA. Sentencia disponible en la Web oficial de la Corte Constitucional Colombiana: *http://www.corteconstitucional.gov.co/relatoria/2011/T-105-11.htm.*

Corte Constitucional, Sentencia T-222-12, Magistrado Ponente: MAURICIO GONZÁLEZ CUERVO. Sentencia disponible en la Web oficial de la Corte Constitucional Colombiana: *http://www.corteconstitucional.gov.co/RELATORIA/2012/T-222-12.htm.*

Corte Constitucional, Sentencia T-613-11, Magistrado Ponente: Dr. MAURICIO GONZÁLEZ CUERVO. Sentencia disponible en la Web oficial de la Corte Constitucional Colombiana: *http://www.corteconstitucional.gov.co/relatoria/2011/T-613-11.htm.*

Corte Constitucional, Sentencia T-377-15, Magistrado Ponente: Dr. ALBERTO ROJAS RÍOS. Sentencia disponible en la Web oficial de la Corte Constitucional Colombiana: *http://www.corteconstitucional.gov.co/relatoria/2015/T-377-15.htm.*

DANE, Boletín técnico, PRINCIPALES INDICADORES DEL MERCADO LABORAL, Bogotá, 31 de marzo de 2016. Disponible en la página web: *http://www.dane.gov.co/files/investigaciones/boletines/ech/ech/bol_empleo_feb_16.pdf.*

Universidad Externado de Colombia, BOLETÍN DEL OBSERVATORIO DEL MERCADO DE TRABAJO Y LA SEGURIDAD SOCIAL No.11, Bogotá, 2008. Disponible en la página web: |*http://portal.uexternado.edu.co/pdf/6_derechoSeguridadSocial/observatorio/publicaciones/boletines/boletin_11.pdf.*

Garcés Tatiana, "Los contratistas independientes y su seguridad social integral", Abril de 2016. Disponible en la página web: *http://www.ambitojuridico.com/BancoConocimiento/Laboral-y-Seguridad-Social/los-contratistas-independientes-y-su-seguridad-social-integral.asp?Miga=1.*

CAPÍTULO 7. LA CONTRATACIÓN TEMPORAL EN EL PERÚ. ENTRE LA FLEXIBILIZACIÓN LEGISLATIVA Y EL CONTROL JURISDICCIONAL

JAVIER H. ESPINOZA ESCOBAR[1]

[1] (*) Profesor principal de Derecho del Trabajo de la Facultad de Derecho de la Universidad Católica Santo Toribio de Mogrovejo - USAT. Master en Derecho del Trabajo y de la Seguridad Social a través de la Jurisprudencia por la Universidad Rey Juan Carlos (España). Magíster en Derecho con mención en Derecho de la Empresa por la Universidad de Piura. Miembro de la Sociedad Peruana de Derecho del Trabajo y de la Seguridad Social. Director del Laboratorio hispano- andino de Jurisprudencia Laboral y de Seguridad Social (Sección Perú).

objeto y/o naturaleza de los servicios que se requieren contratar corresponden a actividades ordinarias o permanentes. 2.2. Cuando, para eludir el cumplimiento de las normas laborales que obligarían a la contratación por tiempo indeterminado, el empleador aparenta o simula las condiciones que exige la ley para la suscripción de contratos de trabajo sujetos a modalidad. IV. APUNTES FINALES. BIBLIOGRAFÍA.

I. FUNDAMENTO CONSTITUCIONAL DE LA EXCEPCIONALIDAD DE LA CONTRATACIÓN TEMPORAL EN EL PERÚ

La Constitución peruana (en adelante, CP) establece en su artículo 22 que el trabajo "es un deber y un derecho. Es base del bienestar social y un medio de realización de la persona". Además, la citada norma reconoce que "El trabajo en sus diversas modalidades, es objeto de atención prioritaria del Estado" y que "ninguna relación laboral puede limitar el ejercicio de los derechos constitucionales, ni desconocer o rebajar la dignidad del trabajador" (art. 23). También, dispone que la Ley brindará al trabajador "adecuada protección contra el despido arbitrario" (art. 27).

Todas estas disposiciones constitucionales han sido interpretadas por el Tribunal Constitucional peruano (en adelante, TC) que, acudiendo a los Tratados Internacionales suscritos por el Perú, ha contribuido a la delimitación del contenido constitucional del derecho al trabajo. Así, según el TC, el derecho al trabajo posee dos aspectos: "el de acceder a un puesto de trabajo, por una parte y, por otra, el derecho a no ser despedido sino por causa justa"[2]. Esto es, el derecho al trabajo "se dirige a promover el empleo de quienes no lo tienen y a asegurar el mantenimiento del empleo de los que ya lo poseen"[3].

Es el artículo 7 del Protocolo Adicional a la Convención Americana sobre Derechos Humanos el que establece que el derecho al trabajo supone que "toda persona goce del mismo en condiciones justas, equitativas y satisfactorias" y obliga a los Estados a garantizar en sus legislaciones: "d. La estabilidad de los trabajadores en sus empleos, de acuerdo con las características de las industrias y profesiones y con las causas justas de separación". Con ello queda claro que (i) se busca la estabilidad de los contratos de trabajo proporcionada por la contratación a plazo indefinido y (ii) que la estabilidad se debe fijar en función de las características de las industrias y profesiones o, lo que es lo mismo, a la propia actividad empresarial. En ese sentido -afirma ARCE- "las causales de excepción a la contratación por tiempo indeterminado deben adecuarse a las necesidades empresariales de tipo temporal o transitorio"[4]. En esta

---

[2] Cfr., entre otras, la STC Exp. 00263-2012 -AA/TC- Caso Peralta Arapa (22/10/2012), fundamento jurídico 3.3.1.; STC Exp. 03631-2012-PA/TC - Caso Quispe Sosa (23/01/2013), fundamento jurídico 3.3.1.; STC Exp. 03052-2009-PA/TC - Caso Lara Garay (14/07/2010), fundamento jurídico 11.

[3] Cfr. NEVES MUJICA, J.: "Sentencia del Tribunal Constitucional: Caso Telefónica" en *Asesoría Laboral*, núm. 142, octubre, 2002, pág. 12.

[4] Cfr. ARCE ORTÍZ, E.: *La Contratación Temporal en el Perú*. Grijley, Lima, 2008, pág. 46.

norma internacional, además, se reconoce al principio de causalidad como la herramienta que permite controlar la actuación del empleador al momento de fijar la forma de contratación del personal así como al momento de dar por extinguida la relación laboral, convirtiéndose de esta forma en un límite al ejercicio abusivo del poder de dirección por parte del empleador.

Justamente, respecto de la contratación laboral, el artículo 4 de la Ley de Productividad y Competitividad Laboral[5] (en adelante, LPCL) establece que: "En toda prestación personal de servicios remunerados y subordinados se presume la existencia de un contrato de trabajo a plazo indeterminado".

Esto significa que, en el Perú, (i) se promueve la contratación a plazo indefinido o indeterminado[6], en tanto dota de mayor estabilidad en el empleo al trabajador; (ii) se presume, salvo prueba en contrario, que toda relación laboral es a plazo indeterminado, y; (iii) que el principio de primacía de la realidad cobra un protagonismo indiscutible en la determinación del tipo de contrato con el que se encuentra vinculado un trabajador a un empleador. Según el TC, el citado principio, se trata de "un elemento implícito en nuestro ordenamiento jurídico y, concretamente, impuesto por la propia naturaleza tuitiva de nuestra Constitución"; este principio determina que "[...] en caso de discordancia entre lo que ocurre en la práctica y lo que fluye de los documentos, debe darse preferencia a lo primero"[7]; es decir, a lo que sucede en el terreno de los hechos".

Siendo esta la regla general de contratación, la citada LPCL, en su artículo 4, ha recogido también la posibilidad de celebrar contratos a plazo fijo, sujetos a modalidad o a plazo determinado **"en los casos y con los requisitos que la presente ley establece"** (la negrita es nuestra). Esta precisión legislativa deja en evidencia dos situaciones: i) la contratación temporal constituye la excepción[8] y ii) solo se podrá acudir a ella en los casos y requisitos que la ley establece; esto es, siempre que exista una causa legal para ello y se cumpla con las formalidades requeridas. Y es que, como el propio TC agrega, "los contratos de trabajo señalados en el Título II del Decreto Supremo N.º 003-97-TR constituyen un listado cerrado y taxativo de supuestos de contratación temporal y, por ende, son los únicos tipos contractuales que el empleador puede utilizar para contratar un trabajador por plazo determinado, pues en caso contrario el contrato de trabajo celebrado será considerado como uno de duración indeterminada"[9].

---

[5] La Ley de Productividad y Competitividad Laboral, aprobada por el D.S. 003-97-TR que aprueba el Texto Único Ordenado del Decreto Legislativo 728, constituye la norma que regula de forma general, la contratación laboral en el Perú.

[6] Cfr. Casación Laboral Nº. 3568-2015-ICA (17.03.2016) en los seguidos por Luis Alberto Reyes Camasca contra la Corte Superior de Justicia de ICA, fundamento jurídico tercero.

[7] Cfr., entre otras, la STC Exp. 01388-2011-PA/TC - Caso Cabrera Horna (3/06/2011), fundamento jurídico 4. También, la STC Exp. 01863-2013-PA/TC – Caso Zapata Ramírez (28/01/2014), fundamento jurídico 3.3.2.

[8] En ese sentido ha afirmado ARCE que "por obra de la Constitución, la naturaleza excepcional de la contratación temporal se ha convertido en la piedra angular sobre la que debe construirse la regulación de la LPCL". Cfr. ARCE ORTÍZ, E.: *La Contratación (Op. Cit.)*, pág. 27.

[9] Cfr. STC Exp. N.° 03683-2012-PA/TC - Caso Córdova Guerrero (10.12.2012), fundamento jurídico 3.3.3).

Que la contratación a plazo indefinido sea la regla general y que el principio de causalidad rija en la contratación laboral en el Perú, ha sido reconocido también por el TC[10] pues "la duración del vínculo laboral debe ser garantizado mientras subsista la fuente que le dio origen". Por ello, "hay una preferencia por la contratación laboral por tiempo indefinido respecto de la de duración determinada, la que tiene carácter excepcional y procede únicamente cuando el objeto del contrato sea el desarrollo de labores con un alcance limitado en el tiempo, sea por la concurrencia de determinadas circunstancias o por naturaleza temporal o accidental del servicio que se va a prestar". Justamente por esa excepcionalidad, "la ley establece formalidades, requisitos, condiciones y plazos especiales para este tipo de contratos, e incluso sanciones cuando a través de éstos, utilizando la simulación o fraude, se pretende evadir la contratación por tiempo indeterminado".

Siendo este el marco constitucional y legal en el que se inserta la contratación temporal en el Perú, a continuación, revisaremos la específica regulación de este tipo de contratación y, posteriormente, se hará referencia a la labor judicial en la determinación de la real naturaleza de los contratos temporales, evidenciando las situaciones de desnaturalización de los contratos por fraude a la ley

II. SOBRE LA CONCURRENCIA NECESARIA DE LOS REQUISITOS DE ESCRITURALIDAD, DE FORMA Y DE FONDO EN LA CONTRATACIÓN TEMPORAL

1. La contratación temporal como herramienta de flexibilización laboral: Regulación excepcional y utilización ordinaria

La posibilidad de contratar personal a plazo indefinido o a plazo fijo debería guardar una lógica relación con las actividades que desarrolla la empresa, según su objeto social, sea que se trate de actividades permanentes o sea que se trate de actividades temporales.

En este sentido, la vocación de permanencia con la que nacen las empresas (salvo que su propio objeto social tenga un plazo determinado) y que se expresa en su objeto social establecido a plazo indeterminado genera como consecuencia que los puestos de trabajo destinados a hacer efectivo dicho objeto social reciban de aquel su carácter permanente y, por tanto, que la vinculación con la empleadora sea a plazo indeterminado.

Las labores temporales, en cambio, están relacionadas con las actividades estrictamente transitorias de cualquier empresa, complementando -más no oponiéndose- a las labores permanentes pues "los espacios de acción de las actividades permanentes y temporales son distintos y entran en juego separadamente, cada vez que lo requiera

[10] Cfr. STC Exp. 1874-2002-AA/TC – Caso Espichán Agapito (19/12/2003), fundamento jurídico 3. En el mismo sentido, STC Exp. 00131-2012-PA/TC – Caso Gallardo Atalaya (3/05/2012), fundamentos jurídicos 5 y 6.

la necesidad empresarial"[11]. Es sobre estas labores temporales en las que tiene cabida la contratación temporal dentro de un marco que respete no solo la realidad de la actividad empresarial propiamente dicha sino también las disposiciones constitucionales sobre contratación laboral. Sobre el particular, la Corte Suprema ha establecido que "la "temporalidad" en la contratación, no viene dada por la naturaleza jurídica de las labores realizadas (que en el marco del objeto social desarrollado por la empleadora pueden calificar como "permanentes"), sino que viene dada por las causas externas que la justifican y que determinan su origen y fin (término); en tanto, sería materialmente imposible mantener una relación laboral por tiempo indefinido cuando la causa que motivó el contrato hubiere desaparecido"[12].

A pesar de que en nuestro país se reconoce y regula la exigencia de causalidad como requisito esencial para la contratación temporal, "en la regulación de cada uno de los tipos contractuales que permiten la contratación a plazo fijo se aprecia una marcada intención por promover este tipo de contratos regulándolos de manera amplia, sin vincularlos, en algunos casos y necesariamente, a la naturaleza transitoria o temporal de las actividades productivas"[13]. Con ello, la propia legislación laboral se ha convertido en la herramienta utilizada para flexibilizar al máximo posible la contratación laboral con la finalidad de tornarla atractiva a las inversiones[14], buscando adaptar mejor el contrato a las necesidades que la empresa demanda, permitiendo la movilidad de la mano de obra y reduciendo de forma notable los costos laborales[15].

De acuerdo con el documento: "Perú: Evolución de los Indicadores de Empleo e Ingresos por Departamento, 2004-2014" elaborado por el INEI[16], de las 16 millones 396 mil 400 personas económicamente activas (esto es la población que participa en

---

[11] ARCE ORTÍZ, E.: *La contratación (...) Op. Cit.*, pág. 31.

[12] Casación laboral N° 3568-2015-ICA, (17.03.2016) en los seguidos por Luis Alberto Reyes Camasca contra la Corte Superior de Justicia de ICA, fundamento jurídico sexto. Pese a lo mencionado en esta Casación, PASCO afirma que existen situaciones que, por su propia naturaleza, imponen la transitoriedad de la contratación, tal como sucede con los trabajadores de construcción civil, los artistas y los deportistas en los que "la eventualidade es conatural al trabajo mismo y tiene carácter prácticamente universal, es decir, afecta a todas las plazas comprometidas". Cfr. PASCO COSMOPOLIS, M.: "Los contratos temporales. Exposición y crítica" en *Derecho PUCP*, núm. 68, año 2012, págs. 497-498.

[13] CUADROS LUQUE, F. y SÁNCHEZ REYES, C.: "La contratación temporal en el Perú: la informalidad escondida" Ubicado en http://www.comunidadandina.org/camtandinos/WebInicial/docs/Lacontrataciontemporal_Final_12-11-07.pdf.

[14] Así lo menciona TOYAMA quien refiriéndose la regulación de los contratos temporales en el Perú deja en evidencia que es nuestro país el que cuenta con el mayor número de modalidades contractuales temporales de América Latina (nueve modalidades más una cláusula abierta de contratación "siempre que su objeto sea de naturaleza temporal y por una duración adecuada al servicio que debe prestarse" (art. 82 LPCL). Cfr. TOYAMA MIYAGUSUKU, J.: *El Derecho Individual del Trabajo en el Perú. Un enfoque teórico práctico*, 1ª. Edición. Gaceta Jurídica, Lima, 2015, pág. 80.

[15] Cfr. VEGA RUIZ. M.: *La Reforma laboral en América Latina. Un análisis comparado*. OIT, Lima, 2001, pág. 25.

[16] INEI: *Perú: Evolución de los Indicadores de Empleo e Ingresos por Departamento, 2004-2014*. INEI, Lima, 2015. Ubicado en https://www.inei.gob.pe/media/MenuRecursivo/publicaciones_digitales/Est/Lib1294/

la generación de algún bien o en la prestación de un servicio) existentes en el país en el año 2014, se encuentran ocupados 15 millones 796 mil 900 personas (96,3%) y 599 mil 500 personas desocupados (3,7)".

Del total de la PEA, el número de trabajadores asalariados (esto es, los obreros y empleados que perciben una remuneración monetaria por su trabajo y los que siendo empleados u obreros reciben pago en especies), al año 2014, es de 7 millones 388 mil trescientas personas. De este total, cuentan con contrato, 4 millones 198 mil personas, de los cuales el 61,1% (2 millones 564 mil 100 personas) tienen contrato a plazo fijo, el 29,4% (1 millón 235 mil 300 personas) contrato indefinido, el 7,7% (323 mil 500 personas) contrato por locación de servicios y el 1,8% (75 mil 100 personas) otro tipo de contrato. Finalmente, no tienen ningún tipo de contrato 3 millones 089 mil personas. En el período 2005-2014, la población ocupada asalariada con contrato a plazo fijo creció a una tasa promedio anual de 9,5%, seguido por los asalariados con contratos indefinidos en 4,7% y los contratos mediante locación de servicios en 3,8%".

El cuadro que refleja tal información es como sigue:

Perú: Evolución de los indicadores de empleo e ingresos por departamento, 2004-2014

Cuadro N° 4.3
Perú: Población ocupada asalariada, según tipo de contrato y área urbana, 2005, 2009 y 2014
(Miles de personas)

Tipo de Contrato / Área urbana	2005	2009	2014	Tasa de crecimiento promedio anual (%) 2005-2014
Total	5 067,9	6 310,8	7 388,3	4,3
Con contrato	2 249,4	3 276,6	4 198,0	7,2
Contrato indefinido	818,4	1 114,6	1 235,3	4,7
Contrato a plazo fijo 1/	1 132,1	1 740,6	2 564,1	9,5
Contrato por locación de servicios	230,9	376,6	323,5	3,8
Otro 2/	67,9	44,7	75,1	1,1
Sin contrato	2 697,9	2 920,9	3 089,0	1,5
No especificado	120,7	113,4	101,2	-
Área urbana	4 279,9	5 410,0	6 450,2	4,7
Con contrato	2 052,9	3 040,2	3 919,3	7,4
Contrato indefinido	751,2	1 066,9	1 180,9	5,2
Contrato a plazo fijo 1/	1 015,9	1 614,2	2 381,5	9,9
Contrato por locación de servicios	220,8	317,3	283,4	2,8
Otro 2/	64,9	41,8	73,5	1,4
Sin contrato	2 109,3	2 259,5	2 432,8	1,6
No especificado	117,7	110,3	98,1	-

1/ Incluye: Régimen Especial de Contratación (CAS).
2/ Incluye: Periodo de prueba y Convenios de formación laboral juvenil. Hasta el año 2011 incluía Contrato de aprendizaje.
Fuente: Instituto Nacional de Estadística e Informática-Encuesta Nacional de Hogares.

Fuente: INEI: Perú: Evolución de los indicadores de empleo e ingresos por departamento, 2004-2014.

Como es evidente, con la apertura legal hacia los contratos temporales, ha sido esta la forma de contratación preferida por los empleadores (al 2014 el número de trabajadores contratados temporalmente dobla el número de trabajadores con contrato a plazo indeterminado), sea que exista o no[17], una causa objetiva, real y comprobable de contratación y pese a que, desde hace muchos años atrás, ha quedado demostrado que "la apertura de estas nuevas contrataciones y la flexibilidad no ha reducido el problema del empleo, ni tampoco parecen haber facilitado la formalización de las relaciones laborales; por el contrario, el mayor problema existente según las estadísticas sería las relaciones laborales no registradas"[18], tal como se puede comprobar con la visualización del cuadro pues al año 2014 de los 7 millones 388 mil trescientas personas asalariadas existen 3 089 000 (tres millones ochenta y nueve mil) asalariados sin contrato (41.8 % del total).

2. Los requisitos de existencia, de forma y de fondo para la contratación temporal

Además del artículo 4, en el que se reconoce la posibilidad de celebrar libremente contratos sujetos a modalidad, en los casos y con los requisitos que la Ley establece; la LPCL regula, de modo específico en su título II, los llamados "Contratos de trabajo sujetos a modalidad".

Los contratos de trabajo sujetos a modalidad, a tiempo determinado o a plazo fijo son aquellos que se celebran por un plazo determinado, de acuerdo con las causas contempladas en la ley y con los requisitos y formalidades que aquella establece. Este tipo de contratación "es la consecuencia de un nuevo contexto social y económico, que exige una mayor flexibilidad en la relación laboral, resultando viable en la medida que las circunstancias la justifiquen"[19]. De allí que, dada su naturaleza excepcional, se exige una serie de requisitos de existencia, de forma y de fondo "ante cuyo incumplimiento se debe declarar su invalidez, o mejor dicho, su desnaturalización"[20].

[17] De ello da cuenta DE LAS CASAS quien menciona que, pese a lo regulado en el Perú, los contratos temporales no son utilizados de manera correcta pues, en muchas ocasiones, no se celebran frente a las circunstancias excepcionales para los que fueron regulados en la legislación, sino que "contra lo que la norma pueda prever, las empresas buscan evitar contar con trabajadores contratados a plazo indeterminado". Según el citado autor, dos son los momentos que permiten sustentar el incremento de esta práctica empresarial: (i) con la reforma laboral de los años 90, en el que la aprobación automática de los contratos temporales presentados ante la Autoridad Administrativa de Trabajo y la evidente falta de fiscalización determinó un fuerte incremento en su uso; y, (ii) la Sentencia del caso Telefónica del año 2002 (STC 1124-2001-AA/TC) que determinó que se prefiera la contratación temporal ante la posibilidad que tenían los trabajadores de ser repuestos en su puesto de trabajo. Cfr. DE LAS CASAS DE LA TORRE UGARTE, O.: "La incorrecta utilización de los contratos temporales de trabajo" en *Derecho & Sociedad*, núm. 37, año 2011, págs. 126-127.

[18] Así lo mencionaba VEGA para quien los fines perseguidos por la utilización masiva de los Contratos a plazo fijo "parecen ser cuestionados, no solo desde el punto de vista de la protección social, sino también de su efectividad económica". Además, el uso abundante de los contratos a plazo fijo "puede acarrear complicaciones de gestión interna del personal y desestimular la inversión en formación de trabajadores, con lo cual se limitan, inevitablemente a un cierto plazo, la capacidad técnica de las empresas y las calificaciones técnicas que los mercados internacionales pueden requerir". Cfr. VEGA RUIZ, M.: *La Reforma (...) Op. Cit.*, pág. 29.

[19] Cfr. Casación laboral N°. 45-2012- la Libertad (13.06.2012), en los seguidos por doña Gicela Paola Bringas Romero contra el Poder Judicial, fundamento jurídico tercero.

[20] Cfr., por todas, la Casación Laboral N°. 12897-2013-Junín (23.06.2014) en los seguidos por Javier José Ancieta y otros contra La Corte Superior de Justicia de Junín, fundamento jurídico cuarto. En el mis-

2.1. *El requisito de la escrituralidad*

Está previsto en el ya mencionado artículo 4 y en el artículo 72[21] de la LPCL. De ambas disposiciones se desprende que los contratos temporales o modales "necesariamente deben ser celebrados bajo una forma o expresión escrita, constituyendo, por tanto, una formalidad *ad solemnitatem* determinante para la existencia jurídica válida de este tipo de contratación"[22].

ARCE, encuentra razonable que esta exigencia legal se imponga como necesaria, pues "dado que se hace uso de una atribución legal especial y extraordinaria, es lógico que se quiera, a través de la escritura, reforzar la actuación tanto del objeto como de la duración del contrato"[23]. Y es que, como es evidente, el objeto del contrato (directamente relacionado con la causa del mismo) y su duración, deben estar expresamente consignados en el mismo como una garantía a favor del trabajador pues, además de hacerle conocer las condiciones en las que prestará el servicio al empleador, facilita *ex post* el control de la contratación laboral, a nivel administrativo[24] o judicial.

2.2. *El (extinto) requisito de forma*[25]

Se encuentra regulado en el artículo 73[26] de la LPCL. Se refiere al "registro de los contratos modales ante la Autoridad Administrativa de Trabajo"[27], esto es, de la comunicación a la Autoridad Administrativa de Trabajo (en adelante, AAT) para fines de conocimiento y registro. Se trata de un requisito legal cuyo incumplimiento genera

---

mo sentido, la Casación Laboral N°. 3568-2015-ICA (17.03.2016) en los seguidos por Luis Alberto Reyes Camasca contra la Corte Superior de Justicia de ICA, fundamento jurídico cuarto.

[21] LPCL, artículo 72°.- Los contratos de trabajo a que se refiere este Título necesariamente deberán constar por escrito y por triplicado, debiendo consignarse en forma expresa su duración, y las causas objetivas determinantes de la contratación, así como las demás condiciones de la relación laboral.

[22] Casación Laboral N°. 12897-2013-Junín (23.06.2014) en los seguidos por Javier José Ancieta y otros contra La Corte Superior de Justicia de Junín, fundamento jurídico cuarto.

[23] Cfr. ARCE ORTÍZ, E.: *La contratación (...) Op. Cit.*, págs. 136-137.

[24] De acuerdo con el Protocolo 003-2016-SUNAFIL/INII aprobado por Resolución de Superintendencia N°. 071-2016-SUNAFIL, para la fiscalización de contratos de trabajo sujetos a modalidad, corresponde al Inspector de Trabajo verificar que los contratos de trabajo sujetos a modalidad consten necesariamente por escrito y por triplicado. (Ver 8.1.1.).

[25] Mientras se preparaba la presente contribución, con fecha 10 de noviembre de 2016 se publicó el Decreto Legislativo 1246 que aprueba diversas medidas de simplificación administrativa. Mediante esta norma con rango de ley se derogó la parte pertinente del art. 73 de la LPCL referida a la obligación empresarial de presentar los contratos de trabajo a plazo fijo ante la Autoridad Administrativa de Trabajo para su inscripción.

[26] LPCL, artículo 73°.- "Una copia de los contratos será presentada a la Autoridad Administrativa de Trabajo dentro de los quince días naturales de su celebración, para efectos de su conocimiento y registro. La Autoridad Administrativa de Trabajo puede ordenar la verificación posterior de la veracidad de los datos consignados en la copia a que se refiere el párrafo precedente, a efectos de lo dispuesto en el inciso d) del Artículo 77°, sin perjuicio de la multa que se puede imponer al empleador por el incumplimiento incurrido".

[27] Casación Laboral N°. 12897-2013-Junín (23.06.2014) en los seguidos por Javier José Ancieta y otros contra La Corte Superior de Justicia de Junín, fundamento jurídico cuarto.

responsabilidades frente a la AAT[28] que, de comprobar tanto el incumplimiento de la obligación de inscribir los contratos dentro de los 15 días naturales de su celebración como algún fraude en la celebración del contrato, podrá establecer las multas administrativas correspondientes, sin perjuicio de que, en este último caso, declare la desnaturalización del contrato y su conversión en uno a plazo indeterminado, en atención a lo regulado en el artículo 77.d) de la LPCL[29] y la aplicación de la presunción de laboralidad a plazo indeterminado regulada en el art. 4 de la misma norma.

2.3. *El requisito de fondo*

Está relacionado con el principio de causalidad objetiva previsto en los artículos 53[30] y el ya mencionado artículo 72 de la LPCL. Según este requisito, "la empleadora que contrata bajo modalidad debe fundamentar adecuadamente la causa o motivación que generó y justificó de manera razonable, la necesidad de emplear este tipo de contratos-como excepción que es- y no la contratación a plazo indefinido"[31]. Cabe precisar que las causas de contratación son las expresamente establecidas en la LPCL y no otras, de tal forma que se puede afirmar que en la contratación temporal en el Perú confluyen el principio de legalidad y el de causalidad[32].

3. La regulación de la "causa objetiva" como requisito esencial de las diversas modalidades de contratación a plazo fijo

El TC ha manifestado que "los contratos sujetos a un plazo tienen, por su propia naturaleza, un carácter excepcional y proceden únicamente cuando su objeto lo constituye el desarrollo de labores con un alcance limitado en el tiempo, sea por la concu-

---

[28] Así lo precisa el Protocolo 003-2016-SUNAFIL/INII aprobado por Resolución de Superintendencia Nº. 071-2016-SUNAFIL, para la fiscalización de contratos de trabajo sujetos a modalidad, pues el Inspector debe verificar que el empleador cumpla con el registro del contrato dentro de los quince (15) días naturales de su suscripción ante la AAT: (Ver 8.2.1.).

[29] Nos recuerda DE LAS CASAS que antes de la vigencia de la LPCL, el Decreto Ley 18138, Normas para el contrato individual a plazo fijo, estableció en su artículo 3 que "El contrato individual a plazo fijo o para una obra determinada, deberá constar por escrito y será necesariamente aprobado por la Autoridad Administrativa de Trabajo, quien deberá entregar una copia al trabajador y otra al empleador". Con ello se pasó de un sistema de aprobación previa a uno de aprobación automática que incrementó la preferencia por la contratación a plazo fijo por la ausencia de esta fiscalización administrativa.

[30] LPCL, artículo 53º.- Los contratos de trabajo sujetos a modalidad pueden celebrarse cuando así lo requieran las necesidades del mercado o mayor producción de la empresa, así como cuando lo exija la naturaleza temporal o accidental del servicio que se va a prestar o de la obra que se ha de ejecutar, excepto los contratos de trabajo intermitentes o de temporada que por su naturaleza puedan ser permanentes.

[31] Casación Laboral Nº. 12897-2013-Junín (23.06.2014) en los seguidos por Javier José Ancieta y otros contra La Corte Superior de Justicia de Junín, fundamento jurídico cuarto.

[32] En el Protocolo Nº 003-2016-SUNAFIL/INII, Protocolo para la Fiscalización de Contratos de Trabajo sujetos a modalidad, aprobado por resolución de Superintendencia Nº 071-2016-SUNAFIL, (Ver Definiciones, 4.2.) se establece que el requisito esencial del contrato de trabajo sujeto a modalidad es la causa objetiva.

rrencia de determinadas circunstancias o por la naturaleza temporal o accidental del servicio que se va a prestar"[33]; esto es, siempre que cuenten con una causa objetiva determinante de la contratación, en los términos regulados por la LPCL.

La causa objetiva de contratación debe entenderse como la razón suficiente que sustenta la contratación temporal. Esto es, la "situación prevista por la legislación que justifica la celebración de un contrato sujeto a modalidad y que debe consignarse en el contrato y verificarse en la práctica a efectos de cumplir con el principio de causalidad"[34].

Siendo así, será causa objetiva válida para contratar temporalmente aquella que:

(i) esté expresamente regulada en alguno de los supuestos de la LPCL;
(ii) esté expresamente consignada en el contrato de trabajo escrito y que coincida con alguna de las causas expresamente estipuladas en la ley;
(iii) sea una causa real y comprobable, esto es que no solo esté consignada "mecánicamente" en el contrato ni haya sido enunciada de forma genérica sino que se encuentre lo suficientemente desarrollada y especificada en el contrato[35], incluyendo las circunstancias puntuales que llevan al empleador a contratar bajo la modalidad elegida o, lo que es lo mismo, que haya sido precisada "de manera descriptiva"[36], y;
(iv) pueda ser factible de comprobación por parte del empleador en caso sea requerido por la AAT[37] o dentro de un proceso judicial en el que se demanda desnaturalización del contrato.

---

[33] Cfr. STC Exp. 01397-2001-AA/TC, Caso De la Cruz Pomasoncco y otros (9.10.2002), fundamento jurídico 3.

[34] Cfr. Protocolo N° 003-2016-SUNAFIL/INII, Protocolo para la Fiscalización de Contratos de Trabajo sujetos a modalidad, aprobado por resolución de Superintendencia N° 071-2016-SUNAFIL, (Definiciones, 4,1.).

[35] Así se ha precisado en el Protocolo para la fiscalización de contratos de trabajo sujetos a modalidad en el que se encarga al Inspector de trabajo la verificación de que los contratos de trabajo sujetos a modalidad "contengan una cláusula que detalle en forma clara y precisa su duración y las causas objetivas determinantes de la contratación, según el tipo de contrato" (Ver 8.1.2.).

[36] Cfr. Casación Laboral N°. 2365-2005-Lima (20.03.2007) publicada en el Diario Oficial El Peruano el 30 de noviembre de 2007. En el mismo sentido ha resuelto el TC cuando estableció que se "debe especificar la causa objetiva que justifique la contratación temporal, en cuyo caso debe entenderse que no bastará citar la definición de esta figura, sino que habrá que insertar en el documento los hechos que motivan la variación de la demanda en el mercado y sus efectos concretos para la empresa contratante", Cfr. STC Exp.00232-2010-PA/TC, Caso Becerra Lozada (21.09.2010), fundamento jurídico 6.

[37] Tal situación se ha evidenciado recientemente en la Resolución de Superintendencia N°. 071-2016-SUNAFIL que aprueba el Protocolo N°. 003-2016-SUNAFIL/INII, Protocolo para la Fiscalización de contratos de trabajo sujetos a modalidad cuyo objetivo es contar con un instrumento técnico -normativo que establezca de forma clara y precisa las reglas y criterios específicos para el adecuado ejercicio de la función inspectiva en los procesos de verificación de los contratos sujetos a modalidad en los que el inspector verifique que tales contratos contengan una cláusula que detalle en forma clara y precisa su duración y las causas objetivas determinantes de la contratación (art. 8.1.2); asimismo, regula la facultad del Inspector de requerir la información idónea y pertinente que permita verificar la causa objetiva que sustenta el contrato modal (8.3.1.). En este Protocolo se especifican los documentos que el Inspector de

Lo anteriormente mencionado, también ha sido recogido por el TC que, al resolver un caso de desnaturalización de un contrato de trabajo por necesidades del mercado, estableció que se "debe especificar la causa objetiva que justifique la contratación temporal, en cuyo caso debe entenderse que no bastará citar la definición de esta figura, sino que habrá que insertar en el documento los hechos que motivan la variación de la demanda en el mercado y sus efectos concretos para la empresa contratante".

4. Modalidades de contratación temporal en el Perú

El artículo 53 de la LPCL, determina que "los contratos de trabajo sujetos a modalidad pueden celebrarse cuando así lo requieran las necesidades del mercado o mayor producción de la empresa, así como cuando lo exija la naturaleza temporal o accidental del servicio que se va a prestar o de la obra que se ha de ejecutar, excepto los contratos de trabajo intermitentes o de temporada que por su naturaleza puedan ser permanentes"[38]. De esta forma, en el Perú, se pueden celebrar contratos de naturaleza temporal, de naturaleza accidental y de obra o servicio[39].

De acuerdo con el Art. 54 de la LPCL, serán de naturaleza temporal el contrato por inicio o lanzamiento de una nueva actividad, el contrato por necesidades del mercado y el contrato por reconversión empresarial. Por su parte, según el artículo 55, serán de naturaleza accidental el contrato ocasional, el contrato de suplencia y el contrato de emergencia. Finalmente, según el artículo 56 de la LPCL, serán contratos de obra o servicio, el contrato específico, el contrato intermitente y el contrato de temporada.

Como bien explica ARCE, de esta lista tasada de contratos temporales regulados en la LPCL, son contratos "estrictamente temporales"[40], esto es, relacionados a "actividades transitorias o provisionales o no estables de la empresa": los contratos de obra determinada o servicio específico, el contrato por necesidades del mercado, el contrato ocasional, el contrato de suplencia y el contrato de emergencia. Son "contratos temporales desvirtuados"[41], esto es, aquellos "cuyos objetivos no están en la satisfacción de actividades coyunturales o extraordinarios ni tampoco en satisfacer necesidades

Trabajo puede solicitar a los empleadores para sustentar la existencia real de la causa de cada una de las modalidades de contratación.

[38] Cabe precisar que el artículo 80 de la LPCL también reconoce como un contrato temporal al contrato de régimen de exportación de productos no tradicionales regulado en el Decreto Ley 22342.

[39] El artículo 82 de la LPCL establece que "Cualquier otra clase de servicio sujeto a modalidad no contemplado específicamente en el presente título podrá contratarse, siempre que su objeto sea de naturaleza temporal y por una duración adecuada al servicio que debe prestarse", disposición que no puede interpretarse en el sentido de establecer la absoluta libertad para que las partes pacten relaciones laborales de plazo fijo sin fundamento legal sino más bien constituye "una remisión a las contrataciones temporales de los llamados regímenes especiales laborales" que también deben cumplir con la condición de temporalidad de la labor y una duración adecuada a la necesidad transitoria de la empresa. Cfr. ARCE ORTÍZ, E.: *La contratación (...) Op. Cit.*, págs. 53-54.

[40] Cfr. ARCE ORTÍZ, E.: *La contratación (...) Op. Cit.*, pág. 56.

[41] *Ibid*, pág. 93.

eventuales de las empresas, sino en otros objetivos de naturaleza política": el contrato por inicio o incremento de actividad, el contrato por reconversión empresarial y el contrato de industrias exportadoras de productos no tradicionales y de zonas francas. Finalmente, tal como se deduce del artículo 53 el contrato de temporada y el contrato intermitente, como lo establece no son propiamente contratos temporales en la medida que atienden necesidades de la empresa que por su naturaleza son permanentes o propias del giro de la empresa o establecimiento pero que son discontinuas o necesarias en determinadas épocas del año.

4.1. Contratos de naturaleza temporal

Tal como se ha mencionado, los contratos de naturaleza temporal regulados en la LPCL son el contrato por inicio o incremento de actividad, el contrato por necesidades del mercado y el contrato por reconversión empresarial.

4.1.1. Contrato temporal por inicio de una nueva actividad

Según lo establecido en el artículo 57 de la LPCL es aquél celebrado entre un empleador y un trabajador originados por el inicio de una nueva actividad empresarial. Su duración máxima es de tres años. Se entiende como nueva actividad, tanto el inicio de la actividad productiva, como la posterior instalación o apertura de nuevos establecimientos o mercados, así como el inicio de nuevas actividades o el incremento de las ya existentes dentro de la misma empresa.

Constituye un contrato temporal desvirtuado en la medida que, a través de él, se pueden contratar trabajadores para que realicen actividades permanentes de la empresa bajo el argumento causal descrito en el artículo antes mencionado, hasta por el lapso de tres años facilitando al empleador la posibilidad de extinguir las relaciones de trabajo sin que ello le signifique un mayor costo. De esta forma, el riesgo del negocio por un posible fracaso empresarial, se traslada -por mandato de la ley- a los trabajadores[42].

4.1.2. Contrato temporal por necesidades del mercado

Según se precisa en el art. 57 de la LPCL, es aquel que se celebra entre un empleador y un trabajador con el objeto de atender incrementos coyunturales de la producción originados por variaciones sustanciales de la demanda en el mercado aun cuando se trate de labores ordinarias que formen parte de la actividad normal de la empresa y que no pueden ser satisfechas con personal permanente. Este puede ser renovado sucesivamente hasta el término máximo establecido en el Artículo 74º de la LPCL, esto es 5 (cinco) años.

[42] Cfr. ARCE ORTÍZ, E.: *La contratación (...) Op. Cit.*, pág. 97.

Como corresponde a todos los contratos temporales, en este tipo de contratos deberá constar la causa objetiva que justifique la contratación temporal. Dicha causa objetiva deberá sustentarse en un incremento temporal e imprevisible del ritmo normal de la actividad productiva, con exclusión de las variaciones de carácter cíclico o de temporada que se producen en algunas actividades productivas de carácter estacional.

De la regulación de este tipo de contrato se desprende que los incrementos de la actividad empresarial deben ser coyunturales, esto es, producto de los factores y circunstancias que se presenten en un momento dado y que generan la necesidad de contratación; además, debe tratarse de incrementos transitorios o temporales e imprevisibles que dependen a su vez de factores externos -mas no internos- a la empresa en la medida que sean consecuencia de variaciones sustanciales (importantes o esenciales) de la demanda en el mercado.

4.1.3. Contrato por Reconversión Empresarial

En el art. 59 de la LPCL se regula este contrato cuya causa de contratación es la sustitución, ampliación o modificación de las actividades desarrolladas en la empresa, y, en general, toda variación de carácter tecnológico en las maquinarias, equipos, instalaciones, medios de producción, sistemas, métodos y procedimientos productivos y administrativos. Su duración máxima es de dos años.

Como precisa ARCE, en la medida que el ámbito de actuación del art. 59 que regula esta modalidad contractual se circunscribe a labores estables o permanentes de la empresa, estamos frente a otra modalidad desvirtuada pues será difícil que las reconversiones empresariales estén referidas a las labores transitorias o temporales[43].

4.2. Contratos de naturaleza accidental

4.2.1. Contrato Ocasional

Según el art. 60 de la LPCL, se trata de un contrato celebrado entre un empleador y un trabajador para atender necesidades transitorias distintas a la actividad habitual del centro de trabajo. La transitoriedad misma de la necesidad de contratación y su no relación con las actividades permanentes de la empresa puede provenir de situaciones externas a la empresa (mercado) o en situaciones relacionadas con la propia organización empresarial (gestión al interior de la empresa) pero que no posean una gran entidad. De allí que su duración máxima es de seis meses al año.

4.2.2. Contrato de Suplencia

El objeto de este contrato -según se determina en el art. 61 de la LPCL, es que el trabajador temporal contratado sustituya a un trabajador estable de la empresa, esto

---

43 Cfr. ARCE ORTÍZ, E.: *La contratación (...) Op. Cit.*, pág. 102.

es, a un trabajador con vínculo laboral a plazo indefinido que se encuentra suspendido por alguna causa justificada prevista en la legislación vigente, o por efecto de disposiciones convencionales aplicables en el centro de trabajo. Su duración será la que resulte necesaria según las circunstancias; siendo necesario, además, que el contrato contenga la fecha de su extinción.

En este artículo se establece el deber del empleador de reservar el puesto a su titular, quien conserva su derecho de readmisión en la empresa, operando con su reincorporación oportuna la extinción del contrato de suplencia. Esto implica que, a pesar de la fecha pactada en el contrato, el contrato de suplencia extenderá su vigencia mientras no se produzca la efectiva reincorporación del suplido en su puesto de trabajo. Así lo precisa ARCE, al afirmar que la regulación del contrato de suplencia nos coloca frente a una condición resolutoria pues aquel concluirá con el fin efectivo del derecho de reserva, esto es, con la reincorporación al puesto de trabajo[44].

Finalmente, en el artículo se precisa que esta modalidad de contrato comprende las coberturas de puestos de trabajo estable, cuyo titular por razones de orden administrativo debe desarrollar temporalmente otras labores en el mismo centro de trabajo. Con esta regulación -precisa ARCE[45]- se abre el camino para que el empleador contrate a un suplente para que reemplace a un trabajador contratado a plazo indefinido como a un trabajador a plazo fijo que labora en un puesto de trabajo estable bastando, además, con alegar razones de orden administrativo (y ya no razones de suspensión de la relación laboral) como causa de contratación. Con ello, nuevamente la propia norma legal, desnaturaliza el contrato de suplencia.

4.2.3. Contrato de Emergencia

Es aquel que se celebra para cubrir las necesidades promovidas por caso fortuito o fuerza mayor que afecten a la empresa desde fuera. El caso fortuito o la fuerza mayor se configuran, siguiendo a la doctrina civil mayoritaria, por su carácter inevitable, imprevisible e irresistible. La duración de este contrato coincide con la duración de la emergencia. Se encuentra regulado en el artículo 62 de la LPCL.

4.3. Contratos para obra o servicio

4.3.1. Contrato para Obra Determinada o Servicio Específico

De acuerdo con lo establecido en el artículo 63 de la LPCL, los contratos para obra determinada o servicio específico, son aquéllos celebrados entre un empleador y un trabajador, con "objeto previamente establecido y de duración determinada". Esta descripción legal, según ARCE, es lo bastante general como para facilitar todo tipo de

[44] Ibídem, págs. 86-87.
[45] *Id.*, pág. 82.

contratación para obras o servicios bajo esta modalidad, incluyendo las labores de carácter permanente máxime si no existe de forma expresa un criterio que delimite qué debe entenderse por obra o servicio específico[46].

Refiriéndose a la regulación española de esta figura contractual, SEMPERE señala que estos contratos "tienen por objeto la realización de obras o servicios determinados con autonomía y sustantividad propias dentro de la actividad de la empresa, y cuya ejecución, aunque limitada en el tiempo, es en principio de duración indeterminada"[47]. De esta forma, dos serán los elementos constitutivos de este tipo de contratos: (i) el elemento objetivo o material, esto es, que las obras y los servicios determinados cuenten con autonomía y sustantividad propias dentro de la actividad de la empresa y (ii) el elemento temporal, referido a que pese a su temporalidad, son de duración incierta.

La incertidumbre en la duración se ve reflejada en el citado artículo 63 cuando se establece que "su duración será la que resulte necesaria", razón por la cual, la LPCL autoriza la celebración de las renovaciones que resulten necesarias para la conclusión o terminación de la obra o servicio objeto de la contratación.

En relación con la posibilidad de que se celebren contratos para servicio específico no solo para actividades transitorias sino también permanentes, el TC ha establecido que "esta modalidad contractual no puede ser empleada para labores de naturaleza permanente que podrían ser realizadas por un trabajador estable, sino que se trata más bien de una modalidad contractual que le permite al empleador dar cobertura a aquellas labores temporales o estrictamente especializadas que no forman parte de las labores permanentes de la empresa, y que requieren un plazo determinado, sustentado en razones objetivas, que puede ser renovado en la medida que las circunstancias así lo ameritan"[48].

En sentido contrario y desde una interpretación extensiva del art. 63 de la LPCL que compartimos, la Corte Suprema ha establecido que es "es posible que un empleador utilice esta modalidad contractual para coberturar la necesidad de un servicio o actividad permanente dentro de la empresa o institución; siempre que, la utilización de los contratos modales por servicio específico se *justifiquen en la medida en que exista: i) un objeto o servicio a desarrollar previamente establecido; y, ii) que dicho objeto o servicio tenga una duración determinada en el tiempo*". Y es que, como se menciona en la citada resolución la "temporalidad en la contratación, no viene dada por la naturaleza jurídica de las labores realizadas (que en el marco del objeto social desarrollado por la empleadora pueden calificar como "permanentes")

[46] Cfr. ARCE ORTÍZ, E.: *La contratación (...) Op. Cit.*, págs. 58-59.

[47] Cfr. SEMPERE NAVARRO, A.: *Los contratos de trabajo temporales.* Cit. por ALVAREZ CALDERÓN, L.: "Análisis del contrato de trabajo de obra determinada o de servicio específico a la luz de la jurisprudencia del Poder Judicial y del Tribunal Constitucional" en *Laborem*, núm. 16, año 2015, pág. 445.

[48] Cfr. STC Exp. 10777-2006-PA/TC, Caso Calvo Durán y otros (7.11.2007), fundamento jurídico 10.

sino que viene dada por las causas externas que la justifican y determinan su origen y fin (término), el mismo que -como es evidente- tiene desde su nacimiento una vocación de fugacidad; en tanto sería materialmente imposible mantener una relación laboral por tiempo indefinido cuando la causa que motivó el contrato hubiere desaparecido"[49].

4.3.2. Contrato Intermitente

Conforme a la regulación del artículo 64 de la LPCL, los contratos de servicio intermitente son aquellos celebrados entre un empleador y un trabajador, para cubrir las necesidades de las actividades de la empresa que por su naturaleza son permanentes pero discontinuas. Estos contratos podrán efectuarse con el mismo trabajador, quien tendrá derecho preferencial en la contratación, pudiendo consignarse en el contrato primigenio tal derecho, el que operará en forma automática, sin necesidad de requerirse de nueva celebración de contrato o renovación.

En el contrato escrito que se suscriba deberá consignarse con la mayor precisión las circunstancias o condiciones que deben observarse para que se reanude en cada oportunidad la labor intermitente del contrato.

El tiempo de servicios y los derechos sociales del trabajador contratado bajo esta modalidad se determinarán en función del tiempo efectivamente laborado.

4.3.3. Contrato de Temporada

Se encuentra regulado en el artículo 67 de la LPCL. Es aquel celebrado entre un empresario y un trabajador con el objeto de atender necesidades propias del giro de la empresa o establecimiento, que se cumplen sólo en determinadas épocas del año y que están sujetas a repetirse en períodos equivalentes en cada ciclo en función a la naturaleza de la actividad productiva.

El artículo 68 de la LPCL establece que -como parte del requisito de la escrituralidad- en el contrato de trabajo de temporada conste por escrito: a) La duración de la temporada; b) La naturaleza de la actividad de la empresa, establecimiento o explotación; y, c) La naturaleza de las labores del trabajador.

Finalmente, el artículo 69º de la LPCL otorga un derecho de preferencia en la contratación en las temporadas siguientes a favor de aquel trabajador que hubiere sido contratado por un mismo empleador por dos temporadas consecutivas o tres alternadas.

---

[49] Cfr. Casación Laboral Nº. 12897-2013-Junín (23.06.2014), fundamento jurídico octavo. En el mismo sentido, la Casación Laboral Nº. 3568-2015-Ica (17.03.2016), fundamento jurídico sexto y la Casación Laboral Nº. 2824-2012-Arequipa (21.01.2013), fundamento jurídico sexto.

Para hacer efectivo el ejercicio del derecho de preferencia, el artículo 70 de la LPCL establece la obligación del trabajador de presentarse en la empresa, explotación o establecimiento dentro de los quince (15) días anteriores al inicio de la temporada, vencidos los cuales caducará su derecho a solicitar su readmisión en el trabajo.

Finalmente, la LPCL asimila al régimen legal del contrato de temporada a los incrementos regulares y periódicos de nivel de la actividad normal de la empresa o explotación, producto de un aumento sustancial de la demanda durante una parte del año, en el caso de los establecimientos o explotaciones en los cuales la actividad es continua y permanente durante todo el año. Igualmente, se asimila al régimen legal del contrato de temporada a las actividades feriales.

III. LA LABOR JUDICIAL EN LA DETERMINACIÓN DE LA REAL NATURALEZA DE LOS CONTRATOS TEMPORALES: LA DESNATURALIZACIÓN DE LOS CONTRATOS MODALES

1. Cuestiones generales

Por propia definición, los contratos de trabajo a plazo fijo, sujetos a modalidad o a plazo determinado contemplados en la LPCL son necesariamente temporales o transitorios. Ello significa que el plazo del contrato juega un rol fundamental en su configuración, al punto que -como se ha señalado- el plazo de duración debe consignarse expresamente en el contrato.

Junto con el plazo, es necesario que los contratos temporales respeten de modo estricto la exigencia de causalidad objetiva determinante de la contratación, en consonancia con el respeto de los principios de primacía de la realidad y de continuidad que juegan un rol fundamental en la normatividad sobre contratación laboral y que, a fin de cuentas, garantizan la estabilidad laboral de los trabajadores reconocida por las normas internacionales y la propia Constitución peruana.

La exigencia del plazo y la causalidad han llevado a que el legislador peruano establezca un mecanismo dirigido a proteger al trabajador del uso abusivo de la contratación temporal por parte del empleador. Este mecanismo, llamado "desnaturalización de los contratos bajo modalidad" se encuentra recogido en el artículo 77 de la LPCL: "Los contratos de trabajo sujetos a modalidad se considerarán como de duración indeterminada:

a) Si el trabajador continúa laborando después de la fecha de vencimiento del plazo estipulado, o después de las prórrogas pactadas, si estas exceden del límite máximo permitido;
b) Cuando se trata de un contrato para obra determinada o de servicio específico, si el trabajador continúa prestando servicios efectivos, luego de concluida la obra materia de contrato, sin haberse operado renovación;

c) Si el titular del puesto sustituido, no se reincorpora vencido el término legal o convencional y el trabajador contratado continuare laborando;
d) Cuando el trabajador demuestre la existencia de simulación o fraude a las normas establecidas en la presente ley".

La desnaturalización de los contratos temporales consiste en convertir -por mandato de la ley- una relación laboral a plazo fijo o temporal, en una a plazo indeterminado[50]. De esta forma, la desnaturalización se convierte en la herramienta legal dirigida a proteger a los trabajadores frente al uso abusivo de la contratación temporal por parte del empleador, sea que (i) el trabajador continúe laborando más allá del vencimiento del plazo establecido, las prórrogas pactadas, la conclusión de la obra o servicio o la reincorporación del titular del puesto suplido; o sea que (ii) en la celebración del contrato, el empleador haya incurrido en simulación o fraude a las normas que regulan la contratación temporal.

Este carácter instrumental también es resaltado por SANGUINETI cuando afirma que la regulación de la desnaturalización constituye un "sistema de garantías dirigido a evitar que las figuras por ella previstas puedan ser utilizadas de forma abusiva con el fin de tornar transitorias relaciones jurídicas correspondientes a prestaciones de naturaleza permanente"[51].

Sobre las causales que generan la desnaturalización de los contratos sujetos a modalidad existen sendos pronunciamientos del TC. Así, en la STC 03345-2011-AA/TC, el Supremo Intérprete declara fundada la demanda de nulidad de despido verbal de un trabajador respecto del cual se acreditó que siguió laborando después de la fecha de vencimiento del plazo estipulado en su último contrato de trabajo sujeto a modalidad, razón por la cual "es procedente considerar la variación de la relación laboral a una de duración indeterminada"[52].

Asimismo, en la STC 00804-2008-PA/TC, el TC estableció que "se consideraría de naturaleza indeterminada un contrato sujeto a modalidad, conforme el artículo 77.º del Decreto Supremo N.º 003-97-TR, si "el trabajador contratado temporalmente demuestra que el contrato se fundamentó en la existencia de simulación o fraude a las normas laborales"[53].

Al margen de las causales de desnaturalización relacionadas con el plazo del contrato[54] (reguladas en el art. 77, literales a, b y c), a partir de ahora, nos referiremos a di-

---

[50] Y de esta forma, según PASCO, "se nulifica el plazo, más no el contrato", quedando transformado "en uno de duración indeterminada, con todo lo que ello signifique en términos de estabilidad laboral absoluta o relativa, según el régimen legal común". Cfr. PASCO COSMOPOLIS, M.: "Los contratos temporales. Exposición y Crítica" en *Op. Cit.*, pág. 507.

[51] SANGUINETI, W.: *Los contratos de trabajo de duración determinada.* ARA editores, Lima, 1999, pág. 23.

[52] Cfr. STC Exp. 03345-2011-AA/TC, caso Calixto Huamán (19.10.2011), fundamento jurídico 4.

[53] Cfr. STC Exp. 00804-2008-PA/TC, Caso Pezantes Alva (26.03.2009), fundamento jurídico 6.

[54] Por todos los casos relacionados con el vencimiento de plazo, podemos hacer referencia a la STC 04168-2005-AA/TC en la que se declaró desnaturalizados los contratos suscritos pues los trabajadores

versos pronunciamientos judiciales relacionados con la causal de simulación o fraude regulada en el art. 77.d) de la LPCL.

2. La simulación o fraude como causal de desnaturalización. Pronunciamientos jurisdiccionales

La primera cuestión que llama la atención de ARCE[55] al comentar el art. 77.d) de la LPCL es la utilización de los términos simulación o fraude separados por el conector "o", con lo cual pareciera que se diferencian ambas figuras. No obstante, el citado autor excluye la simulación como causa de desnaturalización ya que esta requiere para su configuración de que ambas partes (en este caso empleador y trabajador) coincidan en la voluntad de encubrir la realidad con un ropaje distinto al que les corresponde; sin embargo, la desnaturalización de los contratos modales, tal como se encuentra regulada no busca proteger a terceros que puedan verse perjudicados con la simulación sino, más bien, busca proteger al trabajador que es víctima del actuar fraudulento del empleador que lo engaña o lo induce a error para que firme un contrato temporal, a pesar de que le corresponde uno a plazo indefinido.

Coincidimos con ARCE cuando afirma que el término simulación se utiliza aquí desde la óptica de un negocio engañoso. En ese sentido, se identifica con el término fraude, en la medida que implica, por parte del empleador, una actuación contraria a la verdad y a la rectitud, que perjudica a la persona contra quien se comete, estrictamente hablando, al trabajador.

De acuerdo con la doctrina autorizada, el Fraude a la ley "consiste en la conducta totalmente voluntaria realizada con el exclusivo fin de obtener un fin ilícito a través de un medio lícito"[56]. Lo que se busca con el fraude es evitar la aplicación de una norma imperativa. Aplicado al ámbito de lo que nos ocupa, estamos frente a un acto aparentemente lícito (contrato sujeto a modalidad) que se utiliza con fines distintos a los que tiene la contratación modal en la LPCL, con el fin claro de eludir los efectos de las normas laborales imperativas que -como se ha sustentado- privilegian la contratación a plazo indefinido[57].

Según el TC, existen dos casos en los cuales se puede configurar la simulación o el fraude a las normas laborales: "a) Cuando la causa, objeto y/o naturaleza de los servicios que se requieren contratar corresponden a actividades ordinarias y permanentes;

---

continuaron laborando después de la fecha de vencimiento del plazo estipulado en sus últimos contratos de trabajo. En este caso, los contratos vencían el 31 de marzo de 2004 y; sin embargo, los trabajadores continuaron laborando hasta el 2 de abril de 2004. Cfr. STC Exp. 04168-2005-AA/TC, Caso Gonzales Villón y otro (15.08.2006), fundamento jurídico 4.

[55] Cfr. ARCE ORTÍZ, E.: *La contratación temporal (…) Op. Cit.*, pág. 172.

[56] MANSILLA Y MEJÍA, M.: "Fraude a la ley: *Fraus legis facta*", pág. 107. Obtenido de *http://www.derecho.unam.mx/investigacion/publicaciones/revista-cultura/pdf/CJ(Art_7).pdf*, Ubicado el XI.8.2016 a 12:28 horas.

[57] Cfr. ARCE ORTÍZ, E.: *La contratación temporal (…) Op. Cit.*, pág. 173.

y b) Cuando, para eludir el cumplimiento de las normas laborales que obligarían a la contratación por tiempo indeterminado, el empleador aparenta o simula las condiciones que exige la ley para la suscripción de contratos de trabajo sujetos a modalidad"[58].

En función de estas dos causales, a continuación, mostraremos diversos pronunciamientos jurisdiccionales en los que se declara la desnaturalización de los contratos sujetos a modalidad. Con ello, queda evidenciada la importante labor judicial de control del cumplimiento por parte del empleador de los requisitos de existencia, de fondo y de forma para la contratación temporal, en salvaguarda de los principios y derechos laborales que tutelan al trabajador

2.1. Cuando la causa, objeto y/o naturaleza de los servicios que se requieren contratar corresponden a actividades ordinarias o permanentes

En un caso en el que, a través de proceso de amparo, se solicita la reposición en el empleo por despido incausado de un trabajador que laboró para la demandada por más de 9 años y que alegaba desnaturalización del contrato, el TC declaró fundada la demanda, argumentando que el demandante ha desarrollado una misma labor (vigilancia) por casi 10 años, pero en diferentes modalidades contractuales, siendo el último contrato suscrito por incremento de actividad empresarial, esto es, "un contrato temporal, no obstante que la labor del recurrente era de naturaleza permanente"[59].

De la misma forma, en un proceso de amparo en el que el demandante, asistente judicial, solicita se deje sin efecto el despido incausado del que fue objeto ya que no existía causa justa para despedirlo, el TC analizó una situación de desnaturalización generada en la contratación temporal de labores de carácter permanente toda vez que "un Asistente Judicial realiza labores propias u ordinarias del Poder Judicial, por lo que no se justifica la contratación temporal. En consecuencia, se ha probado que el contrato de trabajo del demandante simuló una relación laboral de carácter temporal cuando en realidad era de naturaleza permanente"[60]. Teniendo en cuenta ello, declara desnaturalizado el contrato para servicio específico, ordena su conversión a plazo indeterminado y, por tanto, declara fundada la demanda de reposición al no existir fundamento para poner fin al contrato, alegando vencimiento del plazo.

En otro caso en el que se solicitó reposición en el empleo por despido incausado, el TC declaró fundada la demanda, analizando previamente la desnaturalización del contrato para servicio específico suscrito entre la demandante que des-

---

58 Cfr. STC Exp. 00804-2008-PA/TC, Caso Pezantes Alva (26.03.2009), fundamento jurídico 6. En el mismo sentido, en la STC Exp. 01397-2001-AA/TC, Caso De la Cruz Pomasoncco y otros (9.10.2002), fundamento jurídico 4 y en la STC Exp.1874-2002-AA/TC, Caso Espichán Agapito (19.112.2003), fundamento jurídico 4.

59 Cfr. STC Exp. 01807-2008-PA/TC, Caso Ochoa Torres (31.07.2009), fundamento jurídico 4.

60 Cfr. STC Exp. 03956-2009-AA/TC, Caso Mendoza Yana (4.06.2010), fundamento jurídico 4.

empeñaba la labor de Supervisora de Planta II de una entidad municipal. En esta sentencia queda claro del análisis de los documentos internos de la institución, esto es, el Manual de Organización y Funciones de la entidad y el Organigrama institucional, que el cargo de Supervisor formaba parte de la estructura orgánica de la entidad; razón por la cual "resulta evidente que las labores que realizó la demandante constituyen labores ordinarias dentro de la organización de la empresa demandada y que, por lo tanto, representan una necesidad permanente en el ejercicio habitual de sus funciones. Por consiguiente, este Colegiado concluye que las labores de la actora eran de naturaleza permanente, hecho que no se condice con la finalidad del contrato de trabajo por servicio específico; por tal motivo, al haberse acreditado la existencia de simulación en la relación laboral, el contrato de trabajo celebrado por la recurrente se ha desnaturalizado, por lo que debe ser considerado como de duración indeterminada"[61].

2.2. Cuando, para eludir el cumplimiento de las normas laborales que obligarían a la contratación por tiempo indeterminado, el empleador aparenta o simula las condiciones que exige la ley para la suscripción de contratos de trabajo sujetos a modalidad

Este otro supuesto de fraude es analizado por el TC en un proceso en el que un trabajador que había suscrito contratos de trabajo para servicio intermitente[62] con una empresa pesquera alega desnaturalización por haber realizado labores de naturaleza permanente y de manera ininterrumpida. El TC, al resolver, argumenta que "ha quedado demostrado que hubo simulación en la contratación temporal del recurrente, puesto que se ha pretendido simular la contratación de un servicio intermitente, cuando, en realidad, durante todo el periodo laboral no se presentó ninguna interrupción o suspensión en sus labores. En consecuencia, habiéndose acreditado la existencia de simulación en el contrato del demandante, éste debe ser considerado como de duración indeterminada"[63].

En el mismo sentido, el TC declaró fundada la demanda de amparo presentada por un trabajador que había sido contratado mediante contrato de trabajo para servicio intermitente del cual se demostró que "hubo simulación en el contrato del recurrente, puesto que se ha pretendido simular la contratación de un servicio intermitente como se aprecia de las cláusulas primera, segunda y tercera del mencionado contrato, siendo que en realidad durante todo el récord laboral del demandante no se presentó ninguna interrupción o suspensión de sus labores y aquel desempeñó la misma actividad, como lo reconoce la propia demandada. La simulación se corrobora

[61] Cfr. STC Exp. 04209-2011-AA/TC, Caso Cruzado Raygal (28.05.2012), fundamento jurídico 7.

[62] Como queda evidenciado de la naturaleza del contrato de trabajo por servicio intermitente regulado en el art. 64 de la LPCL, en él deben concurrir periodos de actividad y otros de inactividad, sin que exista continuidad en su presentación. Así también se ha precisado en la STC 03631-2012-PA/TC, Caso Quispe Sosa (23.01.2013), fundamento jurídico 3.3.2).

[63] Cfr. STC Exp. 03631-2012-PA/TC, Caso Quispe Sosa (23.01.2013), fundamento Jurídico 3.3.6.

con la omisión que se observa en el contrato, esto es el no haberse consignado "con la mayor precisión" las circunstancias o condiciones que tenían que observarse para que se reanude, en cada oportunidad, la labor intermitente del contrato como lo manda el artículo 65º del mismo cuerpo normativo"[64].

En otro proceso en el que el demandante, contratado mediante la modalidad de necesidades del mercado, solicita la reposición en el empleo por despido incausado, el TC declara fundada la demanda, analizando la desnaturalización de los contratos suscritos, toda vez que en el contrato "no se ha consignado la causa objetiva que justifique la contratación temporal del demandante, pues sólo se establece de manera genérica la modalidad por la cual ha sido contratado y el puesto que ocupará; por lo que (...) el contrato de trabajo por necesidades del mercado (...) y sus renovaciones (...) encubrieron una relación laboral de naturaleza indeterminada, por haber sido suscritos con fraude a las normas"[65].

En relación con un contrato para servicio específico que se desnaturalizó por el incumplimiento del empleador de consignar la causa del contrato, el TC, examinando la cláusula segunda del contrato en el que se estableció que el demandante fue contratado para "(...) que realice las labores de asistente administrativo I, el mismo que deberá someterse al cumplimiento estricto de las funciones" (ff. 122 - 133)", determinó que no es suficiente para dar por cumplido "el deber de consignar en el contrato la causa objetiva determinante de la contratación con la sola mención del cargo que va a ocupar la persona que se está contratando, toda vez que ello no explicita la necesidad de un contrato temporal"[66]. Aún más, después de analizar la cláusula primera del referido contrato que, textualmente, estipula que "(...) debido al Proceso de Reforma que viene implementando requiere cubrir necesidades de recursos humanos a fin mantener debidamente operativos los servicios que presta", concluye que "dicha referencia genérica tampoco puede ser considerada una causa objetiva de un contrato de trabajo para servicio específico que pueda justificar la contratación temporal de un trabajador para que realice la labor de asistente administrativo I"[67]. Todo ello, no hace sino evidenciar el fraude en la contratación del actor.

En idéntica forma, en la STC 01789-2013-PA/TC[68], el TC declara desnaturalizado un contrato para servicio específico pues ni de su cláusula segunda ("Por el presente acto jurídico, el PLAN COPESCO contrata temporalmente los servicios personales de la TRABAJADORA, la misma que desempeñará sus labores de Asistente Administrativo en la Coordinación de Estudios de Preinversión del PER PLAN COPESCO, a plazo fijo y bajo subordinación. Mientras dure el servicio específico para el que ha sido contratada") ni del numeral 3 de la cláusula primera ("LA TRABAJADORA, es

---

[64] Cfr. STC Exp. 07467-2006-PA/TC, Caso Flores Peñaloza (22.11.2006), fundamento Jurídico 4.
[65] Cfr. STC Exp. 03894-2011-PA/TC, Caso Pajuelo Quiroga (24.10.2011), fundamento jurídico 7.
[66] Cfr. STC Exp. 01110-2013-PA/TC, Caso Gómez Vásquez (19.08.2015), fundamento jurídico 11.
[67] Cfr. STC Exp. 01110-2013-PA/TC, Caso Gómez Vásquez (19.08.2015), fundamento jurídico 12.
[68] Cfr. STC Exp. 01789-2013-PA/TC, Caso Fernández Baca Salcedo (6.03.2014), fundamento jurídico 3.3.5.

Bachiller de Economía, se encuentra en actividad laboral permanente, acreditando experiencia laboral, conocimiento en la materia del cargo a desempeñar") se puede concluir que exista causa objetiva determinante de la contratación; antes bien, "los contratos mencionados han encubierto una relación laboral a plazo indeterminado, pues se ha omitido consignar la causa objetiva específica que autoriza la contratación temporal de la demandante, pues se limita a señalar de manera genérica que su labor era la de "asistente administrativo en la Coordinación de Estudios de Preinversión" (...). Por otro lado, se debe tener en consideración que si bien en la cláusula tercera de cada uno de los contratos mencionados se hace mención a las obligaciones contractuales de la accionante, ello no justifica la utilización de la modalidad de contratación temporal por servicio específico por parte de la entidad emplazada".

También, en relación con el incumplimiento de la obligación de consignar la causa objetiva determinante de la contratación, el TC, después de examinar la cláusula segunda del contrato suscrito que textualmente establecía: "Para el cumplimiento de sus objetivos, EL EMPLEADOR contrata a EL TRABAJADOR bajo la modalidad de contrato individual de trabajo temporal art. 57 del Texto Único Ordenado del Decreto Legislativo 728, Ley de Productividad y competitividad Laboral, aprobado por el Decreto Supremo 003-97-TR, quien se desempeñará como ASESOR DE VENTAS, posición que constituye un cargo de confianza no sujeto a fiscalización inmediata", determinó que en "en el contrato de trabajo no se ha establecido la causa objetiva determinante de la contratación modal: requisito esencial para este tipo de contratos; con lo cual queda demostrado que se ha producido la desnaturalización del referido contrato modal por fraude en la contratación"[69]

Otro pronunciamiento relacionado con el incumplimiento de la obligación de consignar la causa objetiva determinante de la contratación en un contrato por incremento de actividades es aquel en el que el TC -después de analizar el contenido del contrato (cláusulas primera[70] y segunda[71])- declaró desnaturalizado el contrato pues en él "no se ha consignado debidamente la causa objetiva que justifica la contratación temporal del demandante, pues no se señala en forma clara y precisa qué actividad de la empresa emplazada ha sido incrementada para que se justifique su contratación temporal. La referencia consignada en el citado texto es vaga y sólo hace alusión a la

[69] Cfr. STC Exp. 05659-2013-PA/TC, Caso Moncada Azcarate (3.07.2014), Argumentos del Tribunal.

[70] Que establecía literalmente, lo siguiente: "(...) requiere contratar en forma temporal los servicios de personal a fin de atender el incremento de sus actividades producido como consecuencia de la PRESTACIÓN DE SERVICIOS EN EL ÁREA DE OPERACIONES. Las partes dejan constancia en consecuencia que la contratación en forma temporal del personal que requiere LA EMPRESA tiene por objeto exclusivamente la atención de las necesidades derivadas del incremento de sus actividades por las razones expuestas en el primer párrafo de la presente cláusula primera, para lo cual LA EMPRESA requiere contratar trabajadores que se encarguen en forma paulatina y progresiva de la ejecución de las distintas labores que genera el referido incremento de actividades de la empresa originado por la PRESTACIÓN DE SERVICIOS EN EL ÁREA DE OPERACIONES".

[71] En la que se establece que se contrata al recurrente "(...) para que ocupe el puesto de CLASIFICADOR, ejecutando las distintas labores inherentes a dicho puesto y que son necesarias para el desarrollo EN EL ÁREA DE MENSAJERÍA RÁPIDA".

existencia de un "incremento de sus actividades producido como consecuencia de la PRESTACIÓN DE SERVICIOS EN EL ÁREA DE OPERACIONES", sin proporcionar información relevante que permita establecer que en efecto existió una causa objetiva en el presente caso que podría justificar una contratación modal y no una a plazo indeterminado, y sin precisar los servicios que debía prestar".

Analizando un caso en el que se contrató a una trabajadora mediante la modalidad de contrato por temporada para que desempeñe el cargo de secretaria adscrita a diversas áreas de una Universidad, el TC declaró desnaturalizados los contratos pues el objeto del contrato era manifiestamente fraudulento ya que "los servicios que prestó la actora no se limitaron a determinadas épocas del año. Debe acotarse que si bien atendieron al giro al que se dedica la emplazada, esto es, la educación universitaria y la investigación, no obstante no es posible considerar ellas como "necesidades de temporadas" (...). La impartición de clases y sus servicios conexos no pueden ser considerados como un incremento "anormal" o "sustancial" que se repite en periodos determinados del año, todo lo contrario, dicha actividad representa más bien su actividad habitual, continua y normal, más aún si tenemos en cuenta las funciones que como secretaria efectuaba la demandante"[72].

En un caso relacionado con el contrato de suplencia, la Corte Suprema declara improcedente el recurso de casación presentado por la entidad empleadora[73] pues ha quedado demostrado que la entidad no celebró el contrato por escrito desde el inicio de la relación laboral, "sobre todo si, la existencia de contrato escrito, es una formalidad *ad solemnitatem*, es decir, es aquella que no se puede subsanar en los contratos modales a plazo fijo. En este caso, la demandante inicia la prestación de servicios sin suscribir contrato alguno, sino hasta después de dos meses, ello torna automáticamente a la relación laboral en una a tiempo indeterminado"; a esta irregularidad se suma, además el hecho de que el trabajador contratado para suplencia "suple a un trabajador estable de la entidad demandada, empero realiza funciones distintas a las que realizaba aquel y en una dependencia diferente, lo cual como es notoria distorsiona los alcances del contrato de suplencia".

IV. APUNTES FINALES

Como ha quedado demostrado, en el Perú, la precarización del empleo tiene sustento en la propia legislación que, al regular los contratos temporales, lo ha hecho de

---

[72] Cfr. STC Exp. 08446-2013-PA/TC, Caso De la Torre Espinoza (4.09.2014), fundamento jurídico 9.

[73] Cfr. Auto calificatorio del recurso Casación Laboral N°. 7647-2014- Tacna (28.11.2014), en los seguidos por Mari Luz Cruz Apaza de Taipe contra Red Asistencial de Tacna del Seguro social de Salud – EsSalud. Un pronunciamiento similar es el vertido en la STC 03976-2012-PA/TC – Caso Ramos Verástegui (28.01.2014), fundamento jurídico 3.7. En dicha sentencia se declara la existencia de una relación laboral de naturaleza indeterminada pues "no se advierte de autos que las partes hayan celebrado un contrato de trabajo a plazo fijo sujeto a modalidad ni ningún otro tipo de contrato, por lo que debe concluirse que las partes no suscribieron un contrato por escrito".

tal forma que ha abierto la puerta para que los empleadores usen indiscriminadamente las diversas modalidades contractuales, al considerar la posibilidad de contratar temporalmente en situaciones que *per se* no sustentan tal forma de contratación (incremento de actividades, reconversión empresarial) o al regular de forma "general" o "abierta" los requisitos necesarios para la suscripción de cada modalidad contractual específica.

Los datos estadísticos demuestran la preponderancia de los contratos temporales sobre los contratos a plazo indeterminado, en sentido claramente contrario a la regla que plantea que aquellos son excepcionales. También los datos estadísticos confirman que el argumento utilizado para la "flexibilización" de la contratación laboral, esto es, reducir el problema del empleo y contribuir a su formalización no han cumplido su cometido pues existe un gran número de relaciones laborales no registradas.

En todo caso, ha sido la labor jurisdiccional tanto del Poder Judicial como del Tribunal Constitucional la que, a través del análisis caso por caso, ha establecido límites a la posibilidad empresarial de utilizar la contratación temporal, sea interpretando las disposiciones legales sobre el particular bajo un marco constitucional, sea corrigiendo su incorrecta utilización por el empleador. Para ello han utilizado la figura de la desnaturalización de los contratos temporales por la causal de simulación o fraude a la ley.

A esta tarea jurisdiccional debe sumarse la Inspección Laboral, de tal forma que se haga más extensa y más eficaz la labor de control del cumplimiento de los requisitos legales para la contratación temporal.

Solo así -a través de ambas vías (la jurisdiccional y la administrativa)- se cautelará de forma efectiva los derechos laborales de los trabajadores, se respetará los principios configuradores del ordenamiento laboral y se dotará de protección efectiva al derecho a la estabilidad laboral de los trabajadores peruanos, a través del control del acto jurídico que da inicio a la relación laboral.

BIBLIOGRAFÍA

ALVAREZ CALDERÓN, L.: "Análisis del contrato de trabajo de obra determinada o de servicio específico a la luz de la jurisprudencia del Poder Judicial y del Tribunal Constitucional" en *Laborem*, núm. 16, año 2015.

ARCE ORTÍZ, E.: *La Contratación Temporal en el Perú*. Grijley, Lima, 2008.

CUADROS LUQUE, F. y SÁNCHEZ REYES, C.: "La contratación temporal en el Perú: la informalidad escondida" Ubicado en *http://www.comunidadandina.org/camtandinos/WebInicial/docs/Lacontrataciontemporal_Final_12-11-07.pdf*.

DE LAS CASAS DE LA TORRE UGARTE, O.: "La incorrecta utilización de los contratos temporales de trabajo" en *Derecho & Sociedad*, núm. 37, año 2011.

INEI: *Perú: Evolución de los Indicadores de Empleo e Ingresos por Departamento, 2004-2014*. INEI, Lima, 2015. Ubicado en https://www.inei.gob.pe/media/MenuRecursivo/publicaciones_digitales/Est/Lib1294/

MANSILLA Y MEJÍA, M.: "Fraude a la ley: *Fraus legis facta*". Obtenido de *http://www.derecho.unam.mx/investigacion/publicaciones/revista-cultura/pdf/CJ(Art_7).pdf.*

NEVES MUJICA, J.: "Sentencia del Tribunal Constitucional: Caso Telefónica" en *Asesoría Laboral*, núm. 142, octubre, 2002.

PASCO COSMOPOLIS, M.: "Los contratos temporales. Exposición y crítica" en *Derecho PUCP*, núm. 68, año 2012.

TOYAMA MIYAGUSUKU, J.: *El Derecho Individual del Trabajo en el Perú. Un enfoque teórico práctico*, 1ª. Edición. Gaceta Jurídica, Lima, 2015.

VEGA RUIZ. M.: *La Reforma laboral en América Latina. Un análisis comparado*. OIT, Lima, 2001.

CAPÍTULO 8.
PANORAMA DE LA CONTRATACIÓN LABORAL EN ESPAÑA: DESDE LA DESCAUSALIZACIÓN A LA OFENSIVA EUROPEA

PABLO BENLLOCH SANZ[1]

I. PLANTEAMIENTO

La cuestión de la determinación de la duración del vínculo contractual que ha de ligar a trabajador y empresario ha sido, y sigue siendo, una de las cuestiones cruciales de todo ordenamiento laboral español. En España, desde el inicial paradigma de los beneficios de la contratación indefinida para el trabajador, que la acabó considerando como regular, general y típica, se ha pasado, a penas sin solución de continuidad, al uso generalizado y, en muchos casos, arbitrario de la contratación por tiempo determinado[2].

El uso extensivo e intenso de la contratación laboral no impide reconocerle cierta funcionalidad social en épocas anteriores de fuerte desempleo. Como una suerte de pacto intergeneracional implícito, en la década de los 80 se retrasó la incorporación de los jóvenes al mercado de trabajo permitiendo la permanencia

---

[1] Dr. en Derecho. Profesor Contratado Doctor de Derecho del Trabajo y de la Seguridad Social de la Universidad Rey Juan Carlos. Coordinador del Grado en Trabajo Social de la Universidad Rey Juan Carlos.

[2] SEMPERE NAVARRO, A.V.: "La contratación temporal y el Estatuto de los Trabajadores: cuestiones generales" en *Revista del Ministerio de Trabajo y Asuntos Sociales* núm. 58, pág. 2011.

de los trabajadores mayores que, de hecho, fueron los que sostuvieron económicamente a los más jóvenes a través de las prestaciones por desempleo (necesarios en los periodos de paro entre empleos temporales) y de la prolongación de la estancia de los jóvenes en el seno de las familias españolas hasta edades avanzadas. Al mismo tiempo la temporalidad fue el instrumento por excelencia al que acudieron las empresas españolas para adaptarse a un mercado más competitivo y cambiante que en épocas anteriores[3].

Pronto quedó patente, sin embargo, que la excesiva temporalidad introducida en el mercado laboral no estaba produciendo los frutos esperados. El ligero aumento experimentado en la recuperación del empleo, más bien respondía a tendencias cíclicas y, en cualquier caso, de no ser así, hubiera sido de todos modos a costa de un precio demasiado alto, una excesiva precarización del mercado de trabajo[4].

A la postre, se produjo el efecto perverso de que lo que en realidad eran actividades normales y permanentes de las empresas, se cubrían, en gran medida y de forma habitual, por trabajadores con contratos temporales pese a los intentos del legislador y de los sucesivos gobiernos de encuadrar la contratación temporal como instrumento de la política de empleo o de la creación de nuevas modalidades de contratos temporales para solucionar lo que, en cada momento, se consideraban distorsiones del mercado de trabajo a las que había que dar solución.

Sentado lo anterior, España es el país de la eurozona con mayor tasa de temporalidad. Que uno de cada cuatro trabajadores no tenga un contrato indefinido es una anomalía que sería impensable en la mayor parte de los países de la vieja Europa, pero que en España es la norma general. Según los últimos datos consolidados de Eurostat, los del cierre de 2014, el porcentaje de temporales en España era del 24%, mientras que la media de la eurozona era del 15,3%, casi la mitad.

No hay que olvidar, por otro lado, que la OIT en el informe titulado 'Perspectivas Sociales y del Empleo en el Mundo"[5], señala que mientras que la temporalidad media de los países europeos se sitúa en el entorno del 15%, hay un grupo de países, como Países Bajos, Portugal y España, en los que la cifra supera el 20%. Sin embargo, advierte de que entre estos países hay una diferencia notable, que es el porcentaje de trabajadores temporales que están en esta situación porque no encuentran un empleo indefinido. Así, explica que mientras en los Países Bajos los temporales que afirman que no tienen un empleo indefinido porque no tienen posibilidades de encontrarlo suponen el 44% del total, en Portugal el porcentaje es del 83% mientras que en España alcanza su nivel más alto, con un 91%.

---

3 GARCÍA SERRANO, C., MALO OCAÑA, M.A. y PÉREZ INFANTE, J.I. "Para una reforma laboral negociada" en *Relaciones laborales: Revista crítica de teoría y práctica*, núm.1, 2010, págs. 1569-1592.

4 TOSCANI GIMENEZ, D.: "Las modificaciones llevadas a cabo en la contratación temporal por la Ley 35/2010" en *Revista española de Derecho del Trabajo* núm. 150/2011 parte estudios, pág. 435.

5 Disponible en http://www.ilo.org/wcmsp5/groups/public/---dgreports/---dcomm/---publ/documents/publication/wcms_480923.pdf

Bienintencionadas en su concepción, las medidas adoptadas por los sucesivos gobiernos para paliar esta situación han resultado en la práctica ineficaces -no puede desconocerse que la significativa reducción de la temporalidad entre 2009 y 2013 fue consecuencia de la crisis y la destrucción de empleo- y a lo más que han servido es para reducir progresivamente la indemnización de los indefinidos con el pretexto de que la diferencia de coste extintivo entre ambos colectivos era la razón principal del recurso masivo a los contratos temporales[6].

II. UNA APROXIMACIÓN DOCTRINAL

De todos es sobradamente conocido que en nuestro sistema laboral impera como principio general el de causalidad en la contratación temporal, por lo que todo contrato o prórroga de contrato ha de basarse en una de las causas que el legislador laboral ha señalado como supuestos que permiten un contrato temporal. En otras palabras, la contratación temporal se admite, pero con la condición de que posea una justificación o causa adicional al mero acuerdo de las partes, de ahí la denominación de contratos temporales causales para aludir a ellos.

La existencia de causa justa, objetiva, apreciable y justificada, en las decisiones que se adopten a lo largo y ancho de la relación laboral y la vida del proyecto empresarial, es el vínculo que une el mundo jurídico normativo y el hecho objetivo, el supuesto de hecho. Se ha afirmado por ello que la causa bien delimitada permite la intervención sindical, de negociación colectiva, y de tutela judicial para que las decisiones empresariales sobre la organización del trabajo sean más acordes con los principios de razonabilidad y proporcionalidad[7].

Pese a ello, las últimas oleadas de reformas laborales ya han producido un amplio proceso de descausalización, que no solo afecta a la contratación temporal, como el caso del contrato de primer empleo joven, sino que tiene su reflejo, entre otros, en el "llamativo" periodo de prueba sin causa, a la desregulación del contrato a tiempo parcial, al debilitamiento de la definición de las causas objetivas y su desnaturalización, y un largo etc.Con esa manera de entender las cosas no es de extrañar que hasta el momento las iniciativas adoptadas para reducir la tasa de temporalidad no hayan tenido el éxito pretendido. El panorama no es mucho más alentador en la actual coyuntura, si se tienen en cuenta dos tendencias que se advierten en nuestro ordenamiento laboral y que han sido puestas de relieve por la mejor doctrina laboral.

Por un lado, el excesivo condicionamiento de nuestro ordenamiento laboral a la creación de empleo. Se consolida por ello "el desplazamiento del objeto de regulación

---

6 SUAREZ CORUJO, B.: "La ofensiva contra la contratación temporal", disponible en http://agenda-publica.es/el-abuso-en-la-contratacion-temporal-visto-desde-europa/.

7 TAPIA, J. M.: "Contrato único y descausalización: una amenaza cierta para el conjunto de las relaciones de trabajo", *http://www.ccoo.cat/ceres/documents/informes/butjur-355.pdf.*

de la ley laboral desde el trabajo a la producción y al empleo, desde el trabajador y sus condiciones de trabajo a su «empleabilidad», claramente expresado, por lo demás, en la reciente sustitución de la denominación del Ministerio de Trabajo, tradicional en nuestro ordenamiento desde el RD de 8 de mayo de 1920, que lo crea -no obstante los cambios sucesivos en su título completo que nunca habían prescindido del título trabajo- por la actual de Empleo y Seguridad Social"[8].

Por otro, la denominada "huida hacia el emprendimiento" de nuestras normas laborales que no se ha acompañado simultáneamente con la creación de figuras contractuales de duración determinada que resulten atractivas para el empresario y que contribuyan al empleo de calidad[9]. Al contrario, han aparecido modalidades contractuales que no responden a objetivos a largo plazo, sino a solucionar coyunturalmente los problemas de los colectivos donde la tasa de desempleo es mayor.

No es de extrañar, por ello, que se haya ya advertido de los riesgos que puede conllevar la fuerte apuesta de la última reforma laboral por la contratación a tiempo parcial. Deben adoptarse con urgencia las precauciones necesarias para que se convierta no solo es un mecanismo relevante en la organización flexible del trabajo y en la adaptación del tiempo de trabajo a las necesidades profesionales y personales de los trabajadores, sino de redistribución efectiva del empleo. De lo contrario, se estará proporcionado un nuevo recurso a los empresarios, similar a la contratación temporal, y se aumentará el temor hacia la contratación indefinida.

III. LAS CAUSAS DE LAS ALTAS TASAS DE TEMPORALIDAD EN ESPAÑA

Influida por la crisis económica del petróleo, y probablemente sin justificación dogmática aparente, tempranamente se alteró de forma abrupta el substrato axiológico del ordenamiento laboral al asumir como primer axioma la afirmación de que "más vale un empleo temporal que un desempleado durante ese mismo tiempo"[10]. Se empieza a vislumbrar, desde entonces, un excesivo condicionamiento no sólo de las políticas públicas, sino del propio ordenamiento laboral a la creación de empleo. Ese objetivo de compensar la flexibilidad externa promoviendo sin éxito la contratación indefinida, se ha visto truncado con los más que contras-

[8] CASAS BAAMONDE, M.E.: "La eficacia y la eficiencia del Derecho del Trabajo: reflexiones sobre un Derecho cuestionado por la economía y el desempleo" Relaciones Laborales, núm. 10, Sección Doctrina, 2014, pág. 15.

[9] MONEREO PEREZ, J.L.: "Presentación" en AA.VV. XXXII Jornadas Universitarias Andaluzas de Derecho del Trabajo y Relaciones Laborales, Consejo Andaluz de Relaciones Laborales, 2014, pág. 16. Disponible en https://www.juntadeandalucia.es/empleo/carl/carlportal-portlets/documentos?nombre=33_1449_3.pdf.

[10] SEMPERE NAVARRO, A.V.: "La contratación temporal y el Estatuto de los Trabajadores..." cit, pág. 210.

tados desenfoques que se han producido respecto a lo que es la esencia última del Derecho del Trabajo.

Ello no ha hecho sino poner de relieve "la permanente contradicción en que vive nuestro sistema de relaciones laborales: mientras que el diseño normativo ha ido cerrando las puertas a la contratación temporal y favoreciendo la de carácter indefinido, la realidad indica que la inmensa mayoría de los contratos de trabajo realizados cada año escapan de ese paradigma y se refugian en alguna de las categorías cuyo arco temporal está predeterminado *ab initio*"[11].

Expuesto lo anterior, es cierto que las razones y causas de la alta tasa de precariedad laboral en España pueden ser explicadas en clave económica, sociológica o jurídica, y cualquier diagnóstico acabado sobre la cuestión debe ser, por ello, interdisciplinar[12]. Con todo, parece que la causa principal de que en España haya desde hace más de un cuarto de siglo la tasa de temporalidad más elevada de todos los países desarrollados es la existencia de una utilización fraudulenta generalizada (es decir, que desvirtúa la regulación legal prevista) y abusiva de los contratos temporales[13] y, en particular, de los contratos eventuales y de obra o servicio.

A ello se añaden sin duda otras de tenor más técnico, como son, la ineficacia e inoperatividad en establecer límites al encadenamiento «legal objetivo» o la falta de intervención de la negociación colectiva en este supuesto, como se verá más abajo[14].

IV. LA CONTRATACIÓN TEMPORAL COMO INSTRUMENTO DE GESTIÓN EMPRESARIAL

Siempre se ha dicho, no sin razón, que el legislador laboral ha normado desconociendo las características del mercado laboral español. Se legislaba, y se legisla, pensando en grandes empresas multinacionales, cuando la realidad acredita que el 98% de las empresas españolas son pequeñas o medianas empresas. Ese desenfoque puede explicar de algún modo el fracaso de alguna de las medidas adoptadas y, en particular, en el ámbito de la contratación temporal. Los verdaderos destinatarios de aquéllas deberían haber sido las medianas empresas, donde las estadísticas advertían que el recurso a la contratación temporal era mayor y, no las grandes empresas, donde es posible diversificar el "riesgo" que supone la contratación indefinida y no es tan necesario acudir al contrato temporal.

---

[11] *Ibidem*, pág. 2011.

[12] LAHERA FORTEZA, J.: "Factores jurídicos y funciones del empleo precario en España" en *Relaciones Laborales*, núm.9, 2007, pág. 409.

[13] GONZALEZ, A.: "Los mitos de la contratación temporal", http://economistasfrentealacrisis.com/mitos-del-mercado-de-trabajo-espanol/.

[14] TOSCANI GIMENEZ, D.: "Las modificaciones llevadas a cabo en la contratación temporal por la Ley 35/2010" cit., pág. 437.

El injustificado temor a la contratación indefinida que se ha instalado en la mentalidad de los empresarios, unido a los más que evidentes fracasos de las medidas diseñadas para disminuir las tasas de temporalidad, han convertido el recurso al contrato temporal en un método de especial relevancia de la gestión empresarial. La contratación temporal ha devenido así en una suerte de periodo de prueba más proclive a aumentar la rotación que a la creación de empleo estable.

A ello han colaborado sin duda, entre otras, las siguientes circunstancias[15]:

a) Las consecuencias materiales (esencialmente económicas) para cualquier empresa en la que se demuestre judicial o administrativamente este uso fraudulento y abusivo de los contratos temporales son poco menos que despreciables.
b) Las posibilidades prácticas de que el trabajador afectado por el fraude en la contratación temporal presente una reclamación judicial son ínfimas (dado que las indemnizaciones esperables en caso de reconocimiento judicial del fraude -salvo en los supuestos muy minoritarios de relaciones temporales o sucesión de estos contratos con una duración total extraordinariamente larga- son tan pequeñas que ni siquiera compensan al trabajador de los costes del procedimiento judicial y la defensa jurídica.
c) La probabilidad de que la Inspección de Trabajo y Seguridad Social alcance a inspeccionar a un número suficiente de empresas (y consiga demostrar la falta de causa de los contratos temporales y el fraude en la contratación) es muy, muy baja.

Esa forma de gestión de recursos humanos ha generado, entre otras consecuencias, un efecto de rotación sobre los mismos puestos de trabajo; ya sea por contratar sucesivamente al mismo trabajador, ya sea para contratar a diferentes trabajadores de manera también sucesiva. Se puede, por tanto, afirmar que el efecto típico del mercado de trabajo español es que distintos trabajadores van rotando por el mismo puesto de trabajo durante cortos períodos de tiempo.

Al margen de ello, los efectos de esa práctica empresarial han afectado significativamente a los jóvenes que están proporcionando a las empresas un amplio margen de flexibilidad laboral cuantitativa y simple, con escasos costes de ajuste. Como resultado de ello, las biografías laborales juveniles incluyen de forma muy importante la experiencia de la temporalidad, con mayor fuerza que entre las generaciones que se incorporaron previamente al mercado de trabajo. Las trayectorias en las que la temporalidad conduce a la estabilidad contractual culminan en buena parte de los casos en edades relativamente avanzadas (trampas de precariedad), mientras que para los más jóvenes son excepcionales[16].

---

[15] GONZALEZ, A.: "Los mitos de la contratación temporal", *http://economistasfrentealacrisis.com/mitos-del-mercado-de-trabajo-espanol/*.

[16] AA.VV.: "Las prácticas empresariales de gestión de la mano de obra entre los jóvenes trabajadores", Ponencia presentada a las XI Jornadas de Economía Crítica, Bilbao, marzo de 2008. Disponible en http://pendientedemigracion.ucm.es/info/ec/ecocri/cas/cano_sanchez.pdf

V. EL DISCRETO PAPEL DE LOS SINDICATOS EN EL CONTROL DE LOS CONTRATOS TEMPORALES

El papel de los sindicatos como garantes de la correcta utilización de la contratación temporal puede calificarse sin temor a equivocarnos como discreto. Hubiese sido deseable una mayor implicación en el control del adecuado uso de las diferentes modalidades de contratación de duración determinada.

La función de limitación y control de la contratación temporal sigue estando, en contraste, relativamente poco desarrollada, sobre todo en aspectos como la incorporación de cláusulas relacionadas con la intervención de los representantes sindicales. En muchos casos, los convenios nada dicen sobre la contratación temporal y cuando si se refieren a ella, frecuentemente se trata de cláusulas fragmentarias sobre la identificación de supuestos en que caben estos tipos de contratación o sobre aspectos aislados de su régimen jurídico, estipulaciones lejanas de una regulación sistemática, de forma que "no se aprovechan las posibilidades de intervención que la regulación estatal ofrece a la negociación colectiva en esta materia"[17]. En efecto, abundan las cláusulas genéricas, programáticas y declarativas, de escasa eficacia jurídica. Muchas se conforman con transcribir la legislación vigente sobre estas materias, en un esfuerzo de lo que se ha llamado "pedagogía social".

Debe tenerse en cuenta por otro parte, que las sucesivas reformas laborales desde el año 2010 han limitado sobre el papel y en la realidad del mercado de trabajo, la posición de los sindicatos, con lo que su función de garantes de la legalidad de la contratación temporal se verá sustancialmente afectada.

VI. LA CONTRATACIÓN TEMPORAL EN LAS ADMINISTRACIONES PÚBLICAS

El papel de las Administraciones Públicas como empleadoras no solo ha sido criticable por el ingente volumen de la temporalidad de los contratos del personal laboral a su servicio, sino porque reviste las suficientes singularidades que refieren de forma directa a la calidad en el empleo. Seguramente se ha hecho buena así la vieja costumbre administrativa, según la cual "no hay nada más fijo en la Administración que lo temporal"[18].

El recurso a la contratación temporal en el ámbito público puede explicarse, entre otras razones, por las siguientes[19]:

---

[17] MONEREO PÉREZ, J.L: y otro. *El contenido de la negociación colectiva de empresa en la era de la constitución flexible del trabajo.* Tirant Lo Blanch, Valencia. 2005, pág. 44.

[18] NICOLÁS BERNAD, J.A.: "La contratación laboral temporal irregular en la administración pública: evolución jurisprudencial" en *Revista Doctrinal Aranzadi Social* núm. 2/2000 parte Estudio, BIB 2000\158.

[19] RAMOS MORAGUES, F.: *El personal laboral de las Administraciones Públicas,* La Ley, abril 2011, págs. 326 y ss.

a. La utilización flexible que hace la Administración de las distintas modalidades contractuales de contratación temporal previstas en el ET que ha conducido, con el visto bueno de la jurisprudencia unificada de Tribunal Supremo, hacia una progresiva desnaturalización de las causas que legitiman el recurso a este tipo de contratación.
b. La admisión de contratos temporales *ad hoc*.
c. Las importantes singularidades que se establecen respecto a las consecuencias que se derivan de la contratación temporal realizada en fraude de Ley, cuando el empresario es una Administración Pública y, en concreto, a la solución jurisprudencial del "personal indefinido no fijo".

El mayor número de contratos temporales ha supuesto un aumento significativo y proporcional en la contratación irregular y/o realizada en fraude de ley. También ha incrementado las tensiones aún no resueltas a la hora de conciliar las previsiones de la normativa laboral con los principios de igualdad, mérito y capacidad, que necesariamente han de regir en el acceso al empleo público.

Especialmente significativos han sido los supuestos de trabajadores con contratos de interinidad sucesivos encadenados que han ocupado el puesto durante un plazo de tiempo prolongado, a veces décadas, y que ven su vínculo resuelto de un día para otro.

Ante esa práctica de las Administraciones Públicas y otras similares, no debe extrañar que la paciencia de las instituciones europeas se haya agotado. Tres recientes sentencias del Tribunal de Justicia de la Unión Europea de misma fecha, 14 de septiembre de 2016, e idéntico magistrado ponente, han resuelto concretas situaciones de excesos en la contratación temporal por parte de las Administraciones Públicas, que la experiencia nos demuestra que no se atajan por medio de la elevación de los costes laborales, ni siquiera por medio de condenas pecuniarias a la Administración como tal por conductas ilícitas de sus gestores[20].

En el corto plazo, lo más trascendental es que dichas resoluciones judiciales van a forzar la articulación de alguna respuesta normativa que sirva para mitigar, al menos, la precariedad del personal estatutario temporal y de los funcionarios interinos, un numeroso colectivo en la Administración Pública. Pero además debería servir de acicate para atajar el lastre que supone para nuestra economía, empresas y trabajadores el recurso abusivo a la contratación temporal con el fin de cubrir puestos de trabajo de esa naturaleza[21].

VII. LAS CONSECUENCIAS DE LA CONTRATACIÓN TEMPORAL

Desde el momento en que la contratación temporal se empezaba a utilizar de forma generalizada, el legislador ha sido consciente de las graves consecuencias de toda índole -laborales, económicas y sociales- que dicha práctica estaba generando. Pese a

[20] CRUZ VILLALÓN, J.: "Reducir la temporalidad" http://jesuscruzvillalon.blogspot.com.es/

[21] SUAREZ CORUJO, B.: "La ofensiva contra la contratación temporal", disponible en *http://agenda-publica.es/el-abuso-en-la-contratacion-temporal-visto-desde-europa/*,

ello, se ha reconocido de manera expresa la gravedad de la situación en todas las exposiciones de motivos de las sucesivas reformas que en esta materia de se han sucedido desde1994. Sirva de muestra la Real Decreto Ley 3/2012 que después de efectuar el diagnóstico "…Este ajuste ha sido especialmente grave para los trabajadores temporales. Mantenemos una tasa de temporalidad de casi el 25%, mucho más elevada que el resto de nuestros socios europeos. La temporalidad media en la UE27 es del 14%, 11 puntos inferior a la española", califica la situación como "problema estructural que afecta a los fundamentos mismos de nuestro modelo sociolaboral" para, posteriormente concluir reconociendo que "las reformas laborales realizadas en los últimos años, aún bienintencionadas y orientadas en la buena dirección, han sido reformas fallidas", por supuesto también en materia de contratación temporal.

Ese diagnóstico y su calificación se he reiterado en parecidos términos, en todas las leyes de reforma laboral hasta convertirse en un "cláusula de estilo" de sus preámbulos. Las medidas adoptadas para reconvertir la situación no han alcanzado el objetivo de crear más empleo y de calidad lo que acredita que estamos ante uno de los problemas nucleares del modelo de relaciones laborales español. Su carácter estructural, en modo alguno permite atribuir en exclusiva la responsabilidad a los sucesivos ejecutivos que han pretendido fomentar la contratación indefinida y hacer realidad la máxima de *a necesidades permanentes, contratos permanentes y sólo a necesidades temporales, en su caso, contratos temporales.* Por el contrario, la contratación temporal se ha convertido en la modalidad típica del vínculo que une a empresario y trabajador en nuestro mercado de trabajo actual.

Como se anticipó, se conocían desde el principio las graves consecuencias que suponía esa generalización, en muchos casos, sin justificación alguna del uso de los contratos temporales. En esa línea, nadie puede negar que la contratación temporal, entre otras consecuencias, disminuye la productividad, perjudica gravemente la formación de los trabajadores temporales y alimenta la dualidad en el mercado de trabajo.

Por no hablar, como ocurre en el actual contexto de grave crisis en el que estamos inmersos, que la precariedad que conlleva esa forma de contratación aumenta la desigualdad y condiciona gravemente cualquier intento de recuperación sostenida por incidir directamente en el consumo, fundamental, como se sabe, en nuestra economía.

No se olvide, por otro lado, que un trabajador precario, es un trabajador más vulnerable, que ocupa un puesto de trabajo con peores condiciones de trabajo, y que tiene menor capacidad para ejercer su derecho de protección a la salud. Se ha afirmado en este sentido, que si la salida de la crisis económica se hace sobre la base de una mayor precarización de las condiciones de empleo, los costes en términos de salud serán muy elevados[22].

En esta línea, se ha demostrado desde hace tiempo que, los trabajadores con contratos temporales presentan un riesgo significativamente más elevado de sufrir un

---

22 BENAVIDES, F.G.: Crisis económica y salud laboral en *Archivos de Prevención de Riesgos Laborales,* 2009; 12 (3), págs. 113-114.

accidente de trabajo, tanto mortal como no mortal, que los trabajadores con contrato indefinido. Asimismo, hoy constituye una afirmación compartida que a medida que aumenta la inestabilidad laboral, aumenta también el empeoramiento de la salud mental, llegando a triplicar la incidencia respecto a los grupos con empleos más estables. Este aspecto, además, afecta más a mujeres que a hombres[23].

En suma, la temporalidad del empleo conlleva fuertes consecuencias sobre la forma de habitar el mundo, imponiendo estrategias de supervivencia basadas en el presente. Así, se desarrolla "la cultura de lo aleatorio que se fundamenta en la dificultad de proyectar un futuro a medio y largo plazo en todos y cada uno de los aspectos que conforman la trayectoria biográfica del individuo"[24].

VIII. A MODO DE CONCLUSIÓN

Como no podía ser de otra manera, la dualidad del mercado que ha provocado la contratación temporal ha penetrado con intensidad en el imaginario social. Se ha condicionado, cuando no limitado, a los trabajadores temporales, entre otras, el acceso a la vivienda o al crédito, cercenando sus proyectos vitales por el simple hecho de tener tal condición.

La precariedad del empleo es, en estos momentos, estructural, en la medida en que "es un proceso que afecta de un modo u otro al conjunto de la estructura del empleo. Por un lado, como decimos, se produce una desestabilización de los estables; por otro, se produce una «instalación en la precariedad» que genera una nueva forma de vida: una cultura de la precariedad consistente en una manera de habitar el mundo, una subjetividad construida a partir de estrategias de supervivencia en el presente"[25].

A fuerza de ser optimistas, sólo cabe esperar que la presión de las nuevas generaciones de trabajadores jóvenes -actualmente instaladas, por imposición, en un mercado laboral precario en el que el objetivo de la estabilidad en el empleo aparece como inalcanzable- hagan cambiar el rumbo de legislación laboral para situarse de nuevo en el derecho del trabajo que ve en el empleo de calidad como el elemento nuclear que deber identificar a nuestro mercado de trabajo.

BIBLIOGRAFÍA

AA.VV. *Análisis de los factores de exclusión social* SUBIRATS I HUMET, J. (dir.) RICARD GOMÀ CARMONA, R. y BRUGUÉ TORRUELLA, J. *(*coords.*)*, Fundación BBVA, 2005, pág. 70.

[23] En extenso sobre el tema puede verse http://www.rrhhdigital.com/secciones/113759/la-temporalidad-en-el-trabajo-y-su-incidencia-en-la-salud.

[24] AA.VV. *Análisis de los factores de exclusión social* SUBIRATS I HUMET, J. (dir.) RICARD GOMÀ CARMONA, R. y BRUGUÉ TORRUELLA, J. *(*coords.*)*, Fundación BBVA, 2005, pág. 70.

[25] AA.VV. *Análisis de los factores de exclusión social*, cit., pág. 67.

BENAVIDES, F.G.: Crisis económica y salud laboral en *Archivos de Prevención de Riesgos Laborales,* 2009.

CASAS BAAMONDE, M.E.: "La eficacia y la eficiencia del Derecho del Trabajo: reflexiones sobre un Derecho cuestionado por la economía y el desempleo" Relaciones Laborales, núm. 10, Sección Doctrina, 2014.

CRUZ VILLALÓN, J.: "Reducir la temporalidad" *http://jesuscruzvillalon.blogspot.com.es/*

GARCÍA SERRANO, C., MALO OCAÑA, M.A. y PÉREZ INFANTE, J.I. "Para una reforma laboral negociada" en *Relaciones laborales: Revista crítica de teoría y práctica,* núm.1, 2010.

GONZALEZ, A.: "Los mitos de la contratación temporal", *http://economistasfrentealacrisis.com/mitos-del-mercado-de-trabajo-espanol/.*

LAHERA FORTEZA, J.: "Factores jurídicos y funciones del empleo precario en España" en *Relaciones Laborales,* núm.9, 2007.

MONEREO PEREZ, J.L.: "Presentación" en AA.VV. XXXII Jornadas Universitarias Andaluzas de Derecho del Trabajo y Relaciones Laborales", Consejo Andaluz de Relaciones Laborales, 2014. Disponible en https://www.juntadeandalucia.es/empleo/carl/carlportal-portlets/documentos?nombre=33_1449_3.pdf.

MONEREO PÉREZ, J.L: y otro. *El contenido de la negociación colectiva de empresa en la era de la constitución flexible del trabajo.* Tirant Lo Blanch, Valencia. 2005.

NICOLÁS BERNAD, J.A.: "La contratación laboral temporal irregular en la administración pública: evolución jurisprudencial" en Revista Doctrinal Aranzadi Social núm. 2/2000 parte Estudio, BIB 2000\158.

RAMOS MORAGUES, F.: *El personal laboral de las Administraciones Públicas,* La Ley, abril 2011.

SEMPERE NAVARRO, A.V.: "La contratación temporal y el Estatuto de los Trabajadores: cuestiones generales" en Revista del Ministerio de Trabajo y Asuntos Sociales número 58.

SUAREZ CORUJO, B.: "La ofensiva contra la contratación temporal", disponible en *http://agendapublica.es/el-abuso-en-la-contratacion-temporal-visto-desde-europa/.*

TAPIA, J. M.: "Contrato único y descausalización: una amenaza cierta para el conjunto de las relaciones de trabajo", *http://www.ccoo.cat/ceres/documents/informes/butjur-355.pdf.*

TOSCANI GIMENEZ, D.: "Las modificaciones llevadas a cabo en la contratación temporal por la Ley 35/2010" en *Revista española de Derecho del Trabajo* núm. 150/2011 parte estudios, BIB 2011.

CAPÍTULO 9.
EL DERECHO AL TRABAJO Y LA CONTRATACIÓN TEMPORAL EN COLOMBIA

Alba Liliana Silva de Roa[1]

Sumario: I. CONSIDERACIONES GENERALES. II. CONCEPTO DE CONTRATACIÓN TEMPORAL EN LA LEGISLACIÓN COLOMBIANA. 1. Definición. 2. Evolución normativa. III. LA ESTABILIDAD LABORAL REFORZADA DEL TRABAJADOR TEMPORAL. IV. TRATAMIENTO DEL TEMA DESDE EL ÁMBITO JURISPRUDENCIAL. V. CONCLUSIONES. VI. BIBLIOGRAFÍA.

I. CONSIDERACIONES GENERALES

El contrato de trabajo en Colombia lo define el Código Sustantivo del Trabajo y Procedimiento Laboral[2]. De acuerdo con su temporalidad se han establecido dos modalidades básicas: Indefinido y a término fijo. En este último su duración no debe ser superior a tres años, pero es renovable indefinidamente[3]. Se hace más explícito cuando en el Artículo 6º establece el trabajo ocasional, accidental o transitorio como el de corta duración y no mayor de un mes, que se refiere a labores distintas de las actividades normales del empleador. Lo anterior deja entrever la tendencia a la estabilidad laboral implícita en la

---

[1] Médico y Cirujano, Universidad del Valle, Cali, Colombia. Abogada, Universidad de San Buenaventura, Cali, Colombia. Especialista en Derecho Laboral y de la Seguridad Social, Universidad Icesi, Cali, Colombia. Magister en Salud Pública, Universidad del Valle, Cali, Colombia. Magister en Salud Ocupacional Universidad del Valle, Cali, Colombia. Decana Facultad de Derecho y Ciencias Políticas, Universidad de San Buenaventura Cali, Colombia. Miembro Principal de la Junta Regional de Calificación de Invalidez del Valle del Cauca, Cali, Colombia. Profesor hora cátedra de las Universidades San Buenaventura, Icesi y Pontificia Javeriana de Cali y Universidad de Medellín (Medellín). Conjuez de la Sala Jurisdiccional Disciplinaria del Consejo Superior de la Judicatura, Cali, Colombia. *alsdero@usbcali.edu.co*

[2] El Artículo 22 establece: "Contrato de trabajo es aquél por el cual una persona natural se obliga a prestar un servicio personal a otra persona natural o jurídica, bajo la continuada dependencia o subordinación de la segunda y mediante remuneración."

[3] El Artículo 46 establece: "El contrato de trabajo a término fijo debe constar siempre por escrito y su duración no puede ser superior a tres (3) año, pero es renovable indefinidamente".

normatividad laboral colombiana. Ello se hace evidente cuando la Ley 50 de 1990 que introdujo reformas al Código Sustantivo de Trabajo definió las empresas de servicios temporales (en adelante EST)[4] y estableció los casos específicos en los cuales las empresas usuarias pueden contratarlas: cuando se trate de labores ocasionales, accidentales o transitorias; cuando se requiera de reemplazar personal en vacaciones, en uso de licencia, en incapacidad por enfermedad o maternidad; para atender incrementos en la producción, el transporte, las ventas de productos o mercancías, los períodos estacionales de cosechas y en prestación de servicios, por un término de seis (6) meses prorrogables hasta por seis (6) meses más. Parágrafo. Si cumplido el plazo de seis (6) meses más la prórroga a que se refiere el presente artículo, la causa originaria del servicio específico objeto del contrato subsiste en la empresa usuaria, esta no podrá prorrogar el contrato ni celebrar uno nuevo con la misma o con diferente Empresa de Servicios Temporales, para la prestación de dicho servicio. De otra parte, la EST se sujetará a lo establecido en el Código Sustantivo de Trabajo para efecto del pago de salarios, prestaciones sociales y demás derechos de los trabajadores, los cuales está obligada a cubrir en calidad de empleadora[5]".

No obstante, la denominada flexibilización laboral como parte de las estrategias para el incremento del empleo, ha generado modificaciones tácitas en estos conceptos, introduciendo la tercerización y la intermediación, en las cuales se encuentra una vinculación indirecta de trabajadores bajo diversas modalidades que han requerido de intervención normativa para corregir los excesos en la precarización de la relación laboral y sus respectivas prestaciones económicas.

Con relación a la contratación por empresas de servicios temporales, de acuerdo con los informes del Ministerio de Trabajo de Colombia[6] para el año 2015, éstas generaron empleo a 513.000 trabajadores con tribuyendo con el trabajo formal con un 5,8%. Con relación al año 2014 se presentó un incremento del sector del 3.14%, siendo la industria manufacturera la de mayor contratación, seguido por el sector del comercio y posteriormente el de servicios.

II. CONCEPTO DE CONTRATACIÓN TEMPORAL EN LA LEGISLACIÓN COLOMBIANA

1. Definición

A partir de la definición introducida por la Ley 50 de 1990, la utilización de terceros para la realización de actividades propias de la empresa se ha realizado bajo

[4] El Artículo 71 establece: "Es empresa de servicios temporales aquella que contrata la prestación de servicios con terceros beneficiarios para colaborar temporalmente en el desarrollo de sus actividades, mediante labor desarrollada por personas naturales, contratadas directamente por la empresa de servicios temporales, la cual tiene con respecto de éstas el carácter de empleador."

[5] Artículo 77.

[6] http://www.mintrabajo.gov.co/empleo/indicadores-del-mercado-laboral/empresas-de-servicios-temporales.html

diferentes modalidades. Para la Organización Internacional del Trabajo -(en adelante OIT), se ha referido a la subcontratación para la producción de bienes y servicios como aquella "mediante la cual una empresa confía a otra el suministro de bienes o servicios y esta última se compromete a llevar a cabo el trabajo por su cuenta y riesgo y con sus propios recursos financieros, materiales y humanos[7]." Esta definición, en estricto sentido es la tercerización no permite la inclusión de las empresas de servicios temporales y más bien en Colombia se refiere a la tercerización laboral en la cual los trabajadores son autónomos, y existen las figuras de las Cooperativas de Trabajo Asociado, las Empresas Asociativas del Trabajo, el Contrato Sindical y los Contratistas Independientes. Por otro lado la intermediación laboral, entendida como lo estableció la norma laboral, es el envío de trabajadores en misión a una empresa usuaria, solo puede ser ejercida por las EST, consagrándose de manera explícita que ésta será siempre el verdadero empleador y deberá regirse por la normatividad laboral vigente. Solo a este tipo de contratación laboral se hará referencia en este capítulo y cuya definición se plasmó en las normatividad colombiana como "la empresa de servicios temporales – EST, es aquella que contrata la prestación de servicios con terceros beneficiarios para colaborar temporalmente en el desarrollo de sus actividades, mediante la labor desarrollada por personas naturales, contratadas directamente por la Empresa de Servicios Temporales, la cual tiene con respecto de éstas el carácter de empleador."

En síntesis, las EST son una modalidad de prestación de servicios de colaboración a terceros o de medio, reguladas por el Código Sustantivo de Trabajo y Decreto 4369 de 2006, con el fin de atender necesidades específicas de empresas usuarias, durante épcoas especiales durante el año o situaciones puntuales, que permiten la contratación de trabajadores en misión durante períodos de seis meses, prorrogables únicamente por seis meses más.

2. Evolución normativa

Para efectos académicos es interesante observar cuál ha sido la evolución normativa que durante casi sesenta años se ha dado en Colombia. No debe perderse de vista que la relación de los trabajadores, que en esta relación se denominan trabajadores en misión y prestan su servicio personal en una empresa usuaria, no desvirtúa la condición de verdadero empleador que tiene la empresa temporal. El doctrinante Gerardo Arenas Monsalve[8] presenta un panorama en el cual se encuentran tres períodos normativos: una primera etapa denominada de abstención normativa duran te unos 20 años desde 1963 a 1983 y que parte de la primera empresa temporal que realiza su incursión en Colombia, que se rigió básicamente por el Decreto 2676 de 1971 y convenios de la Organización Internacional del Trabajo – OIT. Desde inicios de 1975

---

[7] OIT: Informe VI (1): Trabajo en régimen de subcontratación, CIT 85 (1997).

[8] Monsalve, G. A. (2002). La contratación de trabajadores a través de Empresas de Servicios Temporales. *Precedente. Revista Jurídica*, 207-222.

se crea la Asociación Colombiana de Empresas de Servicios Temporales - Acoset[9] y toma el liderazgo de propender por la normatividad propia para las EST. Se encuentra una segunda etapa, llamada de regulación permisiva, en el período 1983 hasta 1991 con varios proyectos regulatorios presentados que se materializa con la expedición del Decreto 1433 de 1983, el cual reconoce a las EST como verdaderos empleadores de sus trabajadores, establece los requisitos de su constitución siendo potestad de vigilancia y control del Ministerio de Trabajo. En este decreto no se dejó mención alguna frente a la temporalidad de contratación de este tipo de trabajador. Durante este período se dio un gran incremento del número de EST en Colombia. A partir del año 1991 se da la tercera etapa, regulación y control formal, que parte de la reforma laboral con la Ley 50 de 1990, introduce la contratación laboral por períodos inferiores a un año, define los eventos en los cuales las empresas podrán acudir a las empresas temporales, así como sus requisitos de operación.

Dentro del marco de la Ley 50 de 1990, se expidieron los decretos reglamentarios 1707 de Julio de 1991, 24 de Enero de 1998, posteriormente modificado por el Decreto 503 del mismo año, donde se dejó explícita la temporalidad de los trabajadores en misión en las empresas usuarias y claridad frente a la relación del trabajador temporal y la EST, al pago de salarios y prestaciones sociales idénticas a cualquier otro tipo de trabajador dependiente. Fue en Diciembre de 2006 cuando se expide el Decreto 4369[10] por el cual se reglamenta el ejercicio de la actividad de las Empresas de Servicios Temporales en diversos aspectos:

- Estableció normas sobre la razón social para evitar error o confusión con otra ya existente.
- Definió los tipos de trabajadores de las EST en dos (2) categorías: Trabajadores de planta y trabajadores en misión. Los trabajadores de planta son los que desarrollan su actividad en las dependencias propias de las Empresas de Servicios Temporales. Trabajadores en misión son aquellos que la Empresa de Servicios Temporales envía a las dependencias de sus usuarios a cumplir la tarea o servicio contratado por estos.
- Dejó explícito los casos en los cuales las empresas usuarias pueden contratar servicios con las Empresas de Servicios Temporales, estando ya clara la temporalidad, cuyo objetivo final es la preservación de la estabilidad de los trabajadores vinculados directamente con la empresa usuaria.

---

[9] La Asociación Colombiana de Empresas de Servicios Temporales - ACOSET, es un gremio sin ánimo de lucro, encargado de fomentar la utilización y desarrollo de las Empresas de Servicios Temporales (EST), como medio de garantía para el empresario, el trabajador en misión, de sostenimiento del desarrollo económico de la nación y sus regiones, la promoción de servicios que benefician a sus trabajadores de planta, en misión y sus familias. Desde 1975, diseña y ejecuta planes a sus afiliados ofreciéndoles orientación, representación y protección a sus intereses, dentro de un criterio de bienestar y progreso del país, ejerciendo un liderazgo en el manejo de los temas del servicio temporal. ACOSET tiene una cobertura a nivel nacional con sus empresas afiliadas distribuidas en 7 capítulos: Antioquia, Atlántico, Bolívar, Cundinamarca, Santander, Valle y Otras Regiones. Disponible en: *http://www.acoset.org/index.php/nosotros/que-es-acoset*

[10] Ministerio de la Protección Social: Decreto 4369 de Diciembre 4 de 2006.

- Contempló la constitución de póliza de garantía a favor de los trabajadores en misión, para asegurar el pago de sus salarios, prestaciones sociales e indemnizaciones, en caso de iliquidez de la Empresa de Servicios Temporales.
- Obligatoriedad de Afiliación de trabajadores en misión al Sistema de Seguridad Social Integral.
- Responsabilidad en Salud ocupacional para sus trabajadores de planta y en misión.
- Vigilancia y control a cargo de las Direcciones Territoriales del Ministerio de la Protección Social.
- Estableció sanciones por infracciones que van desde las multas hasta la cancelación de la autorización de funcionamiento.

Adicionalmente, el Decreto 1530 de 1996 reglamentó la cotización de los trabajadores en misión sobre la misma clase de riesgo que la empresa usuaria y obligó a la empresa usuaria a incluir a los trabajadores en misión dentro de sus programas de salud ocupacional.

III. LA ESTABILIDAD LABORAL REFORZADA DEL TRABAJADOR TEMPORAL

Como se expresó anteriormente quedó establecido en la normatividad, que solo se puede contratar con empresas de servicios temporales por períodos de 6 meses prorrogables por seis meses adicionales. Esto haría pensar que todos los contratos entre la EST y sus trabajadores serían a término fijo. Aunado a lo anterior, el Código Sustantivo de Trabajo en los artículos 62 y 63 estableció las causales para dar por terminado unilateralmente el contrato de trabajo, por parte del empleador y por parte del trabajador. En las primeras, en el numeral 15 expresó como justa causa que "la enfermedad contagiosa o crónica del trabajador, que no tenga carácter de profesional, así como cualquiera otra enfermedad o lesión que lo incapacite para el trabajo, cuya curación no haya sido posible durante ciento ochenta (180) días. El despido por esta causa no podrá efectuarse sino al vencimiento de dicho lapso y no exime al empleador de las prestaciones e indemnizaciones legales y convencionales derivadas de la enfermedad." Esta causal generó numerosos despidos dejando desprotegidos a los trabajadores enfermos, ya que se aludía a una causal legal, el vencimiento del plazo pactado, para la terminación de los contratos. Es así como el 7 de Febrero de 1997 se expide la ley 361que definió un marco de protección para las personas en situación de discapacidad, estableciendo una protección laboral reforzada, que ha sido desarrollado ampliamente por la jurisprudencia nacional.

La Constitución Política de Colombia en el artículo 1º, definió a Colombia como un Estado Social de Derecho e incluyó dentro de los derechos fundamentales:

> "Artículo 3º: Todas las personas nacen libres e iguales ante la ley, recibirán la misma protección y trato de las autoridades y gozarán de los mismos derechos,

libertades y oportunidades sin ninguna discriminación por razones de sexo, raza, origen nacional o familiar, lengua, religión, opinión política o filosófica.

El Estado promoverá las condiciones para que la igualdad sea real y efectiva y adoptará medidas en favor de grupos discriminados o marginados.

El Estado protegerá especialmente a aquellas personas que por su condición económica, física o mental, se encuentren en circunstancia de debilidad manifiesta y sancionará los abusos o maltratos que contra ellas se cometan."

La mencionada Ley 361 de 1997 determinó: "En ningún caso la limitación de una persona podrá ser motivo para obstaculizar una vinculación laboral, a menos que dicha limitación sea claramente demostrada como incompatible e insuperable en el cargo que se va a desempeñar. Así mismo, ninguna persona limitada podrá ser despedida o su contrato terminado por razón de su limitación, salvo que medie autorización de la Oficina de Trabajo. No obstante, quienes fueren despedidos o su contrato terminado por razón de su limitación, sin el cumplimiento del requisito previsto en el inciso anterior, tendrán derecho a una indemnización equivalente a 180 días de salario, sin perjuicio de las demás prestaciones e indemnizaciones a que hubiere lugar de acuerdo con el Código Sustantivo de Trabajo y demás normas que modifiquen, adicionen, complementen o aclaren".

Teniendo en cuenta este marco jurídico, el cumplimiento del plazo pactado en el contrato entre empleador y trabajador, no es suficiente para despedir al trabajador temporal que presente una limitación derivada de su estado de salud y es lo que se ha denominado estabilidad laboral reforzada. Adicionalmente se ha predicado del trabajador con alguna discapacidad, que gaza del fuero de salud, como "el que se predica de aquel trabajador que padece una disminución física o sensorial que lo hace diferente y por lo tanto sujeto de especial protección, siendo así un colaborador disminuido en su condición de salud." Así lo ha reiterado la jurisprudencia constitucional cuando en Sentencia T-687 de 2006[11], expresó:

> "... en ciertas circunstancias muy especiales el derecho a la estabilidad laboral reforzada puede oponerse, incluso, a la terminación del contrato a término fijo por el vencimiento del plazo. En efecto, en aquellos contratos que materialmente corresponden a contratos a término indefinido, cuyas obligaciones han sido plenamente satisfechas por el trabajador, que han sido sucesivamente renovados y que satisfacen necesidades permanentes de la empresa, el trabajador tiene derecho a que el patrono no adopte la decisión de no renovar el contrato fundado en razones discriminatorias o con la intención de lesionar o impedir el ejercicio de derechos fundamentales como el derecho a la asociación sindical."

Sobre la garantía a la estabilidad laboral reforzada en los contratos a término fijo, la Corte Constitucional en Sentencia T-230 de 2010[12] señaló: "(...) el sólo vencimiento del plazo inicialmente pactado, producto del acuerdo de voluntades, no basta para

[11] Corte Constitucional: Sentencia T-687 de 2006. Mg. Ponente: Jaime Córdoba Triviño.
[12] Corte Constitucional: Sentencia T-230 de 2010, Mg. Ponente: María Victoria Calle Correa.

legitimar la decisión del patrono de no renovar e/ contrato, sólo así se garantizará, de una parte la efectividad del principio de estabilidad, en cuanto "expectativa cierta y fundada" del trabajador de mantener su empleo, si de su parte ha observado las condiciones fijadas por el contrato y la ley, y de otra la realización del principio, también consagrado en el artículo 53 de la Carta Política, que señala la primacía de la realidad sobre las formalidades establecidas por los sujetos de la relación laboral."

Esta protección adquiere mayor relevancia en los casos de la trabajadora temporal en estado de gestación. El Código Sustantivo de Trabajo en el Artículo 239 trae la prohibición expresa de despido de la mujer por motivo de embarazo o lactancia; así las cosas, una mujer que sea despedida durante el período de gestación o dentro de los tres meses posteriores al parto, sin la debida autorización de la autoridad laboral, se presume que es por esa causa. Esto genera las indemnizaciones previstas en la misma norma[13] así: "...3. Las trabajadoras de que trata el numeral 1 de este artículo que sean despedidas sin autorización de las autoridades competentes, tienen derecho al pago de una indemnización equivalente a los salarios de sesenta (60) días, fuera de las indemnizaciones y prestaciones a que hubiere lugar de acuerdo con el contrato de trabajo. 4. En el caso de la mujer trabajadora, además, tendrá derecho al pago de las catorce (14) semanas de descanso remunerado a que hace referencia la presente ley, si no ha disfrutado de su licencia de maternidad; en caso de parto múltiple tendrá derecho al pago de dos (2) semanas adicionales y, en caso de que le hijo sea prematuro, al pago de la diferencia de tiempo entre la fecha del alumbramiento y el nacimiento a término."

La Sentencia T-759 de 2005[14] concluyó: "Cabe anotar que, los despidos injustificados por parte de las empresas de servicios temporales llevan a desconocer los derechos de las mujeres en estado de gestación, las cuales son despedidas haciéndose caso omiso de las garantías constitucionales. Se debe hacer claridad que de conformidad con lo expuesto por esta Corte, para que la terminación unilateral proceda en estos casos, deberá mediar los requisitos legales señalados para las demás modalidades de contrato de trabajo, por lo tanto no es posible finiquitar unilateralmente un contrato por terminación de obra o labor contratada, si lo que se pretende eludir son las prestaciones generadas por el estado de maternidad. Debe observarse que las prerrogativas propias de la protección a la maternidad son impostergables."

En ambos casos, cuando el empleador de un trabajador temporal que se encuentre limitado por razón de salud o de una trabajadora temporal embarazada desee terminar el vínculo laboral, deberá solicitar ante el Inspector de Trabajo de la jurisdicción el respectivo permiso enunciado por el artículo 26 de la Ley 361 de 1997, para lo cual se deben aportar las siguientes pruebas:

a) Concepto, certificación o dictamen mediante el cual el tratamiento de rehabilitación culminó, no existe posibilidad de culminarse o no es procedente.

---

[13] Código Sustantivo del Trabajo – Artículo 230. Modificado. Ley 50 de 1990, art. 35. Modificado Ley 1468 de 2011, art. 2°.

[14] Corte Constitucional: Sentencia T-759 de 2005, Mg. Ponente: Humberto Sierra Porto.

b) Estudios de puesto de trabajo con el objeto de determinar si efectivamente en la empresa existe o no un cargo acorde a la salud del trabajador.
c) La discriminación de cargos en la empresa.
d) Un documento que describa las competencias o funciones de cada cargo o puesto de trabajo relacionado en la nómina, versus el perfil, aptitudes físicas, sicológicas y técnicas con las que debe contar el trabajador que va a desempeñar el cargo.
e) Cualquier tipo de documento mediante el cual el empleador pruebe haber agotado todas las posibilidades de reincorporación o reubicación laboral mencionados y que en los puestos existentes en la empresa, empeorarían la condición de salud del trabajador ó que definitivamente con base en las capacidades residuales del trabajador, no existe un puesto de trabajo para ofrecerle conforme a su estado de salud.

IV. TRATAMIENTO DEL TEMA DESDE EL ÁMBITO JURISPRUDENCIAL

Las Altas cortes colombianas, y en especial la Corte Constitucional y la Corte Suprema de Justicia Sala Laboral, a partir de la legislación vigente han generado sentencias que protegen a los trabajadores temporales cuando se encuentran en estado de debilidad manifiesta por diversas causales, otras que se refieren a la solidaridad que puede derivarse de la relación Usuaria – Empresa de Servicios Temporales, así como cuando se vulnera la temporalidad y la contratación de trabajadores en misión reemplaza a los trabajadores directos de la empresa usuaria.

La Corte Constitucional ha conceptuado en numerosas sentencias sobre la estabilidad laboral reforzada de los trabajadores que exhiban alguna característica de debilidad manifiesta y por ello ha expresado: "Según lo ha entendido la jurisprudencia constitucional, no existe un derecho fundamental a la conservación del trabajo o a permanecer determinado tiempo en cierto empleo. No obstante, en virtud de las particulares garantías que señala la Constitución, algunos sujetos tienen especial protección a su estabilidad laboral. En esa medida no se les puede desvincular laboralmente mientras no exista una especial autorización de la oficina del trabajo o del juez. Es el caso de las mujeres en estado de embarazo, los trabajadores aforados, las personas limitadas –por la debilidad manifiesta en que se encuentran."

Es de tal importancia la protección a los trabajadores que evidencian alguna discapacidad secundaria a diversas patologías así como a la embarazada, que la terminación del contrato en esas circunstancias obligará al reintegro de los trabajadores. En esos casos cuando se evidencia la terminación del contrato o el despido sin justa causa, sin contar con el respectivo permiso del Ministerio de Trabajo, genera la presunción legal del despido en razón de la debilidad manifiesta. Ahora bien, si hay evidencia de una justa causa de despido, siempre y cuando se cumpla con el debido proceso en cuanto a la solicitud de permiso ante el Ministerio de Trabajo y la indemnización establecida por la Ley 361 de 1997, se podría terminar el vínculo laboral.

En el caso de la mujer en estado de gestación, en la Sentencia de Unificación SU-070 del 13 de Febrero de 2013[15], que analizó treinta y tres casos de mujeres que fueron desvinculadas o terminado su contrato en razón al vencimiento del plazo pactado, la corte estableció criterios claros en las diferentes modalidades de contratación. Para el caso de las empresas de servicios temporales puntualizó: "...Las empresas de servicios temporales, en adelante EST, son aquellas que contratan la prestación de servicios con terceros beneficiarios (empresas usuarias), para colaborar temporalmente en el desarrollo de sus actividades, mediante la labor desarrollada por personas naturales [trabajadoras en misión], contratadas directamente por la Empresa de Servicios Temporales, la cual tiene con respecto de estas el carácter de empleador. La Corte Constitucional en numerosas ocasiones, ha reconocido el carácter laboral de la relación jurídica entre el trabajador y la empresa de servicios temporales, precisando que, subsiste mientras [la empresa usuaria] requiera de los servicios del trabajador o haya finalizado la obra para el cual fue contratado. Así mismo, ha señalado que cuando el usuario necesite de la contratación permanente del servicio de los trabajadores en misión, debe acudir a una forma distinta de contratación. Lo anterior, por cuanto el decreto 4369 de 2006, señaló expresamente los casos en los cuales las empresas usuarias pueden contratar servicios con las EST. ... Por las anteriores razones es que esta Sala considera que, atendiendo a la modalidad contractual empleada por EST para vincular a sus trabajadoras y en atención a los casos en los cuales las empresas usuarias pueden contratar servicios con una EST (artículo 6 del decreto 4369 de 2006), para estos casos de no renovación del contrato de una mujer embarazada o lactante que se encontraba prestando sus servicios a una usuaria, deberán aplicarse las reglas propuestas para los contratos a término fijo o para los contratos por obra o labor, dependiendo de la modalidad contractual empleada por la EST. Tanto en los supuestos de cooperativas de trabajo asociado, como en los de empresas de servicios temporales, se entenderá que hubo conocimiento del estado de embarazo por parte del empleador cuando al menos conociera de éste (i) la cooperativa de trabajo asociado, (ii) la empresa de servicios temporales, o (iii) el tercero o empresa usuaria con el cual contrataron. Igualmente, deberá preverse que el reintegro procederá ante el tercero contratante o la empresa usuaria, y que en todo caso el lugar de reintegro podrá cambiar y ordenarse según el caso a la empresa usuaria o la cooperativa o EST, de resultar imposibilitada una u otra para garantizarlo."

Las hipótesis planteadas por la Corte Constitucional quedaron plasmadas en dicha sentencia y soluciona toda duda en cualquier caso concreto: "...2.1 Cuando el empleador conoce en desarrollo de esta alternativa laboral el estado de gestación de la empleada, se presentan dos situaciones: 2.1.1 Si la desvincula antes del vencimiento del contrato sin la previa calificación de una justa causa por el inspector del trabajo: En este caso se debe aplicar la protección derivada del fuero consistente en la ineficacia del despido y el consecuente reintegro, junto con el pago de las erogaciones dejadas de percibir. Se trata de la protección establecida legalmente en el artículo 239 del CST y

[15] Corte Constitucional: Sentencia SU-070 del 13 de Febrero de 2013. Mg. Ponente Alexei Julio Estrada.

obedece al supuesto de protección contra la discriminación. 2.1.2 Si la desvincula una vez vencido el contrato, alegando como una justa causa el vencimiento del plazo pactado: En este caso el empleador debe acudir antes del vencimiento del plazo pactado ante el inspector del trabajo para que determine si subsisten las causas objetivas que dieron origen a la relación laboral. Si el empleador acude ante el inspector del trabajo y este determina que subsisten las causas del contrato, deberá extenderlo por lo menos durante el periodo del embarazo y los tres meses posteriores. Si el inspector del trabajo determina que no subsisten las causas, se podrá dar por terminado el contrato al vencimiento del plazo y deberán pagarse las cotizaciones que garanticen el pago de la licencia de maternidad. Si no acude ante el inspector del trabajo, el juez de tutela debe ordenar el reconocimiento de las cotizaciones durante el periodo de gestación; y la renovación sólo sería procedente si se demuestra que las causas del contrato laboral a término fijo no desaparecen, lo cual se puede hacer en sede de tutela. Para evitar que los empleadores desconozcan la regla de acudir al inspector de trabajo se propone que si no se cumple este requisito el empleador sea sancionado con pago de los 60 días previsto en el artículo 239 del C. S. T. 2.2 Cuando el empleador no conoce en desarrollo de esta alternativa laboral el estado de gestación de la empleada, se presentan tres alternativas: 2.2.1 Si la desvincula antes del vencimiento del contrato, sin alegar justa causa: En este caso sólo se debe ordenar el reconocimiento de las cotizaciones durante el periodo de gestación; la renovación del contrato sólo será procedente si se demuestra que las causas del contrato laboral a término fijo no desaparecen, lo cual se puede hacer en sede de tutela. Adicionalmente se puede ordenar por el juez de tutela que se paguen las indemnizaciones por despido sin justa causa. 2.2.2 Si la desvincula antes del vencimiento del contrato pero alega justa causa distinta a la modalidad del contrato: En este caso sólo se debe ordenar el reconocimiento de las cotizaciones durante el periodo de gestación; y la discusión sobre la configuración de la justa causa se debe ventilar ante el juez ordinario laboral. 2.2.3 Si la desvincula una vez vencido el contrato, alegando esto como una justa causa: En este caso la protección consistiría mínimo en el reconocimiento de las cotizaciones durante el periodo de gestación; y la renovación del contrato sólo sería procedente si se demuestra que las causas del contrato laboral a término fijo no desaparecen, lo cual se puede hacer en sede de tutela. En este caso no procede el pago de los salarios dejados de percibir, porque se entiende que el contrato inicialmente pactado ya había terminado."

Como se observa la estabilidad reforzada es un concepto de preponderancia constitucional que asegura la permanencia en el trabajo de los trabajadores amparados por tal fuero, permitiéndoles asegurar el mínimo vital y la cobertura en seguridad social, estableciendo restricciones a la autonomía del empleador en pro de la debilidad manifiesta de sus trabajadores y del debido proceso. Es así como fue definido por la corte mediante Sentencia C-470 del 25 de Septiembre de 1997[16]: "Estabilidad Reforzada: Consiste en la garantía que tiene todo trabajador a permanecer en el empleo y

[16] Corte Constitucional: Sentencia C-470 del 25 de Septiembre de 1997. Mg. Ponente Alejandro Martínez Caballero.

a obtener los correspondientes beneficios salariales y prestacionales, incluso contra la voluntad del patrono, si no existe una causa relevante que justifique el despido".

La Corte Suprema de Justicia – Sala Laboral se ha ocupado de la relación laboral que se establece entre la empresa usuaria, la empresa de servicios temporales y el trabajador en misión. Frente a esta relación se han discutido varios aspectos como la calidad de verdadero empleador de las EST, la solidaridad entre la empresa usuaria y la EST frente a los pagos y prestaciones sociales, en el campo de la salud ocupacional y los riesgos laborales, y la solidaridad laboral frente a la culpa patronal.

En sentencia emanada por la Sala Laboral de la Corte Suprema de Justicia en Abril 24 de 1997[17], el magistrado ponente expresó "Pues bien, las E.S.T. son empleadores y actúan como tales, mientras que los intermediarios, aunque ocasionalmente pueden comportarse como patronos nunca lo son en realidad. Las E.S.T responden de los derechos de los trabajadores, al paso que los intermediarios no se obligan a título personal sino en representación del patrono, y solo son responsables por solidaridad cuando ocultan su carácter para revestirse de la apariencia patronal. A diferencia de las E.S.T. los intermediarios pueden ser personas naturales o jurídicas, normalmente su actividad se ejerce sin el control forzoso de la autoridad administrativa del trabajo, salvo en lo que toca con las agencias de colocación." En otro aparte, estableció que "El contratante o beneficiario responde solidariamente con el contratista de las obligaciones laborales adquiridas por este, mientras que el usuario de la E.S.T. no responde por los derechos laborales de los trabajadores en misión.". Aquí confirmó lo que ya la normatividad había expresado frente a la calidad de empleador de las EST y su responsabilidad frente a los salarios y prestaciones sociales. No obstante lo anterior, existen algunos eventos en los cuales, la empresa usuaria debe ser responsable solidariamente ante las acreencias laborales de los trabajadores en misión: Uno de estos casos se da cuando la usuaria transgrede la normatividad y excede la contratación temporal señalada o si se trata de una empresa de servicios temporales ilícita no constituida conforme con los requisitos establecidos: "Pero ésta irresponsabilidad laboral del usuario con referencia a los trabajadores en misión, supone que la E.S.T funcione lícitamente, o por mejor decir que su actividad se halle autorizada por el Ministerio del Trabajo (Ley 50 de 1990, art 82), pues de lo contrario la E.S.T. irregular solo podría catalogarse como un empleador aparente y un verdadero intermediario que oculta su calidad en los términos del artículo 35-2 del C.S.T, de forma que el usuario ficticio se consideraría verdadero patrono y la supuesta E.S.T. pasaría a responder solidariamente de las obligaciones laborales conforme al ordinal 3 del citado artículo del C.S.T."[18]

Con relación a la salud ocupacional y el Sistema de Gestión de la Seguridad y Salud en el Trabajo (SG-SST)[19]corresponde a la EST su implementación y ejecución

---

[17] Corte Suprema de Justicia, Cala Laboral: Acta N° 15 Radicación N° 9435 Magistrado ponente: Dr. Francisco Escobar Henríquez.

[18] Ibidem.

[19] Ministerio del Trabajo: Decreto 1443 del 31 de Julio de 2014.

y salvo que existe alguna actividad peligrosa que implique procesos de inducción o equipos de protección personal especiales, debe quedar explicito cómo se dará cuenta de esta obligación en el contrato de prestación de servicios; no obstante lo anterior, en el evento de sucederse la contingencia laboral, la responsabilidad corresponderá a la EST, sin perjuicio de la posibilidad de repetir contra la usuaria por la omisión o negligencia en el cumplimiento de las obligaciones establecidas: "Importa reiterar que con arreglo al artículo 78 de la Ley 50 de 1990 la E.S.T. es responsable de la salud ocupacional de los trabajadores en misión, aun cuando el servicio se preste en actividades particularmente riesgosas, solo que en esta hipótesis y cuando los trabajadores requieran de un adiestramiento particular o sea indispensable que se les suministre elementos de protección especial, la ley exige que en el contrato de prestación de servicios se determine expresamente la forma como se atenderán estas obligaciones. Consiguientemente, en el evento de que un trabajador en misión sufra un infortunio profesional por culpa del usuario, bien sea por haber incumplido este los compromisos adquiridos con la E.S.T. en punto a seguridad industrial o debido a una imprevisión injustificada, la culpa se transfiere a la E.S.T en tanto delegante del poder de subordinación pero exclusiva en la carga patronal, sin perjuicio del derecho de ella a repetir o reclamar a la usuaria los perjuicios por el incumplimiento contractual si este se presenta[20]." Sin embargo, el Decreto 1530 de 1996 matizó esta responsabilidad, cuando se refirió a que el monto de la cotización en el sistema de riesgos laborales dependerá de la clasificación de la empresa usuaria, lo cual resulta apenas obvio, si se tiene en cuenta que la prestación personal del servicio del trabajador en misión se da es en las instalaciones de la usuaria y no en la EST; también expresó la obligatoriedad de la usuaria de incluir a todos los trabajadores en misión dentro de sus programas de salud ocupacional señalando especialmente los procesos de inducción y los elementos de protección personal, siendo este punto de capital importancia, ya que los riesgos específicos son de conocimiento y manejo de la usuaria.

Aquí vale la pena traer a colación, las modificaciones que introdujo la nueva definición adoptada por el gobierno nacional frente al accidente de trabajo de los trabajadores en misión, en la realización de actividades deportivas, donde generalmente participan masivamente en las empresas usuarias. La norma previa, Decreto 1295 de 1994 traía una exclusión expresa para la calificación de origen del accidente de trabajo: "… Art. 10: No se consideran accidentes de trabajo: a) El que se produzca por la ejecución de actividades diferentes para las que fue contratado el trabajador, tales como labores recreativas, deportivas o culturales, incluidas las previstas en el artículo 21 de la ley 50 de 1990, así se produzcan durante la jornada laboral, a menos que actúe por cuenta o en representación del empleador." Declarado inexequible, el Decreto 1352 de 2012 introduce una modificación al concepto de accidente de trabajo, que fue de muy buen recibo para los trabajadores en misión cuando expresó: "… Art. 3. Inciso 5º: De igual forma se considera accidente de trabajo el que se produzca por la ejecución de actividades recreativas, deportivas o culturales, cuando se actúe por cuenta o en representación

[20] Corte Suprema de Justicia, Sala Laboral: Acta Nº 15 Radicación Nº 9435 Magistrado ponente: Dr. Francisco Escobar Henríquez

del empleador o de la empresa usuaria cuando se trate de trabajadores de empresas de servicios temporales que se encuentren en misión." Con ello se materializa el principio de igualdad de los trabajadores en misión frente a las actividades deportivas de las que siempre hacían parte por tratarse de generalmente de programas de recreación establecidos por las empresas usuarias.

En esta relación triangular, también se tienen efectos frente a la culpa patronal. Como se ya quedó establecido en la norma, los trabajadores en misión tiene un encargo específico a desarrollar en la empresa usuaria. Pero en aquellos casos en los cuales la usuaria decida modificar estas actividades, se hará responsable asumiendo como verdadero empleador. "Estima la Sala, en consecuencia con lo dicho, que si bien en principio las empresas de servicios temporales son verdaderos patronos y responsables frente al trabajador en misión de la salud ocupacional, no es lícito ni legítimo que un usuario aproveche los servicios de esta clase de trabajadores para atribuirles funciones que escapan totalmente de los deberes propios del contrato de trabajo celebrado por el empleado con la empresa de servicios temporales y luego pretenda desconocer las naturales consecuencias del marco obligacional que surge del contrato de prestación de servicios celebrado con ésta, para así evadirse de la ineludible responsabilidad laboral que surge de su proceder culposo que origina accidentes de trabajo, los cuales deben ser reparados en la forma prescrita por el artículo 216 del Código del Trabajo. Y si aparece diáfano - como en el presente caso - que la empresa de servicios temporales fue totalmente ajena a esa actuación apartada del objeto del contrato en misión, ella no se puede reputar subordinante en estos eventos, y por tanto no será ésta quien deba satisfacer las indemnizaciones pertinentes sino el empresario usuario culpable de la acción o la omisión generadora del infortunio laboral. (Ver sentencia de Marzo 12 de 1997 Exp. 8978)"[21].

V. CONCLUSIONES

A manera de síntesis, es claro que la flexibilización en el campo laboral ha introducido nuevas figuras para la contratación laboral que no pretenden desplazar a los trabajadores de planta de las empresas y de acuerdo con la normatividad, no deben ser utilizadas para evadir las responsabilidades salariales y prestaciones a que tienen derecho los trabajadores. Es por ello que en el caso de las empresas de servicios temporales, se les ha dado un encargo y una duración específicos. La transgresión a estas obligaciones legales, desvirtúa la calidad de empleador de la EST para trasladar esta relación laboral a la usuaria, porque si lo que requiere es un trabajador permanente, debe realizar la contratación directa.

En cuanto a las empresas de servicios temporales, está clara su calidad de empleador y por lo tanto debe asumir todas las obligaciones salariales y de prestaciones sociales a las cuales se obliga cualquier empresa en Colombia, incluyendo la cobertura en seguri-

[21] Ibidem.

dad social y los programas de seguridad y de salud en el trabajo. Es así como pesar de su condición de empleadora temporal, debe también asumir las estipulaciones jurisprudenciales frente a la estabilidad laboral de los trabajadores en debilidad manifiesta, esto es, aquellos con fuero de salud y la trabajadora en estado de embarazo.

El cumplimiento de lo establecido en la normatividad tanto por empresas usuarias como de servicios temporales, permite el fortalecimiento del empleo formal en el país sin detrimento de la posición del trabajador quien mantendría a salvo todos sus derechos laborales.

VI. BIBLIOGRAFÍA

Chávez, A. M. R., & Rojas, M. (2004). La intermediación laboral. *Revista de Derecho*, (22).

Rojas, A. (2003). Fuero de maternidad. Garantía a la estabilidad laboral. *Revista de Derecho*, (19).

Ugarte Cataldo, J. L. (2006). Sobre relaciones laborales triangulares: La subcontratación y el suministro de trabajadores. *Ius et Praxis*, *12*(1), 11-29.

Boada Peñaranda, N. C. (2015). De la estabilidad laboral reforzada: un estudio jurisprudencial sobre esta institución jurídica y los mecanismos para garantizar este derecho.

Aguirre, C. D. R. (2014). La protección de la estabilidad reforzada de la mujer en estado de embarazo: análisis jurisprudencial del fuero de maternidad en los contratos a término fijo. *Revista CES Derecho*, *5*(1), 106.

Godoy Córdoba, Abogados Ltda. Hacia un entendimiento adecuado del fuero de salud. En: Revista Actualidad Laboral y Seguridad Social. Marzo – abril de 2.009 páginas 19 y siguientes.

Moreno, I. G., & Oviedo, M. H. (2013). Principios jurisprudenciales de los riesgos laborales en Colombia. *Pensamiento Jurídico*, (36).

Salazar Henao, J. D., & Marulanda Giraldo, L. F. (2014). Análisis de las zonas grises o de frontera entre los diferentes tipos de relaciones laborales que originan el fraude al contrato de trabajo.

Blanco Rivera, Ó. A. (2007). Las empresas de servicios temporales en Colombia. *Revista Latinoamericana de Derecho Social*, (05).

Salazar, A. M. B., & Restrepo, H. B. (2010). La motivación de los trabajadores subcontratados. Una paradoja incesante. *AD-minister*, (17), 35-58.

Fajardo, L. E., & Guataquí, J. C. (2000). La Corte Constitucional y la flexibilidad del mercado laboral. *Revista de Economía Institucional*, *2*(3), 80-103.

CAPÍTULO 10. EL DERECHO AL TRABAJO EN LAS PEQUEÑAS Y MICROEMPRESAS: PROBLEMÁTICA DE LA *PROBATIO DIABÓLICA* DEL USO FRAUDULENTO DE LA RELACIÓN LABORAL ESPECIAL SUJETA AL RÉGIMEN MYPE

L. ALBERTO HUAMÁN ORDÓÑEZ[1]

JAVIER H. ESPINOZA ESCOBAR[2]

Sumario: I. EL DERROTERO DEL DERECHO DEL TRABAJO NUESTRO DE CADA DÍA: UN NECESARIO RECUENTO DEL ESCENARIO ACTUAL QUE SE CIERNE SOBRE LOS TRABAJADORES. II. MERCADO DE TRABAJO Y DACIÓN DEL RÉGIMEN JURÍDICO LABORAL – ESPECIAL MYPE: EL ESCENARIO ECONÓMICO – LABORAL TENDIENTE A LA DEBILIDAD DE UN SISTEMA QUE NO PUEDE CONTROLAR EL USO FRAUDULENTO DE ESTA EXPRESIÓN JURÍDICO – ESPECIAL DE CONTRATACIÓN DE PERSONAL. III. PROBLEMÁTICA DE LA CUESTIÓN PROBATORIA EN EL DEVELAMIENTO DEL USO FRAUDULENTO DE LA CONTRATACIÓN SUJETA AL RÉGIMEN JURÍDICO DE LAS MYPEs. ANÁLISIS DE LOS DATOS INDICIARIOS BRINDADOS DE LA INTERPRETACIÓN

---

[1] (*) Abogado por la Universidad Nacional Pedro Ruiz Gallo - UNPRG. Consultor externo. Docente universitario. Con estudios de Especialización en Administración de Recursos Humanos por el Instituto Peruano de Administración de Empresas - IPAE. Asesor Legal Externo del Servicio Nacional de Adiestramiento en Trabajo Industrial - SENATI. Miembro del Comité Consultivo de ACTUALIDAD GUBERNAMENTAL. REVISTA DE GOBIERNO Y COOPERACIÓN INTERNACIONAL de Pacífico Editores así como de la revista ADMINISTRACIÓN PÚBLICA & CONTROL correspondiente al sello editorial Gaceta Jurídica.

[2] (*) Profesor principal de Derecho del Trabajo de la Facultad de Derecho de la Universidad Católica Santo Toribio de Mogrovejo - USAT. Magíster en Derecho del Trabajo y de la Seguridad Social a través de la Jurisprudencia por la Universidad Rey Juan Carlos (España). Magíster en Derecho con mención en Derecho de la Empresa por la Universidad de Piura. Miembro de la Sociedad Peruana de Derecho del trabajo y de la Seguridad Social. Director del Laboratorio hispano- andino de Jurisprudencia Laboral y de Seguridad Social (Sección Perú).

JURÍDICA DE LA REGULACIÓN LABORAL - ESPECIAL. 1. El volumen anual de ventas del empresario y su incidencia sobre los trabajadores: la búsqueda de algunos datos indiciarios al respecto. 2. Las limitaciones, de alcance prohibitivo, de contratación de personal mediante MYPE con respecto a los grupos económicos como otro dato indiciario de fraude en la contratación de personal. 3. La situación de vinculación económica de la empresa unitaria, favorecida por la regulación MYPE, con otras empresas o grupos económicos a quienes, de principio, les resulta inaplicable el cuadro jurídico MYPE. 4. Las empresas que falsean información respecto del volumen de ventas realizado en sus actividades económicas. 5. Las empresas unitarias que se dividen en unidades empresariales para gozar de los beneficios de la legislación MYPE. 6. El inmediato cambio en el régimen jurídico de prestación de servicios de personal y la recontratación del mismo en base a la legislación MYPE por parte del mismo empleador: la prohibición de sumatoria de regímenes jurídico - laborales y su incumplimiento como dato de fraude que funciona como un poderoso dato de probanza del abuso en la contratación de personal. 7. El tiempo de permanencia de la empresa sujeta al régimen MYPE, la extensibilidad y el tránsito al régimen laboral correspondiente. 8. La exclusión de determinadas actividades económicas no susceptibles de adscribirse al régimen jurídico MYPE. 9. La extensión del régimen laboral MYPE orientado a la formación de microempresas y la desnaturalización en función a la superación del número máximo de trabajadores y a labores distintas de las establecidas por el Texto Único Ordenado. IV. ALGUNOS COMENTARIOS A MANERA DE CIERRE. BIBLIOGRAFÍA.

I. EL DERROTERO DEL DERECHO DEL TRABAJO NUESTRO DE CADA DÍA: UN NECESARIO RECUENTO DEL ESCENARIO ACTUAL QUE SE CIERNE SOBRE LOS TRABAJADORES.

El Derecho del Trabajo pasa, en la actualidad, por una acentuada *constitucionalizacion* de sus cimientos que enfatiza el papel de los trabajadores como personas lo que incide provechosamente, en consecuencia, en la reacción de distintos frentes destinados a concretar, en la vía de los hechos, dicha protección. De lejos, el Tribunal Constitucional además de la Corte Suprema de la República y las Cortes Superiores del país se constituyen en proclamados promotores de los derechos de los trabajadores contribuyendo, entonces, a la señalada constitucionalización ayudados por un frente doctrinal dedicado a enfatizar, aún más, dicha constitucionalización. Al lado de esta postura, la política nacional se ha dirigido a admitir, en sus inicios, y posteriormente a acentuar, en todos sus extremos, la denominada flexibilización laboral[3] entendida en los siguientes términos:

> "Con el término flexibilidad laboral se alude, en general, a una visión crítica de las normas jurídicas sobre el trabajo asalariado, a las que se les demanda esfuerzos

[3] Vidal Bermúdez, Á., Cuadros Luque, F. & Sánchez Reyes, C.: *Flexibilización laboral en el Perú y reformas de la protección social asociadas: un balance tras 20 años*, Serie Políticas Sociales N° 175, División de Desarrollo Social, CEPAL, GIZ, Santiago, febrero 2012, págs. 13-18.

para facilitar la cada vez más necesaria adaptabilidad empresarial en un contexto de permanente aumento de competitividad. De allí que se aluda una y otra vez a la flexibilidad como recurrida receta para mejorar el desempeño empresarial y la creación de empleo.

Sin embargo, según sea quien use el término, la flexibilidad se presta para ser poblada de muchos contenidos. Se alude con ella al fin de la época del trabajo rutinario y repetitivo fordista y a nuevas oportunidades de autonomía y realización en el trabajo; se asimila flexibilización a la disminución del tiempo de trabajo y con ello a ganar más disponibilidad para la vida familiar y el tiempo libre; pero también se utiliza la flexibilización para justificar la reducción de derechos de los trabajadores, tales como mínimos salariales, estabilidad en el trabajo y límites a la duración de la jornada de trabajo, en el entendido que es necesario reducir costos laborales para incentivar la utilización empresarial de mano de obra"[4].

Esta última figura es una propuesta dada a los Gobiernos, por parte del Fondo Monetario Internacional (FMI), para adecuar su "*receta económica*" o, en buen cristiano, su propuesta de políticas económicas orientadas a dirigir un país en términos más allá de lo político que es, normalmente, el cauce común de búsqueda del interés general; propuesta que alimenta la noción de que el mercado es el instrumento que regula racionalmente -de allí que se hable de una pregonada racionalidad económica[5]- el propio mercado de trabajo aunque se quiebren valores elementales de contenido social - racional[6] tales como la equidad y el bienestar de los trabajadores.

Es de allí que desde 1990 para adelante, el Perú ha gestado, en uso de ambos frentes, un diverso contenido jurídico que bien apuntaba a la alegada *flexibilización* a través de Decretos Supremos[7] e incluso valiéndose de regulación parlamen-

---

4 López F., D.: "Mitos, alcances y perspectivas de la flexibilización laboral: un debate permanente" en: *Análisis Laboral*, N° 16, Fundación Friedrich-Ebert-Stiftung, Santiago, septiembre 2002, pág. 1.

5 "El principio de racionalidad es central en teoría económica actual, y ha extendido su influencia a otras ciencias sociales bajo el nombre de teoría de la elección racional.

El principio de racionalidad se suele expresar como el principio de que el individuo toma la mejor decisión dentro del conjunto de decisiones posibles. El conjunto de posibilidades que enfrenta el individuo depende de las restricciones existentes, que pueden afectar tanto qué decisiones puede tomar, como cuáles son las consecuencias de esas decisiones.

Según los objetivos del individuo se puedan formular en términos monetarios o no monetarios, distingo entre racionalidad en sentido limitado (maximización de beneficios) y racionalidad en sentido amplio (optimización de utilidad).

Esta distinción es útil para ver la racionalidad como un hilo unificador en la historia del análisis económico". Cfr. Streb, J.: *El significado de racionalidad en economía*, Centro de Estudios Macroeconómicos de Argentina Working Papers: Serie Documentos de Trabajo N° 139, Universidad del Centro de Estudios Macroeconómicos de Argentina, noviembre 1998, pág. 1.

6 Sandel, M.: *Lo que el dinero no puede comprar. Los límites morales del mercado*, (Traducción: Joaquín Chamorro Mielke) Debate, Barcelona, 2013, pág. 49.

7 Al respecto, v.*gr.*, Decreto Supremo N° 003-97-TR, Texto Único Ordenado del Decreto Legislativo N° 728, Ley de Productividad y Competitividad Laboral; Decreto Supremo N° 003-2002-TR, Establecen disposiciones para la aplicación de las Leyes N°s. 27626 y 27696, que regulan la actividad de las empresas especiales de servicios y de las cooperativas de trabajadores; Decreto Supremo N° 005-2003-TR, Crean el Registro Nacional de Agencias Privadas de Empleo; Decreto Supremo N° 007-2005-TR, Aprueban Reglamento de la Ley N° 28518, Ley sobre Modalidades Formativas Laborales; Decreto Supremo N° 004-2006-

taria[8] en provecho de la lógica empresarial del mercado o, en todo caso, se abría paso como un sólido frente destinado a la protección de la consideración de la noción del trabajador como persona[9].

Como vemos, se grafican abiertamente dos polos opuestos enteramente diferenciados de alcance contrapuesto, cada uno con sus propuestas enteramente distantes: uno de flexibilidad laboral[10] y otro de protección del trabajador, esto último, al cual le es otorgado el disonante nombre de rigidez laboral[11].

Más allá de este escenario fáctico, las nociones de mercado de trabajo y flexibilización laboral encuentran cierto cobijo supralegal en nuestra Carta Nacional a quien, atendiendo a la expresa proclama de la libertad de empresa y mercado, se la bautiza como Constitución económica pues ella constituye el punto de partida jurídico que otorga legitimidad al mercado mismo. Esto, entonces, se manifiesta en un frente autorizante que, al amparo de la Constitución, permite la gestación de legislación distinta a aquella general para otorgar cubierta a la asunción de relaciones de trabajo enteramente distintas a las ordinarias, reguladas en base a la legislación laboral general. No se constituye entonces en excepción que en materia de Derecho del Trabajo se regulen, por intervención de la libre configuración del legislador, distintas situaciones peculiares de prestación subordinadas de servicio al abrigo de la permisión contenida en el artículo 103 de la Constitución peruana: "Pueden expedirse leyes especiales porque así lo exige la naturaleza de las cosas, pero no por razón de las diferencias de las personas (...)", surgiendo con ella los diversos regímenes especiales laborales.

TR, Dictan disposiciones sobre el registro de control de asistencia y de salida en el régimen laboral de la actividad privada; Decreto Supremo N° 007-2008-TR, Texto Único Ordenado de la Ley de Promoción de la Competitividad, Formalización y Desarrollo de la Micro y Pequeña Empresa y del Acceso al Empleo Decente, Ley MYPE (hoy empotrado en el Decreto Supremo N° 013-2013-PRODUCE, Texto Único Ordenado de la Ley de Impulso al Desarrollo Productivo y al Crecimiento Empresarial).

[8] *v.gr.*, Ley N° 27626, Ley que regula la Actividad de las Empresas Especiales de Servicios y de las Cooperativas de Trabajadores; Ley N° 28518, Ley sobre modalidades formativas laborales, etc.

[9] Sobre lo señalado, el Decreto Legislativo N° 856, Alcances y prioridades de los créditos laborales; Decreto Legislativo N° 910, Ley General de Inspección del Trabajo y Defensa del trabajador; Decreto Supremo N° 020-2001-TR, Reglamento de la Ley General de Inspección del Trabajo y Defensa del Trabajador; Ley N° 29497, Nueva Ley Procesal del Trabajo; Ley N° 27050, Ley General de la persona con discapacidad; Ley N° 26772, Disponen que las ofertas de empleo y acceso a medios de formación educativa no podrán contener requisitos que constituyan discriminación, anulación o alteración de igualdad de oportunidades o de trato; Decreto Supremo N° 002-98-TR, Dictan normas reglamentarias de la Ley N° 26772, sobre prohibición de discriminación en las ofertas de empleo y acceso a medios de formación educativa; Ley N° 27270, Ley contra Actos de Discriminación; Ley N° 29351, Ley que reduce costos laborales a los aguinaldos y gratificaciones por Fiestas Patrias y Navidad; Decreto Supremo N° 007-2009-TR, Reglamento de la Ley N° 29351, que reduce costos laborales a los aguinaldos y gratificaciones por Fiestas Patrias y Navidad; Ley N° 27942, Ley de prevención y sanción del hostigamiento sexual; entre otras.

[10] Zúñiga Romero, Marjorie, "Flexibilización laboral y ética empresarial", en: *Revista de Derecho*, N° 37, Universidad del Norte, Barranquilla, enero-junio 2012, págs. 325-330.

[11] Yamada, Gustavo, Hacia una mayor flexibilidad y seguridad en el mercado laboral peruano, en: *Economía y Sociedad*, N° 70, 2008, pág. 50.

Esta posibilidad ha sido ratificada por el Supremo Intérprete al afirmar que "Dicho artículo constitucional es el título habilitante que permitiría la generación de normas especiales porque así lo exige la naturaleza de las cosas, es decir, las circunstancias especiales, privativas y propias de una materia definida que requieren que el legislador legisle especialmente, a efectos que la normativa cubra una realidad que, por sus especiales rasgos, requiere de un tratamiento diferenciado no discriminatorio"[12].

Como es presentada en nuestro Derecho, la noción de regulaciones jurídicas en materia de desempeño de personal enteramente distintas a las generales, en realidad, no es nueva. En el Sector Público existe un gran cúmulo de ellas[13] al punto que la Autoridad Administrativa del Servicio Civil (SERVIR) cuantifica su número en quince[14] aun cuando, más allá de la información oficial, asoman otras figuras contractuales públicas de *facto* a las que les hemos dedicado nuestro análisis[15] que ofenden de manera abierta y burlesca la línea de *objetividad* predicable de la contratación de personal de empleo público.

En el ámbito jurídico-privado, aspecto del cual mostramos interés mediante estas líneas, guiado bajo la entera lógica del mercado[16], al lado del Decreto Supremo N° 003-97-TR, Texto Único Ordenado del Decreto Legislativo N° 728, Ley de Productividad y Competitividad Laboral (LPCL) aparecen una multiplicidad de regímenes

---

[12] Cfr. STC Exp. N.° 00027-2006-PI/TC (21.11.2007) en el proceso de inconstitucionalidad planteado por el Colegio de Abogados de Ica contra el art. 7, numeral 7.2, literales a, b y c del Título III de la Ley N.° 27360, titulada 'Ley que aprueba las normas de promoción del sector agrario', y que en los artículos invocados en específico regula el régimen laboral para los trabajadores del sector agrario, publicada en el diario oficial '*El Peruano*' el 31 de octubre del año 2000, Fundamento Jurídico 68.

[13] A manera de guía, la Ley N° 28091, Ley del Servicio Diplomático de la República (LSDipl), Ley N° 23733, Ley Universitaria (LU), Ley N° 23536, Ley que establece las normas generales que regulan el trabajo y la carrera de los Profesionales de la Salud (LPSalud), Ley N° 29944, Ley de Reforma Magisterial (LRMag), Ley N° 28359, Ley de Situación Militar de los Oficiales de las Fuerzas Armadas (LSM-OFFAA), así como a la Ley N° 30057, Ley del Servicio Civil (LSC).

[14] "En la actualidad, existen 15 regímenes laborales en las entidades del Estado, entre generales y especiales, que conllevan a un desorden en la administración pública porque cada régimen implica distintos derechos y deberes para los servidores públicos. Los regímenes laborales generales son tres: carrera administrativa (Decreto Legislativo 276), régimen de la actividad privada (Decreto Legislativo 728) y contratación administrativa de servicios - CAS (Decreto Legislativo 1057)" Cfr. Servir, *El servicio civil peruano: Antecedentes, marco normativo actual y desafíos de la reforma* (informe), Presidencia del Consejo de Ministros, Lima, mayo 2012, págs. iii-iv (resumen ejecutivo).

[15] En la actualidad, la Administración busca nuevas formas de defraudar disposiciones laborales en desmedro del Derecho del Trabajo. En este ínterin, se han generado los llamados "*servicios por terceros sin contrato*" que no son sino una nueva expresión de rehuir derechos laborales. Sobre esto: Huamán Ordóñez, L. & Espinoza Escobar, J.: "Subordinación, presunción de laboralidad y «servicios por terceros sin contrato» en el Sector Público: análisis de una nueva problemática en el empleo público", en *Administración Pública y Control*, T. I, Gaceta Jurídica S.A., Lima, enero 2014, págs. 89 y ss.

[16] Cordero Ramírez, M. & Ortiz Ibáñez, J.: "La lógica del mercado como desreguladora de la sociedad", en: *Otra Economía: Revista Latinoamericana de Economía Social y Solidaria*, Vol. VI, N° 11, Universidad Industrial de Santander, Bucaramanga - Santander, julio-diciembre 2012, pág. 126: "El papel del mercado no es una simple característica básica de la estructura económica; es la que permite su sentido último, su médula espinal, y, en ese sentido, es la divinización para el economista en común".

laborales singulares o especiales en atención a las formas singulares de prestación de servicios prestados por quien debe desempeñarlos, tasados en un número de veinticuatro, tales como los de los trabajadores agrarios, trabajadores sujetos al régimen de exportación no tradicional, trabajadores a tiempo parcial, trabajadores de construcción civil, trabajadores mineros, trabajadores pesqueros, trabajadores portuarios, artistas, trabajadores adolescentes, trabajadores extranjeros, trabajadores del hogar, trabajadores de dirección y confianza, trabajadores de las micro y pequeñas empresas - mypes (albergado en el Decreto Supremo N° 013-2013-PRODUCE, Texto Único Ordenado de la Ley de Impulso al Desarrollo Productivo y al Crecimiento Empresarial: de aquí en adelante, TUO Ley MYPE), etc., a efectos de citar los principales.

Si bien, con ellos los gobiernos nacionales pretenden dar solución al tema del empleo entre los particulares, se utilizan en muchos casos, en la práctica del diario desempeño empresarial, para la contratación de personal temporario cuando las prestaciones de servicios son de alcance indeterminado lo que genera, entonces, un abuso de dichas figuras de contratación provocando una perversa distorsión del mercado[17] que si bien traduce resultados inmediatos para el empresario estos son efectistas pues, de modo posterior, al descubrirse el evento fraudulento, aparece el reconocimiento en sede administrativa o jurisdiccional de tal uso dañoso de la contratación de personal lo que altera, precisamente, el origen mismo de la finalidad esperada de la aplicación de tal regulación.

Atendiendo a las consideraciones expuestas, teniendo el panorama antelado del cual veníamos dando cuenta, esta vez nos detendremos a analizar, de manera específica, los alcances de la dificultad probatoria (*probatio diabolica*) de la actuación empresarial fraudulenta en la contratación de personal sujeto al régimen jurídico laboral - especial MYPE buscando explicar las razones por las que, en el Perú, en los procesos judiciales en los que se solicita que se declare la existencia de una relación laboral indeterminada en base a una pretensión de inaplicación de tal régimen jurídico fren-

[17] "Teóricamente, existen dos motivos para que los costos no salariales introduzcan distorsiones en el mercado laboral. Un primer factor de distorsión se relaciona con las decisiones de las firmas. Los empleadores toman en cuenta el costo total del trabajador (salarial y no salarial) y lo comparan con sus niveles de productividad. En tal sentido, un incremento en los costos laborales no salariales puede reducir los niveles de empleo de la economía.

En segundo término, los costos no salariales pueden afectar las decisiones del trabajador. Como ha sido señalado, la evidencia empírica disponible encuentra que al menos una parte de estos costos son absorbidos por el empleado. Sin embargo, en la medida en la que éstos sólo se reflejan indirectamente en el bienestar del trabajador (a través de la provisión de servicios de entidades gubernamentales u otras organizaciones), se reducen los incentivos de los trabajadores para permanecer en el sector formal de la economía o para participar en el mercado laboral. Maloney (2000) señala que -ante la existencia de altos costos laborales- la informalidad puede reflejar mejores oportunidades laborales en el sector informal. Ello puede ser aún más relevante para los trabajadores pobres. En tal sentido, un trabajador más rico puede tener mayor valoración por los beneficios futuros o contingentes de su empleo. Sin embargo, un trabajador pobre probablemente tenga tasas de descuento más altas y valore más su ingreso monetario corriente.

Así, este debate resulta especialmente relevante en países de menores ingresos, como Perú y otros países de la región". Cfr. Jaramillo Baanante, M.: *La Regulación del mercado laboral en Perú*, Grupo de Análisis para el Desarrollo - GRADE, Grupo de Análisis para el Desarrollo, Lima, abril 2004, págs. 10-11.

te a la norma general (LPCL) no construyen una frondosa respuesta jurisprudencial como si la encontramos en los debates jurídico - procesales respecto de otros regímenes laborales especiales.

II. MERCADO DE TRABAJO Y DACIÓN DEL RÉGIMEN JURÍDICO LABORAL - ESPECIAL MYPE: EL ESCENARIO ECONÓMICO - LABORAL TENDIENTE A LA DEBILIDAD DE UN SISTEMA QUE NO PUEDE CONTROLAR EL USO FRAUDULENTO DE ESTA EXPRESIÓN JURÍDICO - ESPECIAL DE CONTRATACIÓN DE PERSONAL

La Constitución económica promueve la visible apertura del mercado de trabajo. Al abrigo de tal lógica, el legislador gesta un régimen jurídico singular, de contenido especial al constituirse en enteramente distinto al régimen jurídico - general destinado a abrir las posibilidades de prestar servicios para un empleador que si bien debería ir amarrado a la lógica de la temporalidad (propia, jurídicamente hablando, de los regímenes laborales especiales[18]) encuentra seria resistencia cuando el prestador de servicios - trabajador en realidad realiza labores que escapan a la propia regulación jurídica del TUO de la Ley MYPE.

Cierto es que la orientación del régimen jurídico MYPE (que el TUO denomina objeto de la ley) se aboca a establecer el marco jurídico - legal para la promoción de la competitividad, formalización y el desarrollo de las micro, pequeñas y medianas empresas con el establecimiento de políticas de alcance general aunado a la creación de instrumentos de apoyo y promoción incentivando la inversión privada, la producción, el acceso a los mercados internos y externos y otras políticas que impulsen el emprendimiento y permitan la mejora de la organización empresarial junto con el crecimiento sostenido de estas unidades económicas; sin embargo, el porcentaje es mínimo en comparación con el uso de otros regímenes de trabajo en la provisión de personal lo que abre el debate acerca de la idoneidad de los controles jurídicos respecto de este régimen jurídico - privado laboral para la contratación de personal cuando su uso se efectúa para beneficiarse indebidamente de dicha legislación atendiendo a la laxitud de los mecanismos jurídicos de control de dicha situación.

Lo señalado anteriormente, no se constituye en óbice para que en la realidad nos encontremos ante un gran cúmulo de empresas que se valen de este régimen laboral

---

[18] "*d. Dos casos emblemáticos representativos de los regímenes especiales laborales a nivel nacional: El régimen especial agrario y el régimen de la MYPE*

Dos casos emblemáticos y de características similares que coexisten en el ordenamiento jurídico peruano, en cuanto a regímenes laborales especiales se refiere, son el régimen de promoción y formalización de la micro y pequeña empresa (MYPE) y el régimen especial de promoción para el sector agrario. Ambos regímenes nacieron con vocación de temporalidad; no obstante, para el caso de la MYPE la prórroga del régimen especial y temporal, en principio, se ha extendido hasta el año 2013; y la vigencia de los beneficios contenidos en el régimen especial de promoción al agro, cuyo objetivo central es brindar interés prioritario a la inversión y el desarrollo de este sector, se ha extendido hasta diciembre del año 2021". Cfr. STC N° 00027-2006-PI/TC (21.11.2007), Fundamento Jurídico 47.

especial de prestación de servicios para proveerse de personal -aun cuando no cumplan con los requisitos para ello-[19] lo cual nos permite aseverar que no en todas las situaciones de la realidad el empresario - empleador utiliza de manera fraudulenta esta interesante forma de contratación de personal.

Hasta hoy no se advierte un estudio técnico emitido por entidades gubernamentales que permita demostrar que la reducción de costos laborales (CTS, vacaciones, gratificaciones distintas del régimen laboral general de la LPCL) ayuda a expandir provechosamente la productividad empresarial como es el propósito de la regulación MYPE.

De esta manera, no conocemos cuando menos a partir de resultados gubernamentales, por ende oficiales, si vale o no la pena sacrificar derechos laborales para salvar la economía atendiendo a que la reducción de tales derechos es significativa en comparación con el régimen jurídico de la LPCL lo que implica, a nivel de ingresos, un interesante ahorro por parte del empresario que debería redundar, básicamente, en una reinversión del empleador al negocio a efectos de que éste tienda a su expansión o, cuando menos, a la existencia de su vida negocial para mantener la vida útil de la empresa.

La afirmación antes señalada se realiza atendiendo a que los empleadores, aun cuando la legislación MYPE abre un espacioso escenario pensando en maximizar los beneficios económicos de los cuales se favorece el empresario cuando el legislador reduce los ingresos económicos del trabajador -incluso los de carácter contingente como la compensación por tiempo de servicios o los pensados en la expansión de la relación de trabajo a terceros vinculados al trabajador tales como la asignación familiar-, se permiten cumplir en parte (pago de la remuneración por debajo del mínimo legal) e inclusive incumplir las disposiciones jurídicas en materia de beneficios sociales (*v.gr.*, no pago de vacaciones o gratificaciones) del prestador de servicios.

---

[19] Esta "necesidad" de acogerse al régimen Laboral y valerse de un régimen que representa menor costo para el empleador, se produce sin el cumplimiento de los requisitos formales para ello. Así se ve reflejado en la sentencia de la Sala Superior de Tumbes, Exp. 001070-2009-0-2601-JR-LA-01 en la que se declara infundado el recurso de apelación presentado por la empleadora Empresa estación de Servicio Pueblo Nuevo contra la sentencia de primera instancia que declaró fundada la demanda presentada por su Ex trabajador Jorge Lojas y ordenaba que el empleador que pague la suma de S/. 11 509.58 Nuevos Soles. El recurrente argumentó que el Juez de la primera instancia no valoró que la empresa demandada se encuentra dentro del régimen especial regulado por la Ley 28015, y el Decreto supremo 007-2008-TR texto Único Ordenado de la Ley de Promoción de la Competitividad, Formalización y Desarrollo de la Micro y Pequeña Empresa y del Acceso al Empleo Decente.

Frente a este argumento, la Sala estableció que no se había probado que el recurrente estuviera incluido dentro del Régimen de las MYPEs ya que la legislación especial de MYPEs establece que "para acceder a los beneficios de la Ley, la MYPE deberá tener el Certificado de Inscripción"; además "el Decreto Supremo 008-2008-TR del registro Nacional de la Micro y Pequeña Empresa REMYPE, a cargo del MTPE, es en el que autoriza el acogimiento de la micro y pequeña empresa a los beneficios que le correspondan conforme a la Ley 28015 y, además registrar a las micro y pequeñas empresas y da publicidad de su condición de tales; acreditada la condición de MYPE, el acogimiento al Régimen Laboral especial de la Ley MYPE es automático"; razón por la cual, al no demostrar que contaba con este registro ni con el certificado de inscripción deviene en infundado su recurso de apelación (ver fundamento jurídico Cinco). Cfr. *http://historico.pj.gob.pe/imagen/documentos/..%5C..%5Ccortesuperior%5CTumbes%5Cdocumentos%5CEXP_170-2009-LA_130810.pdf* Ubicado el 13.IV.2016 a 12:15 horas.

En atención a lo señalado, teniendo presentes las consideraciones anteriores, el mercado laboral de las MYPES dista enormemente de ser lo que, en realidad, debería ser. Esto pasa de modo necesario por una abierta reingeniería del régimen laboral - especial que debería incidir en un primer aspecto destinado a la fiscalización indiciaria de dicho régimen orientada a brindar alternativas de solución práctica al incumplimiento de la legislación MYPE (sin tener que valorarse, en esta etapa, la conducta negligente u omisiva así como la ex profesa o fraudulenta del empleador) para, una vez superadas las trabas o transcurrido en su defecto los plazos para levantarlas, procederse con una incisiva campaña de control destinada a reencauzar la aplicación adecuada de dicho régimen laboral - especial.

III. PROBLEMÁTICA DE LA CUESTIÓN PROBATORIA EN EL DEVELAMIENTO DEL USO FRAUDULENTO DE LA CONTRATACIÓN SUJETA AL RÉGIMEN JURÍDICO DE LAS MYPES. ANÁLISIS DE LOS DATOS INDICIARIOS BRINDADOS DE LA INTERPRETACIÓN JURÍDICA DE LA REGULACIÓN LABORAL - ESPECIAL

Mientras que el asunto vinculado al uso fraudulento del mismo y el puntual asomo de una prestación de servicios amparada en el régimen jurídico - general se muestra provechoso en cuanto a la prueba de la desnaturalización lo que facilita el examen del inspector de trabajo o del juez laboral al momento de análisis de la teoría del caso, en otros regímenes jurídico - especiales tales como los de intermediación, tercerización, construcción civil, etc., en el tema del régimen laboral especial MYPE, la prueba se muestra esquiva lo que no contribuye a contar, en el escenario práctico, con un provechoso indicador jurisprudencial que permita constatar situaciones de fraude.

En orden a estos alcances, procederemos a analizar las situaciones susceptibles de uso fraudulento de la prestación de servicios subordinados generados al abrigo de la regulación MYPE buscando que el estudio efectuado de nuestra parte se constituya en un cuidadoso análisis destinado a identificar los puntos de quiebre en la contratación laboral MYPE.

1. El volumen anual de ventas del empresario y su incidencia sobre los trabajadores: la búsqueda de algunos datos indiciarios al respecto

El TUO de la Ley MYPE prescribe en el artículo 5 que, tratándose de microempresas, las ventas anuales deben efectuarse hasta el monto máximo de 150 Unidades Impositivas Tributarias (UIT)[20] [en este caso, actualmente, hasta S/. 592,500.00 soles] llegando a establecerse que, tratándose de las pequeñas empresas, las ventas anuales

[20] En el Perú, las UIT se constituyen en un valor referencial para establecer o determinar impuestos, infracciones, multas; el ente administrativo encargado de determinar es el Ministerio de Economía y Finanzas (MEF) a través de Decretos Supremos anuales.

deben fluctuar de manera superior a las 150 UIT (mayor a los S/. 592,500.00 soles) pudiendo arribar hasta el monto máximo de 1700 UIT (es decir hasta un tope de S/. 6,715.000.00 soles) y, de modo final, tratándose de las medianas empresas, las ventas anuales deben tener un rango superior a 1700 UIT (más de S/. 6,715.000.00 soles) hasta el monto máximo de 2300 UIT (vale decir, hasta S/. 9,085.000.00 soles).

Estos topes delinean, entonces, no solo la consideración económico - tributaria de la empresa en función a sus ingresos dinerarios sino que, en igual medida, ayuda a dibujar los derechos económico - laborales que deben percibir los trabajadores (CTS diferenciadas, vacaciones diferenciadas, gratificaciones diferenciadas, etc.); de esta manera, puede verse entonces que los ingresos dinerarios dibujan los contornos de la empresa así como el impacto que estos proyecten sobre los derechos laborales. Efectuadas las precisiones antes señaladas, las interrogantes son:

¿Qué pasa cuando las ventas anuales superan los límites legales? ¿Será esto motivo suficiente para abogar por la acreditación del uso fraudulento del régimen jurídico MYPE?

Sobre esto, el legislador no precisa con claridad qué sucede en realidad, desde una entera perspectiva que ayude a demostrar el uso fraudulento de la contratación laboral - especial MYPE, a los necesarios efectos de determinar si el volumen de ventas se constituye en un indicador seguro o único para el asomo de situaciones de desnaturalización de la regulación MYPE atendiendo a la singular redacción de la legislación laboral - especial[21].

Mayor silencio guardan -quizás sin ser éste su propósito- los jueces, quienes al no conocer aunque sea indiciariamente o en profundidad sobre temas contables o tributarios, no pueden dar luces sobre la posibilidad de entender si el volumen de ventas contribuye a formarse una idea sobre una posible desnaturalización. Empero, a los efectos de buscar fidedigna información que ayude a descubrir el fraude empresarial en la contratación de personal bajo el régimen jurídico - especial MYPE, adicionalmente al asunto referido al aumento del volumen de ventas dibujado en el artículo 50 del TUO de la Ley MYPE que toca confrontar con la información aportada por el propio empleador a la Superintendencia Nacional de Administración Tributaria (SUNAT), si no hay la debida proporción entre el reconocimiento de derechos laborales en función a la clasificación de las micro, pequeñas y medianas empresas (por ejemplo, en la pequeña empresa, se debería cancelar la CTS y no se hace por parte del empleador) o si, pese a su reconocimiento, esto se hace de manera diminuta (se paga una cuarta parte de la CTS en la pequeña empresa, en las micro así como en las pequeñas

---

[21] Artículo 51 TUO Ley MYPE (artículo 11 de la Ley N° 30056).- Naturaleza y permanencia en el Régimen Laboral Especial: "El presente Régimen Laboral Especial es de naturaleza permanente y únicamente aplicable a la micro y pequeña empresa. La microempresa que durante dos (2) años calendario consecutivos supere el nivel de ventas establecido en la presente Ley, podrá conservar por un (1) año calendario adicional el mismo régimen laboral. En el caso de las pequeñas empresas, de superar durante dos (2) años consecutivos el nivel de ventas establecido en la presente Ley, podrán conservar durante tres (3) años adicionales el mismo régimen laboral.

Luego de este período, la empresa pasará definitivamente al régimen laboral que le corresponda".

empresas se otorgan dos o cinco días de vacaciones y no los 15 días anuales, etc.) cabrá buscar, por lo menos, ciertos indicios que ayuden a dibujar la alegada situación desnaturalizadora lo que, de cierto modo, funciona en la realidad como un dato indiciario destinado a cubrir la carencia de una prueba directa palpable que viene encadenada, por así decirlo, a la situación de pérdida de la condición de MYPE cuya redacción no resulta debidamente clara[22] como daremos cuenta en líneas posteriores.

2. Las limitaciones, de alcance prohibitivo, de contratación de personal mediante MYPE con respecto a los grupos económicos como otro dato indiciario de fraude en la contratación de personal

Un dato de importancia brindado por el TUO, a través de su artículo 6, se refiere al amplio cuadro prohibitivo que establece la regulación que gira en torno al tema de los grupos económicos[23], al que el legislador se enfrenta utilizando de por medio la multa o hasta la inhabilitación para contratar con el Estado, en este último supuesto, por un período -considerado razonable por el legislador- no menor de un año ni mayor de dos años.

Establecido lo anterior, en primer orden, un supuesto de eventual desnaturalización se afinca en aquellas empresas que pueden cumplir los lineamientos del artículo 5 -niveles de venta anuales- pero que se encuentren agrupadas en un grupo de empresas que, a su vez, no llegan a satisfacer el dictado del artículo quinto del TUO de la Ley MYPE, situación ésta última que automáticamente se constituye en un punto de cierre que impide la adscripción al régimen MYPE del conjunto empresarial en entero por lo que al operar de modo contrario, al burlar la legislación de la materia, se abre la posibilidad de no encontrarnos ante la regulación laboral MYPE sino, ante la regulación de la LPCL aplicable, entonces, al personal de la empresa. De esta manera, los grupos de empresas se constituyen en un abierto límite para ingresar a este régimen especial. Tal situación opera como una suerte de virus expansivo a la empresa que sí reúne las características a que hace referencia la regulación jurídico - laboral; así, las características de las micro, pequeñas y medianas empresas -eje esencial de las MYPES- que las tiene la empresa unitaria se convierten en un indicador *prescindible* cuando se trata de grupo de empresas.

Así, la empresa unitaria al atarse a los grupos de empresas abre el camino para desnaturalizar la relación laboral especial MYPE llevando a que el conjunto empresarial,

---

[22] Artículo 51 TUO Ley MYPE (artículo 11 de la Ley N° 30056).- Naturaleza y permanencia en el Régimen Laboral Especial: "(...) Luego de este período, la empresa pasará definitivamente al régimen laboral que le corresponda".

[23] Artículo 8 Resolución SBS N° 5780-2015, Aprueban nuevas Normas Especiales sobre Vinculación y Grupo Económico.- Definición de grupo económico: "Entiéndase por grupo económico al conjunto de personas jurídicas y/o entes jurídicos, nacionales o extranjeros, conformado al menos por dos integrantes, cuando alguno de ellos ejerce control sobre el otro u otros, o cuando el control sobre las personas jurídicas y/o entes jurídicos corresponde a una o varias personas naturales que actúan de manera conjunta como una unidad de decisión.

Los grupos económicos se clasifican en conglomerado financiero, conglomerado mixto y conglomerado no financiero".

en abono de una interpretación *pro homine* conectada al carácter tuitivo del Derecho del Trabajo, debe verse abrazado por la decisión judicial de desnaturalización laboral.

3. La situación de vinculación económica de la empresa unitaria, favorecida por la regulación MYPE, con otras empresas o grupos económicos a quienes, de principio, les resulta inaplicable el cuadro jurídico MYPE

En segundo término, un dato indiciario de probanza de desnaturalización, judicialmente valorable, se abre a partir del supuesto jurídico de empresas que tengan vinculación económica con otras empresas o grupos económicos nacionales o extranjeros que no cumplan con dichas características: este supuesto, cuasi enigmático, nos lleva a plantear dos tesis:

i) se hablaría de empresas que pretenden completar los requisitos o características a que hace mención el artículo 5, por no tenerlas *ab initio*, al unirse a otras o a grupos económicos con las que los pretenden alcanzar; o,

ii) encajarían en tales situaciones las empresas que realizan actividad económica con otras empresas o grupos económicos -nacionales o extranjeros- que no alcanzan a satisfacer las mencionadas características siendo que, en este último supuesto, quienes no poseen tales características son estas últimas -empresas o grupos económicos nacionales o extranjeros- mas no las primeras.

Tratándose del primer supuesto, esto es i), el indicio de desnaturalización podría establecerse a partir de datos de la realidad (*verbi gratia*, volumen de ventas, cantidad de trabajadores, todo esto, anterior al momento anterior al asunto de las tratativas empresariales) atados a la necesidad jurídico - empresarial de agruparse con las otras empresas pretendiendo beneficiarse, a partir de tal agrupación, de la regulación MYPE.

Respecto del segundo supuesto, al ser empresas o grupos económicos nacionales o extranjeros los que pretenden obtener beneficios con la regulación jurídica MYPE, el dato desnaturalizador se obtiene (más allá del volumen de ventas anuales o de la cantidad de trabajadores que tengan bajo su férula) de información de alcance jurídico - económico que se maneje en dicho entorno tal como la demostración de rotación de personal de dirección de una empresa a otra (conforme a la información pública de alcance registral que pueda encontrarse) de modo posterior a la incorporación de las empresas o grupos económicos, la rotación formal o "*en papeles*" de dicho personal directivo pero que, en la práctica, se mantiene en sus puestos, la escisión o fusión empresarial efectuada de *facto* o de hecho, esto es, cuando los proyectos de escisión[24] o fusión[25] se han extinguido en los términos jurídico - societarios estipulados en la ley

[24] Al efecto, la Ley N° 26887, Ley General de Sociedades (LGS) regula dicha figura en sus artículos 371 (aprobación del proyecto de escisión), 372 (contenido del proyecto de escisión), 373 (abstención de realizar actos significativos), 374 (convocatoria a las juntas generales o asambleas), 375 (requisitos de la convocatoria), 376 (acuerdo de escisión), 377 (extinción del proyecto).

[25] En igual medida, la misma regulación legal precisa sus alcances en los artículos 346 (aprobación del proyecto de fusión), 347 (contenido del proyecto de fusión), 348 (abstención de realizar actos significati-

de la materia[26], la fragmentación de las empresas en unidades económicas que ayudarían a encajar en la oportunidad de subsumirse en los supuestos jurídicos permisivos de la legislación MYPE, etc.

Como vemos aun cuando los supuestos antes señalados -i) y ii)- parecerían graficar lo mismo, esto no es así, pues en un primer supuesto, el elemento generador del comportamiento simulador de las condiciones permisivas de adscripción al régimen laboral - especial proviene de la empresa que pretende asociarse a otras para obtener los beneficios laborales del tema MYPE en tanto, en el segundo ejemplo, el indicio desnaturalizador parte de las empresas o grupos económicos nacionales o extranjeros.

4. Las empresas que falsean información respecto del volumen de ventas realizado en sus actividades económicas

El supuesto tercero extraído de la interpretación del artículo 6 se afinca en las empresas que falseen información respecto de las características del artículo quinto.

Aquí lo que se cuestiona es el proceder empresarial que, de manera intencional, a un nivel *doloso* de su accionar, expone situaciones con las que no cuenta en el ámbito empresarial; dicho en otros términos, a manera de cuadro ilustrativo, cuando procede a declarar ante la Administración Tributaria que sus ventas anuales no se corresponden con las características aplicables a las microempresas (hasta 150 UIT), pequeñas empresas (en el rango de mayor a 150 con el tope de 1700 UIT) y medianas empresas (más de 1700 hasta 2300 UIT) aludiendo haber sido menores a las correspondientes a cada modalidad empresarial con la intención de verse adscritos a un tipo distinto de modalidad (*v.gr.*, de mediana a pequeña empresa; de pequeña a microempresa) e inclusive se procede a declarar ante la SUNAT un volumen de ventas distinto a cada modalidad empresarial (la empresa se encuentra adscrita a las microempresas pero declara ingresos correspondientes a medianas empresas) para verse favorecido de algún crédito fiscal o financiero. Esto lleva, como es lógico, a determinar indubitablemente que los trabajadores -quienes, atendiendo al principio de despersonalización empresarial, son inmunes a cualquier evento transformador de la empresa- se encuentran sujetos al régimen laboral general de la LPCL. En estos supuestos, el elemento de fraude del propio comportamiento de quienes se encargan de informar ante la SUNAT el volumen de ventas sirve de sustento para apreciar un dato desnaturalizador.

---

vos), 349 (convocatoria a junta general o asamblea), 350 (requisitos de la convocatoria), 351 (acuerdo de fusión), 352 (extinción del proyecto), 353 (fecha de entrada en vigencia), 354 (balances).

[26] Artículo 352 LGS.- Extinción del proyecto: "El proceso de fusión se extingue si no es aprobado por las juntas generales o asambleas de las sociedades participantes dentro de los plazos previstos en el proyecto de fusión y en todo caso a los tres meses de la fecha del proyecto".

Artículo 377 LGS.- Extinción del proyecto: "El proyecto de escisión se extingue si no es aprobado por las juntas generales o por las asambleas de las sociedades participantes dentro de los plazos previstos en el proyecto de escisión y en todo caso a los tres meses de la fecha del proyecto".

Entonces, de lo señalado, el que los servicios contables -normalmente el encargado de proceder a tal obligación dentro del entorno empresarial- sean internos o externos no se constituye en una situación eximente de desnaturalización quedando, si de servicios contables externos se trata, la consiguiente reclamación por responsabilidad civil; menos aún, las propias órdenes emanadas de la estructuración empresarial -por ejemplo, brindadas por el administrador o gerente- se pueden exponer válidamente como una situación que libere al empresario de la situación desnaturalizadora. Igualmente, a diferencia de las figuras típicas del Derecho Civil tales como la culpa consciente, culpa inexcusable u otras tales como el dolo civil, creemos que aquí no cabe valorar los alcances del comportamiento fraudulento en función a quien lo provocó por acción u omisión siendo entonces, la propia declaración tributaria fraudulenta efectuada ante los órganos administrativo - tributarios, un dato básico que se articula como una suerte de *prueba plena* para evidenciar el elemento desnaturalizador; sin embargo, esto impone que se deba desentrañar la información de la empresa contrastándola con la proporcionada a la SUNAT procediendo a su necesaria compulsa, labor enteramente técnica para la cual el Fuero del Trabajo no tiene la debida formación teórica y práctica siendo dicha situación un evidente obstáculo que obliga a desentrañar el evento fraudulento a partir de datos indiciarios que ayudan a construir una teoría del caso laboral.

5. Las empresas unitarias que se dividen en unidades empresariales para gozar de los beneficios de la legislación MYPE

Por último, se incluye como supuesto expreso de limitación de acceso a los beneficios de la legislación MYPE a aquellas empresas que si bien llegan a satisfacer las características del artículo quinto de la ley, dividen sus unidades empresariales. En este punto, la intención del legislador es evitar la fragmentación empresarial, esto es, la abierta prohibición de que las empresas se constituyan en empresas micro donde cada micro - unidad realice actividades económicas de manera separada mostrando formalmente independencia económica pero que, a fin de cuentas, responda, en el plano fáctico, como una sola empresa: así, lo que busca el legislador es limitar el lucro de las empresas a costa del esfuerzo de sus trabajadores. Nuevamente, hace su asomo, sin mayor tropiezo, el principio de despersonalización empresarial con lo cual la decisión de fragmentar la empresa no autoriza a que el régimen jurídico del personal se rija por la Ley MYPE y sí, antes bien, por la LPCL.

6. El inmediato cambio en el régimen jurídico de prestación de servicios de personal y la recontratación del mismo en base a la legislación MYPE por parte del mismo empleador: la prohibición de sumatoria de regímenes jurídico - laborales y su incumplimiento como dato de fraude que funciona como un poderoso dato de probanza del abuso en la contratación de personal

Otro dato para incidir en la acreditación del fraude en la contratación de personal sujeto al régimen especial MYPE es la recontratación de personal, en función a un determinado espacio temporario, con la finalidad de burlar derechos laborales; algo que la prematuramente derogada Ley N° 30288, Ley que promueve el acceso de jóvenes al mercado laboral y a la protección social (LPAJ) recogía abiertamente como fraude a la ley[27].

En este escenario, el legislador coloca un interesante límite, de alcance temporal, destinado a quebrar cualquier intento de volver a contar con el mismo personal con el cual el empleador trabajó *antes* de la vigencia de la legislación MYPE. La idea del legislador es detenerse en aquel instante de transformación de la realidad jurídica que se materializa en el instituto de la vigencia de la ley cerrando toda posibilidad de que se aproveche la legislación MYPE para la re-contratación de personal: esto explica que el artículo 47 predique que este régimen jurídico - laboral - especial resulta inaplicable a aquellos trabajadores que cesen con posterioridad a la entrada en vigencia de la ley MYPE y, a la par, vuelvan a ser materia de contratación por el mismo empleador de manera inmediata, bajo cualquier modalidad (*v.gr.*, contratación *part time* o modal, etc.), pero bajo régimen MYPE, salvando situaciones donde sí es posible usar la legislación MYPE reconducidas al transcurso del plazo legal de un año desde el cese del trabajador.

Puede verificarse entonces que el legislador impone un espacio temporal de un año que se configura como una entera situación de solución de continuidad, si se quiere decir artificial, al ser impuesta por la legislación y no por las partes, mucho menos, por la propia prestación de servicios.

El quiebre de la relación de trabajo *anterior* a la regulación de la legislación MYPE debe ser enteramente un período de prestación de servicios independiente a cualquier otro en cuanto al régimen jurídico aplicable (contratación indeterminada, modal, etc.); esto, se orienta a evitar que la prestación de labores siendo una sola en su realización o prestación efectivas, partícipe de la connivencia de la ley misma para disfrazar relaciones de trabajo[28].

---

[27] Artículo 22 LPAJ.- Fraude de ley: "Está prohibido el cese de trabajadores sin causa justa, con el fin de ser sustituidos, en el mismo puesto y funciones, por jóvenes contratados bajo el régimen laboral de la presente Ley. El incumplimiento del empleador se considera infracción administrativa muy grave en materia de relaciones laborales, conforme al artículo 33 de la Ley 28806, Ley General de Inspección del Trabajo".

[28] En el ámbito jurídico - público, el Tribunal Constitucional en la STC N° 01154-2011-PA/TC (13.12.2011), fundamentos jurídicos 6-11, precisa que la continuidad de labores aun cuando exista formalmente regímenes jurídicos distintos permite advertir, entonces, la presencia de un comportamiento fraudulento del empleador:

"En efecto, como se acredita del certificado de trabajo que corre a fojas 76, la demandante trabajó en el PETT del 1 de enero al 31 de diciembre de 2000, ocupando la plaza N.° 120 del Cuadro para Asignación de Personal, bajo el régimen laboral de la actividad privada, desempeñándose como tesorera.

Igualmente, consta a fojas 78 el certificado de trabajo que da cuenta que la demandante laboró en el PETT del 1 de febrero de 2003 al 12 de junio de 2007, bajo la modalidad de contratación por servicios específicos, sujeta al régimen laboral de la actividad privada, desempeñándose como especialista administrativo -administradora, y ocupando la plaza N.° 219 del Cuadro para Asignación de Personal, como se corrobora del contrato por servicios específicos que obra a fojas 29.

Aquí, como es de verse, el período del año que debe transcurrir entre la contratación anterior y la nueva, ésta última MYPE, se constituye en una poderosa valla medible que permite advertir la generación de un comportamiento fraudulento del empleador pues claramente lo que se establece es la abierta prohibición legislativa de sumatoria de regímenes jurídicos distintos[29] -sean estos especiales (trabajadores agrarios, intermediación laboral, trabajadores sujetos al régimen de exportación no tradicional, trabajadores de construcción civil, trabajadores mineros, trabajadores pesqueros, trabajadores portuarios, etc.) abarcando dicha prohibición incluso la sumatoria del régimen laboral general- de modo tal que ese año de no contratación funciona como un importante dato de la realidad que aporta elementos de juicio destinados a valorar el cumplimiento o incumplimiento del artículo 47 del TUO de la Ley MYPE del que no cabe alegar desconocimiento o un proceder culposo por parte del empleador pues dichas conductas son irrelevantes a efectos de la justicia laboral. Señalado lo anterior, creemos que un importante indicador jurídico que permite sostener el uso fraudulento de la contratación MYPE se construye a partir del instituto civil de la anulación por dolo, conforme al Código privado peruano[30], entendido en los términos siguientes:

> "A decir de Guillermo LOHMANN, cuando el error es provocado se llama dolo, que en sede de vicios de voluntad es sinónimo de engaño. Este consiste en la acción u omisión por la cual una persona hace creer a otra algo que no se ajusta a la verdad.
>
> Por su parte VIDAL expresa que la doctrina es unánime en considerar el dolo como toda maniobra encaminada a provocar un engaño, a inducir a error. Así, recuerda que los MAZEAUD dicen que se trata de un error, pero constituido por el hecho de la otra parte; es un error provocado, un engaño: la víctima del dolo no se engaña, sino que ha sido engañada. En tanto, para STOLFI, dolo es el error provo-

---

Hecha la precisión que antecede, cabe manifestar que en forma posterior a este último periodo está acreditado que: i) desde el 13 de junio de 2007 hasta el 30 de junio de 2008 la demandante prestó servicios mediante contratos de locación de servicios, como Asistente Administrativo I, conforme se advierte de la citada constancia de fojas 80 y de la instrumental obrante a fojas 27; ii) la demandante laboró como Asistente Administrativo I, bajo el régimen laboral especial del Decreto Legislativo N.° 1057, desde el 1 de julio de 2008 hasta el 30 de setiembre de 2009, conforme se advierte de los contratos y declaraciones juradas obrantes de fojas 9 a 26; y iii) desde el 1 de octubre de 2009 hasta el 31 de mayo de 2010 la demandante prestó servicios mediante contratos de locación de servicios, como Administradora, conforme se advierte de los contratos obrantes de fojas 2 a 7 y de la citada constancia de fojas 80.

Así las cosas y atendiendo al carácter irrenunciable de los derechos laborales que preconiza el artículo 26° de la Constitución, resulta relevante destacar la continuidad en las labores administrativas realizadas por la demandante independientemente de la modalidad de su contratación, hecho que permite concluir que los supuestos contratos de locación de servicios y contratos administrativos de servicios encubrieron, en realidad, una relación de naturaleza laboral y no civil, (...)".

[29] Artículo 47 TUO Ley MYPE (artículo 5 del Decreto Legislativo N° 1086).- Regulación de derechos y beneficios laborales: "El régimen laboral especial establecido en el Decreto Legislativo N° 1086 no será aplicable a los trabajadores que cesen con posterioridad a su entrada en vigencia y vuelvan a ser contratados inmediatamente por el mismo empleador, *bajo cualquier modalidad*, salvo que haya transcurrido un (1) año desde el cese". Los textos en cursivas nos corresponden.

[30] Artículo 210 Código Civil de 1984.- Anulación por dolo: "El dolo es causa de anulación del acto jurídico cuando el engaño usado por una de las partes haya sido tal que sin él la otra parte no hubiera celebrado el acto".

cado engañando a otro (...); de modo que este es impugnable aun en los casos en que el error por sí solo no afecta la validez del negocio: un error, que por sí solo no provocaría la ineficacia del acto, la provoca entonces porque ha tenido por causa el dolo, a decir de Vidal el dolo consiste -para el tratadista italiano- en el artificio utilizado para engañar a una persona provocando en ella un error o aprovechando el error en que la misma se halla, a fin de inducirla a realizar un negocio jurídico.

Restringiendo el significado de dolo al que le corresponde como vicio de la voluntad, según Fernando VIDAL, la cuestión radica en determinar cómo y por qué puede constituirse como tal. Así, evoca a LEÓN BARANDIARÁN cuando explica que la ley reprime el dolo porque implica un factor que corrompe la pureza del consentimiento. En cuanto el engaño ha decidido la voluntad negocial, él merece ser reprimido en salvaguarda de esta última; en tanto que lo decisivo es la circunstancia de que el dolo haya determinado la voluntad. En tal orden de ideas, según Fernando VIDAL, el dolo es vicio de la voluntad en cuanto es causa de error, en cuanto entabla una relación de causalidad con el error.

VIDAL dice que el dolo constituye vicio de la voluntad en función del error que hace sufrir a la víctima, razón por la cual se dice que es un error provocado. Por ello, estima que error y dolo son dos conceptos perfectamente diferenciables mediando entre y otro la espontaneidad. El error tiene como característica la de ser espontáneo; mientras que el dolo es la inducción a error, su provocación"[31].

Establecido lo anterior, debemos indicar que aquí ni siquiera cabe alegarse cualquier justificación orientada al consentimiento informado que pueda avalar el actuar del empleador atendiendo a que aun cuando hubiere obrado la información previa o antelada por parte del empleador al trabajador y éste hubiere consentido en la contratación dicho evento real no puede superponerse al mandato jurídico emanado de la propia legislación MYPE.

7. El tiempo de permanencia de la empresa sujeta al régimen MYPE, la extensibilidad y el tránsito al régimen laboral correspondiente

Adicionalmente a las situaciones anteriores, la legislación MYPE nos otorga otros alcances *indiciarios*, aunque inciertos, sobre el tema del fraude en la contratación de personal teniéndose en cuenta, como ya lo hemos sostenido, que la regulación laboral - especial establece lineamientos de carácter económico - tributario que la legislación de la materia denomina "características" que fungen de indicadores *objetivos* de la medición del espacio de aplicación del régimen jurídico MYPE:

Por lo señalado, la regulación jurídica -más allá de reiterar su aludida naturaleza permanente (lo cual no debe confundirse con el carácter especial del régimen jurídico de personal) y la incidencia respecto a micro y pequeña empresas- prescribe que la microempresa puede conservar por un año calendario adicional el régimen jurídi-

---

[31] CASTILLO FREYRE, M. & MARTÍN HORNA, P.: *Tratado de la teoría general de los contratos. La plena vigencia del Código Civil en la contratación contemporánea*, Vol. XX. T. I., Biblioteca para leer el Código Civil, PUCP, Lima, 1ª reimpresión, agosto 2006, págs. 52-54.

co MYPE cuando haya superado el nivel de ventas a ella aplicable (en los términos del artículo quinto del TUO Ley MYPE[32]) durante dos años calendarios consecutivos: aquí, a los efectos de la demostración del comportamiento fraudulento empresarial, la legislación MYPE coloca un abierto límite de contenido contable - tributario para poderse alegar la desnaturalización en la contratación de personal al bloquear abiertamente dicha posibilidad creándose una prueba *indirecta* sometida a las variaciones de contenido económico, límite que, de modo ambivalente, por una parte niega (supuesto de los dos años calendario vinculados incluso a su generación consecutiva quedando fuera de toda duda, ciertamente, la presencia de dos años calendarios alternados como supuesto probable de desnaturalización contractual) y, a la vez, abre la posibilidad (superación del plazo adicional del año calendario) para desnaturalizar.

Curiosamente, el límite no funciona *sine die* pues cuenta con un plazo legal que se convierte en una suerte de cláusula de atadura o, si se quiere decir, de cierre.

Nótese, en igual sentido, que el legislador condiciona el mantenimiento del régimen jurídico - laboral MYPE a que el desarrollo económico de la empresa (traducido objetivamente, a efectos laborales, en el volumen o nivel de ventas) deba ser continuado; a partir de lo sostenido, podemos inferir que si la microempresa no presenta el nivel de ventas requerido por la legislación MYPE -dicho en otros términos, si éste es discontinuo o alternado- se podría presentar un indicio de desnaturalización de la contratación de personal al amparo de la regulación MYPE.

De esta manera, la empresa no podría verse beneficiada del año calendario adicional que se convierte en una suerte de "*premio*" o, si se quiere decir, de estímulo para la continuación en dicho régimen pues el espacio de separación en el volumen de ventas, esto es, su no continuidad, escapan a la posibilidad legal de mantenerse en dicho régimen jurídico - laboral - especial, razón demás que avala para alegar un dato básico de desnaturalización ante el Fuero del Trabajo.

Analizado el asunto referido a las microempresas, toca detenerse en las pequeñas empresas: al efecto, tratándose de éstas últimas, si bien se establece la exigencia de un nivel o volumen de ventas que debe superar dos años continuos -consecutivos, predica el legislador, aunque sin establecer si se trata de años calendarios o no-, colocán-

[32] Artículo 5 TUO Ley MYPE.- Características de las MYPE: "Las MYPE deben reunir las siguientes características concurrentes:

Microempresa: de uno (1) hasta diez (10) trabajadores inclusive y ventas anuales hasta el monto máximo de 150 Unidades Impositivas Tributarias (UIT).

Pequeña Empresa: de uno (1) hasta cien (100) trabajadores inclusive y ventas anuales hasta el monto máximo de 1700 Unidades Impositivas Tributarias (UIT).

El incremento en el monto máximo de ventas anuales señalado para la Pequeña Empresa será determinado por Decreto Supremo refrendado por el Ministro de Economía y Finanzas cada dos (2) años y no será menor a la variación porcentual acumulada del PBI nominal durante el referido período.

Las entidades públicas y privadas promoverán la uniformidad de los criterios de medición a fin de construir una base de datos homogénea que permita dar coherencia al diseño y aplicación de las políticas públicas de promoción y formalización del sector".

dolo al mismo rango de las microempresas, alarga el régimen premial o de estímulo económico para mantenerse en el régimen MYPE al punto que serán tres los años que se adicionan a los dos años anteriores (reiterando, en este extremo, la exigibilidad ineludible de continuidad del nivel de ventas) generando un espacio de aplicación temporaria de cinco años en el régimen MYPE resultando éste mucho mayor al de tres años predicable para las microempresas.

Un elemento umbilical que une a las micro y pequeñas empresas es el referido a los efectos jurídicos de la aplicación del régimen jurídico laboral pertinente pues el legislador establece que superados los períodos antes anotados -3 años calendarios tratándose de la microempresa y 5 años (*¿calendarios?*) al hablar de pequeñas empresas- la empresa pasará de manera definitiva al régimen jurídico laboral que le corresponda lo que para nosotros se constituye en un supuesto bastante superfluo al no asegurar que el trabajador sea reconocido en base a una contratación indeterminada en los términos de la LPCL lo que se constituye en un incentivo perverso para la proliferación de conductas constitutivas de fraude[33].

8. La exclusión de determinadas actividades económicas no susceptibles de adscribirse al régimen jurídico MYPE

El TUO de la Ley MYPE establece en su 3ª Disposición Complementaria Final la abierta exclusión de actividades que puedan beneficiarse del régimen laboral especial al prescribir que las unidades económicas que se dediquen al rubro de bares, discotecas, juegos de azar y afines no podrán acogerse a dicha regulación laboral; esto, se explica atendiendo no al nivel de ventas que puedan generar estas empresas sino, antes bien, al impacto social que podría provocarse con la abundancia de empresas destinadas a actividades suntuarias fomentando su multiplicación en desmedro de la aplicación del régimen laboral tipo asentado en la LPCL. De esta manera, la evidente prohibición en la aplicación de la regulación jurídica MYPE es un dato más que básico para acreditar que de contratarse, a través de este tipo de negocios, a un trabajador utilizando de manera fraudulenta la regulación especial aplicable a las mypes se estaría acreditando, en toda su extensión, la contratación de personal sujeta a fraude.

9. La extensión del régimen laboral MYPE orientado a la formación de microempresas y la desnaturalización en función a la superación del número máximo de trabajadores y a labores distintas de las establecidas por el Texto Único Ordenado

La 6ª Disposición Complementaria Final de la regulación MYPE hace hincapié en la extensión del régimen laboral de la microempresa a figuras jurídicas no necesaria-

---

[33] 10ª Disposición Complementaria Final TUO Ley MYPE (4ª Disposición Complementaria de la Ley N° 28015).- Sanciones: "En caso de simulación o fraude, a efectos de acceder a los beneficios de la presente Ley, se aplicará las sanciones previstas en la legislación vigente".

mente conectadas a la noción de unidad económica[34] manejada por el TUO. De esta manera, las juntas, asociaciones o agrupaciones de propietarios o de inquilinos en régimen de propiedad horizontal o condominio habitacional extensibles a las asociaciones o agrupaciones de vecinos se encuentran habilitados a acogerse al régimen laboral de la microempresa respecto de los trabajadores que les prestan servicios en común de vigilancia, limpieza, reparación, mantenimiento y similares, siempre y cuando no excedan de diez trabajadores. De lo señalado, podemos extraer la información siguiente:

Un primer dato es que esta permisión jurídica no sólo se vincula a la propiedad horizontal haciéndose susceptible de hacerse extensible a agrupaciones vecinales, junta de propietarios y entes similares, esto es, no necesariamente ligadas o vinculadas al régimen jurídico de propiedad horizontal.

A esto se suma el que la microempresa no necesariamente debe constituirse en una persona jurídica[35] para operar, lo que facilita el proceso de contratación supeditado, es necesario sostenerlo, al cumplimiento de la regulación en materia laboral.

Adicionalmente, la permisión del legislador descansa en que solamente se autoriza el manejo del régimen laboral de la microempresa lo que lleva tautológicamente a extraer que solamente dicho régimen jurídico de la microempresa puede utilizarse para estos casos quedando vedado acudirse a la conformación de pequeñas y medianas empresas para este propósito lo que, de ocurrir, permitiría constatar la presencia de fraude en el uso de una figura distinta a la permitida legislativamente.

Otro tanto es que la permisión se condiciona a determinadas actividades a ser realizadas por el prestador de servicios - trabajador, actividades conectadas a la propia actividad de permisión que permiten un listado ilustrativo que si bien parecería cerrado (al encontrarse ligado a actividades de vigilancia, limpieza, reparación, mantenimiento) se expone abierto en cuanto se conecten a las actividades antes señaladas ("*y similares*").

Anexo a lo antes señalado, el legislador permite que el número de trabajadores no deba superar el número de diez cerrando, entonces, la posibilidad de contratación de personal en un número determinado de trabajadores acorde a la condición de micro empresa; de lo señalado, la superación de dicho número en la contratación de personal se abre paso como un supuesto más de fraude.

De esta manera, podemos constatar que este supuesto es uno donde las posibilidades de desnaturalización de personal se muestran abiertas en provecho del trabajador

---

34 Artículo 4 TUO Ley MYPE (artículo 2 de la Ley N° 28015).- Definición de la Micro y Pequeña Empresa: "La Micro y Pequeña Empresa es la unidad económica constituida por una persona natural o jurídica, bajo cualquier forma de organización o gestión empresarial contemplada en la legislación vigente, que tiene como objeto desarrollar actividades de extracción, transformación, producción, comercialización de bienes o prestación de servicios (...)".

35 Artículo 8 TUO Ley MYPE.- Personería jurídica: "Para acogerse a la presente ley, la microempresa no necesita constituirse como persona jurídica, pudiendo ser conducida directamente por su propietario persona individual. Podrá, sin embargo, adoptar voluntariamente la forma de Empresa Individual de Responsabilidad Limitada, o cualquiera de las formas societarias previstas por la ley".

atendiendo a que no cabe cubrir el tema de los trabajadores con el volumen de ventas. Señalado lo anterior, pasemos a precisar de manera aproximativa los supuestos jurídicos de fraude tendientes a la demostración de desnaturalización que se permiten extraer de la regulación jurídica:

i) que el número de trabajadores sea mayor a diez personas naturales atendiendo a que el legislador ya estableció el número máximo permisible en la contratación de personal;
ii) el que se encuentre vedada la utilización del régimen jurídico de las pequeñas y medianas empresas cuando la propia regulación legal lo limita al de la microempresa;
iii) que las personas contratadas para los trabajos vinculados a las juntas vecinales o propiedad horizontal no realicen, desde sus inicios, las labores para las cuales debería encontrarse empleados inicialmente (*v.gr.*, se contrata al trabajador para reparar las computadoras de los inquilinos mas no la del sistema de seguridad del edificio); y,
iv) que las personas contratadas presten labores *distintas* a las permitidas (*v.gr.*, se contrata al trabajador para arreglar las conexiones eléctricas del edificio pero realiza, en los hechos, arreglos a las conexiones eléctricas de determinado inquilino o sus aparatos electrónicos: lavadora, plancha, etc.) por la regulación MYPE.

IV. ALGUNOS COMENTARIOS A MANERA DE CIERRE

Del análisis de la regulación aplicable a las micro, pequeñas y medianas empresas puede advertirse que las situaciones de fraude no asoman directamente. En este sentido, a diferencia de la presencia de fraude en otras regulaciones laborales, se hace necesario un dedicado esfuerzo destinado a descubrir el comportamiento fraudulento.

Adicionalmente, dicho esfuerzo no queda allí al necesitarse entonces de establecer una teoría del caso laboral enteramente alejada del cuadro clásico de alegación de desnaturalización que siempre se sostiene ante los Tribunales lo que lleva a un escrutinio más dedicado y cuidadoso de la información aportada por el propio prestador de servicios - trabajador lo que obliga a que la propia defensa del demandante deba igualmente acudir premunido de determinada información de carácter contable - tributaria que ayude a enlazar aspectos controversiales ligados al desempeño en base al régimen jurídico MYPE.

BIBLIOGRAFÍA

Castillo Freyre, M. & Martín Horna, P.: *Tratado de la teoría general de los contratos. La plena vigencia del Código Civil en la contratación contemporánea*, Vol. XX. T. I., Biblioteca para leer el Código Civil, PUCP, Lima, 1ª reimpresión, agosto 2006.

Cordero Ramírez, M. & Ortiz Ibáñez, J.: "La lógica del mercado como desreguladora de la sociedad", en: *Otra Economía: Revista Latinoamericana de Economía Social y*

Solidaria, Vol. VI, N° 11, Universidad Industrial de Santander, Bucaramanga - Santander, julio-diciembre 2012.

Jaramillo Baanante, M.: *La Regulación del mercado laboral en Perú*, Grupo de Análisis para el Desarrollo - GRADE, Grupo de Análisis para el Desarrollo, Lima, abril 2004.

Huamán Ordóñez, L. & Espinoza Escobar, J.: "Subordinación, presunción de laboralidad y «servicios por terceros sin contrato» en el Sector Público: análisis de una nueva problemática en el empleo público", en *Administración Pública y Control*, T. I, Gaceta Jurídica S.A., Lima, enero 2014.

López F., D.: "Mitos, alcances y perspectivas de la flexibilización laboral: un debate permanente" en: *Análisis Laboral*, N° 16, Fundación Friedrich-Ebert-Stiftung, Santiago, septiembre 2002.

Sandel, M.: *Lo que el dinero no puede comprar. Los límites morales del mercado*, (Traducción: Joaquín Chamorro Mielke) Debate, Barcelona, 2013, pág. 49.

Streb, J.: *El significado de racionalidad en economía*, Centro de Estudios Macroeconómicos de Argentina Working Papers: Serie Documentos de Trabajo N° 139, Universidad del Centro de Estudios Macroeconómicos de Argentina, noviembre 1998.

Vidal Bermúdez, Á., Cuadros Luque, F. & Sánchez Reyes, C.: *Flexibilización laboral en el Perú y reformas de la protección social asociadas: un balance tras 20 años*, Serie Políticas Sociales N° 175, División de Desarrollo Social, CEPAL, GIZ, Santiago, febrero 2012.

Yamada, Gustavo, Hacia una mayor flexibilidad y seguridad en el mercado laboral peruano, en: *Economía y Sociedad*, N° 70, 2008.

Zúñiga Romero, Marjorie, "Flexibilización laboral y ética empresarial", en: *Revista de Derecho*, N° 37, Universidad del Norte, Barranquilla, enero-junio 2012.

CAPÍTULO 11.
EL DERECHO AL TRABAJO EN LAS PEQUEÑAS Y MICROEMPRESAS. UNA VISIÓN COLOMBIANA

YANIZA GIRALDO RESTREPO[1]

Sumario: I. INTRODUCCIÓN.- II. LA CREACIÓN DE LAS MICROS Y PEQUEÑAS EMPRESAS.- III. MARCO JURÍDICO DE APLICACIÓN.- IV. LA PROTECCIÓN LEGAL DE LOS ASOCIADOS A LAS COOPERATIVAS DE TRABAJO.- V. LA PROTECCIÓN DEL TRABAJADOR EN LAS COOPERATIVAS Y PEQUEÑAS EMPRESAS.- VI. LA PROTECCIÓN DEL DERECHO AL TRABAJO DESDE LA JURISPURDENCIA COLOMBIANA: 6.1. La prohibición de la intermediación laboral. 6.2 Estabilidad laboral reforzada de la trabajadora embarazada. 6.3 La protección del derecho al régimen general de pensiones. 6.4 Despido y terminación de contrato de trabajo. VII. A MODO DE CONCLUSIÓN. VIII. BIBLIOGRAFÍA.

I. INTRODUCCIÓN

En Colombia se promueve la creación de micros, pequeñas y medianas empresas, para facilitar el acceso al mercado de bienes y servicios; lo que se busca es promover la ejecución y evaluación de políticas públicas favorables para su desarrollo. Que permite reducir los altos niveles de informalidad en la microempresas, pasando de la informalidad a la formalidad. En la actualidad lo que prima es la creación de Cooperativas de Trabajo asociado, porque cuentan con una regulación favorable, sirven a las personas que no tienen recursos para invertir en una gran empresa, y para promover la creación del empleo. Sin embargo, el problema no ha sido la falta de regulación de las pequeñas empresas sino la falta de aplicabilidad de las leyes existentes, generando la disminución en la calidad del empleo, la violación de los derechos mínimos laborales, y la utilización de las Cooperativas de trabajo asociado como una manera de evadir las obligaciones laborales. Las cooperativas son empresas asociativas que se rigen

[1] Doctora en Derecho de la Universidad Carlos III de Madrid. Máster en Derecho Público de la Universidad Carlos III de Madrid. Abogada de la Universidad Libre de Cali.

por siete principios básicos, los cuales son fundamentales para su funcionamiento y propósitos; estos responden a las bases del cooperativismo que pretende mejorar el acceso a la creación de empresas de manera autónoma[2].

II. LA CREACIÓN DE LAS MICROS Y PEQUEÑAS EMPRESAS

Las Micro, Pequeña y Mediana Empresa se denominan Pymes. Estas se concentran en el sector de los recursos naturales, donde predomina la generación de empleo por medio de las Cooperativas de Trabajo Asociado (CTA). Estas últimas son organizaciones sin ánimo de lucro que permite la asociación de personas naturales, que a la vez son gestoras y contribuyen con su capacidad de trabajo al desarrollo de la cooperativa, para el desarrollo de actividades ya sea de carácter económico, profesional o intelectual. Se conforman con un mínimo de 10 trabajadores asociados y las preecoperativas pueden funcionar con un número menor. Las medianas empresas se conforman con una planta entre 11 y 50 trabajadores, y las grandes con un número superior a 50. La función principal es la de generar opciones de trabajo que puedan ser gestionadas por los asociados de manera autónoma, pero no para realizar las funciones propias de otra empresa, o para actuar como intermediarias laborales[3].

Lo que se busca es que las micro y pequeñas empresas dejen de ser informales, pues eso reduce la utilidad de ingreso promedio por trabajador. Por ello se han establecido políticas tales como: promoción de la progresividad tarifaria en el pago del registro mercantil, otorgar beneficios iguales en el pago de otros servicios prestados por las Cámaras de Comercio, como la certificación de contratos contractuales; conseguir que el registro mercantil conlleve al otorgamiento de los beneficios establecidos para las empresas y pequeñas empresas, mayor vigilancia, control en el pago de impuestos municipales[4].

Se ha creado una política estatal para la promoción de las empresas, la cual se rige por la Ley 590 del 10 de julio de 2000, con el objetivo de mejorar las condiciones institucionales para la creación de micro, medianas y pequeñas empresas. Con ello se busca la eliminación de las restricciones de acceso al funcionamiento, reducción costos, y apoyo integral a las mismas. Lo que busca la ley es eliminar los obstáculos financieros y que puedan accedér al mercado laboral estas pequeñas empresas[5]. No obstante, la jurisprudencia constitucional ha considerado que la especial protección de la vinculación laboral en la Constitución, responde a la obligación del Estado de Derecho. En

---

[2] ARANGO, M. -CARDENAS, M. MARULANDA, B. PAREDES, M.: "Reflexiones sobre el aporte social y económico del sector cooperativo colombiano", Cuadernos Fedesarrollo, n° 15, 2015, págs. 6-7.

[3] ARENAS GALLEGO, E., PIEDRAHÍTA VARGAS, C., PLATA LÓPEZ, J.: Marco jurídico de las cooperativas de trabajo asociado", Opinión Jurídica, vol. 6, n° 6, 2007, pág. 36.

[4] SANTA MARÍA, M., ROZO, S.: Informalidad empresarial en Colombia: alternativas para impulsar la productividad, el empleo y los ingresos", Documento de Trabajo, n° 40, marzo 13 de 2008, págs. 7-8.

[5] GÓMEZ, L.: Política pública y creación de empresas en Colombia", Pensamiento y Gestión, n° 21, 2006, pág. 7.

donde se busca el respeto por la autonomía de la voluntad privada que rige las relaciones entre particulares, pero que debe reconocer la igualdad formal entre todos. Esto se consigue con la promoción, intervención y control en las relaciones laborales[6].

Las CTA han aumentado por encima de las microempresas y pequeñas como causa de la apertura económica y la globalización, debido a que el Estado ya no puede competir económicamente; siendo necesario que las personas busquen otros medios de empleo autónomo que les permita sobrevivir[7]. Los cambios laborales no se presentan aislados sino que responden a una política mundial causada por el neoliberalismo. Donde se establecen prácticas político económicas que permiten la promoción del bienestar del ser humano a través del libre desarrollo de las capacidades y de las libertades empresariales del mismo, dentro del respeto por la propiedad privada y los mercados libres. Estas medidas económicas presentan un modelo de libre mercado que obligan a tomar medidas que busquen la flexibilidad para responder a los cambios presentes en la economía y poder competir en igualdad dentro del mercado[8]. No obstante, esto idas aumenta la desprotección laboral que va ligada con el acceso a la salud, a la pensión, a la educación, generando con ello más pobreza, discriminación y afectación a la familia.

El objetivo de estas es proporcionar las condiciones laborales para que sus integrantes puedan formar empresa con un capital reducido y su fuerza de trabajo, que les permita el bienestar y sostenimiento para sus familias. Al ser empresas sin ánimo de lucro, el Estado les garantiza tener unos beneficios tributarios, pero a cambio de estos renuncian a su derecho de protección estipulada en la legislación laboral para los empleados asalariados[9].

Las cooperativas tienen una función económica y es la de prestar un servicio a sus asociados, para la producción, distribución y consumo de bienes. Sin embargo, no es en exclusiva el tema económico, sino que éstas tienen una dimensión social y otra económica, que permite el desarrollo de los que hacen parte de ellas como función principal del cooperativismo. Ahora bien, las utilidades deben ser utilizadas sólo para el buen funcionamiento de la cooperativa, procurando que sea competitiva y financieramente sostenible, sin desconocer que esto será en benéfico de sus asociados, familias y la comunidad[10].

---

6 Sentencia de la Corte Constitucional 337 de 2011, 4 de mayo. Magistrado Ponente: JORGE IGNACIO PRETELT CHALJUB. MOLINA, C.E.: "La inspección de trabajo en Colombia", Revista Latinoamérica de Derecho Social", n° 6, enero-junio de 2008, pág. 68.

7 MELGAREJO-MOLINA, Z., VERA-COLINA, M.A., MORA-RIAPIRA, E.H.: La supervivencia de las Cooperativas de Trabajo Asociado en Colombia: una aproximación teórica", Revista Innovar, vol. 22, núm. 45 julio-septiembre, 2012, pág.7.

8 FUENTES, L., LINK, F.: "Competitividad, mercados de trabajo y estructura socioterritorial en Bogotá, Lima y Santiago", Revista de Geografía Norte Grande, vol., 59, 2014, págs. 107-109.

9 FARNE, S.: "Las Cooperativas de trabajo asociado en Colombia: Balance de la política gubernamental: 2002-2007", Revista de Economía Institucional, vol. 10, núm. 18, 2008, pág. 262.

10 ARANGO, M. -CARDENAS, M. MARULANDA, B. PAREDES, M.: "Reflexiones sobre el aporte social y económico del sector cooperativo colombiano", cit., págs. 2-3.

III. MARCO JURÍDICO DE APLICACIÓN

En el año 1931 inician las pequeñas empresas con la promulgación de la Ley 134 que incluyó en el derecho colombiano la sociedad cooperativa. Ya en 1968 se expide el Decreto 1598 donde cobra mayor fuerza lo que hoy se conoce como cooperativas de producción y trabajo. La ley 79 de 1988, y el Decreto 468 de 1990 establecen el marco jurídico y la regulación de las cooperativas de trabajo que permiten a los empleados tener acceso al sistema de la seguridad social[11]. Las cooperativas fueron modificadas por la Ley 1233 de 2008 y reglamentadas por el Decreto 3553 de 2008. A través de la Ley 590 de 2000 regula las microempresas y pequeñas empresas.

La ley 454 de 1988 establece las características que deben tener las empresas solidarias, donde se pueden identificar tres grupos representativos de este modelo de empresa: las cooperativas, los fondos de empleados y las asociaciones mutuales. Se estima que en el año 2014 había 6.008 entidades de las cuales 4.088 eran cooperativas lo que equivale a un 68,0% del total. Los departamentos donde más tuvo presencia el sector cooperativo fueron: Bogotá, D. C, Valle del Cauca, Antioquia y Santander. En el año 2014 las cooperativas contaban con 5.821.035 asociados lo que equivales al 12% de la población del país y teniendo en cuenta que cada miembro de la cooperativa puedes tener un núcleo familiar promedio de 3 personas los beneficios de éstas pueden impactar a 17.463.105 personas, lo que equivale al 36,6% de la población colombiana. De manera que según las estadísticas hacia el año 2014 el 77,5% de las cooperativas correspondieron a microempresas, 17,6% a pequeñas empresas, 3,9% medianas empresas, y 1,0% a grandes empresas[12].

Estas reglamentaciones responden a una política para el apoyo a la creación de empresas denominada "Política de Fomento del Espíritu Empresarial y la Creación de Empresas" que tiene por objetivo promover la capacidad de emprendimiento, apoyar la comercialización, y la creación de nuevas empresas[13]. Surge como respuesta a la flexibilización del mercado de trabajo a una visión que se concibe como un proceso de desregulación, que pretende reducir al máximo las restricciones a la libre asignación del trabajo por el mercado, como forma de volver eficientes y competitivas las empresas[14]. Con esto, se reduce la relación del Estado con los principales empresarios y agentes privados, promoviendo la eliminación de instituciones y procesos regulatorios que limitan el desarrollo del mercado.

No obstante, el éxito en la productividad laboral está relacionado con las condiciones que tenga el empleado, la satisfacción, el bienestar, lo que harán que tenga mayor

[11] FARNE, S.: "Las Cooperativas de trabajo asociado en Colombia: Balance de la política gubernamental: 2002-2007", cit., pág. 261.

[12] CENICOOP: "Desempeño del sector cooperativo colombiano", CENICOOP, 2014, págs. 3 y 22.

[13] GÓMEZ, L.: Política pública y creación de empresas en Colombia", cit., págs. 13-15.

[14] ABRAMO, L.: "Mercado de trabajo, flexibilización y nuevas formas de regulación", En, DE LA GARZA TOLEDO, E.; "La construcción social del mercado", Revista de Trabajo, año 2, n° 4, enero-julio del 2001, págs. 150-151.

producción, y eso son justamente las políticas utilizadas en las grandes empresas que invierten en sus empleados para mejorar la producción[15]. Por el contrario, lo que ha generado esa flexibilidad laboral es el deterioro en la calidad del empleo, afectando la institucionalidad que regula el mercado de trabajo, y limitando la actividad sindical y los sistemas de negociación colectiva.

Por medio de la Ley 617 de 2000, se estimuló la creación de cooperativas de trabajo para contratar al personal y que estuviera desvinculado de las entidades territoriales, a causa de la reestructuración administrativa y la racionalización del gasto público. A través del Decreto 536 de 2004, permitió que la Empresas Sociales del Estado pudieran contratar con terceros en vez de tener una planta de personal propia, reduciendo los costes derivados de la contratación directa. Esto ha supuesto que la tercerización implica una subordinación al cliente a través de la contratación con terceros en la oferta de bienes o prestación de servicios. Las cooperativas de trabajo son las que asumen la responsabilidad, disminuyendo con esto el riesgo en las actividades de la contratación, pero supeditando a los empleados a las condiciones laborales impuestas a través de la tercerización[16].

En el caso del sector de la salud esta situación es preocupante, porque el servicio se ha deteriorado y no existe un control real sobre la calidad que se está prestando; las cooperativas de trabajo asociado son utilizadas como una manera de evadir la relación laboral y las obligaciones del empleador frente a las mismas. Se utilizan para contratar los servicios de salud que el Estado no asume directamente. Se estima que una tercera parte de las cooperativas de trabajo no pagan la seguridad social de sus asociados, generando una vulneración en los derechos mínimos laborales. Uno de los principios que rige el cooperativismo es el de la "adhesión abierta y voluntaria" no se cumple en el caso de la contratación de personal de salud, porque estos no se vinculan con el ánimo de utilizar sus servicios, y responder como socios de la cooperativa, sino que son empleados de corta duración, que deben afiliarse para poder tener un empleo, pero no participan en las ganancias de las misma[17]. Esto último se refiere al principio de "participación económica de los socios" y obviamente a través de la contratación por cooperativas de trabajo se está desdibujando la función de las mismas, porque la única ventaja que supone es la de tener un puesto de trabajo.

IV. LA PROTECCIÓN LEGAL DE LOS ASOCIADOS A LAS COOPERATIVAS DE TRABAJO

En las CTA la relación de trabajo del asociado-trabajador se puede ver afectada por distintas situaciones durante su desempeño. Los trabajadores no son empleados

[15] DAW, J., HALLIDAY HARDIE, J.: "Compensating differentials, labor market segmentation, and wage inequality", Social Science Research, vol. 41, 2012, pág. 1184.

[16] LÓPEZ SÁNCHEZ, L.M.: Tercerización y cooperativas de trabajo asociado en el hospital San Rafael de Tunja. CENES, vol. XXIV, n° 49, junio, 2010Pág. 183.

[17] Ibídem, pág. 191 y 194.

regulares de una empresa sino que son los dueños y empleados, no están amparados por el Código Sustantivo de Trabajo para trabajadores denominados por cuenta ajena. En material salarial tienen similitudes con las de un empleado de una empresa porque estos reciben lo que se denomina compensación. En el estatuto de trabajo se debe establecer la relación laboral y la remuneración que perciben según lo estipulado por la ley para los empleados por cuenta ajena, bonificaciones que son similares a las cesantías, prima de trabajo, así como, el goce de vacaciones remuneradas. Los aportes a la seguridad social estarán a cargo de los trabajadores asociados, aunque se puede acordar con la CTA si estos contribuyen al pago o si se hacen responsables directamente de los aportes[18]. El artículo 24 del Decreto 4588 de 2006 establece que el asociado responde a un estatuto de trabajo que estipula las jornadas, horarios, turnos, días de descanso, permiso, licencias, y todo lo relacionado con los derechos y deberes derivados de la relación de trabajo.

No obstante, las diferencias entre los empleados dependientes de las microempresas y los de las CTA, es que las compensaciones de estos últimos son embargables, las cesantías no se consignan a un fondo de cesantías sino a una cuenta personal, y en el caso que no suceda, es de libre disposición de los socios, sin el deber de pagar intereses por el manejo de este dinero. En caso de retiro de alguno de los socios, las cesantías se devolverán siempre y cuando la situación financiera lo permita[19].

De cualquier manera, aunque las CTA puedan contratar con terceros la producción de bienes, ejecución de obras y prestación de servicios, esta contratación debe responder a un proceso en favor de los asociados y en pro de un resultado final, con prohibición de la realización de intermediación laboral. Será prohibido que quienes contraten con estos hagan parte como miembros o intervengan en su organización y funcionamiento, desdibujando la función de las CTA y evadiendo la responsabilidad laboral. Cuando ésta realiza prácticas no autorizadas o prohibidas será sancionada por parte de la Superintendencia de Economía Solidaria o a través de sanciones administrativas personales o multas impuestas por el Ministerio de la Protección Social[20]. Cuando se realiza intermediación laboral estaríamos frente a un contrato de trabajo realidad entre el asociado y la empresa que contrata o a quien presta directamente el servicio. Esto ha sido prohibido dentro de la normativa tal como lo dispone la Ley 1233 de 2008, numerales 3 y 4 del artículo 7:

> "Cuando se comprueben prácticas de intermediación laboral o actividades propias de las empresas de servicios temporales, el tercero contratante y las cooperativas o las precooperativas de trabajo asociado, serán solidariamente responsables por las obligaciones que se causen a favor del trabajador asociado y las Cooperativas y Precooperativas de Trabajo Asociado quedarán incursas en las causales de

[18] FARNE, S.: "Las Cooperativas de trabajo asociado en Colombia: Balance de la política gubernamental: 2002-2007, cit., pág. 264.

[19] Ibídem., pág. 263.

[20] ARENAS GALLEGO, E., PIEDRAHÍTA VARGAS, C., PLATA LÓPEZ, J.: "Marco jurídico de las cooperativas de trabajo asociado", cit., pág. 37 y 42.

disolución y liquidación previstas en la ley, sin perjuicio del debido proceso, y les será cancelada la personería jurídica"

"Tanto la potestad reglamentaria como la disciplinaria sólo será ejercida por la precooperativa o cooperativa de trabajo asociado. En ningún caso, tales potestades podrán ser ejercidas por el tercero contratante. Si esto llegare a suceder se configurará de manera automática un contrato de trabajo realidad y, además, el contratante deberá soportar los efectos previstos en el numeral anterior, sin perjuicio de otras consecuencias legales".

El contrato realidad ha sido reconocido también por la Corte Constitucional en diferentes sentencias en donde dispone que "prima la realidad sobre la formalidad para establecer la existencia de una relación laboral". Así que en algunos casos donde una persona se encuentre vinculada a una CTA es posible que se le apliquen las normas en materia laboral cuando: la CTA contrate empleados de manera ocasional o permanente o cuando el asociado no preste su aporte de trabajo de manera directa a la cooperativa sino a un tercero, del cual recibe órdenes, cumple horarios y la relación con el tercero surge por orden de la cooperativa. De esta manera se establece que las personas que trabajan directamente para la cooperativa, pero no son socios, se configura una relación laboral, porque en la realidad son empleados y se está utilizando esta figura para evadir las cargas prestacionales[21].

Las CTA han sido utilizadas en Colombia como una forma de evadir las obligaciones prestacionales, de asumir directamente una nómina fija dentro de la empresa y para ello se hace uso de terceros que contraten y asuman las responsabilidades o las funciones centrales de la empresa contratante. Los trabajadores vinculados por medio de las cooperativas no tienen estabilidad laboral, se les niega el derecho de asociación de tal forma que no se permite crear organizaciones sindicales en las empresas que trabajan; se utilizan como una manera para dificultar la asociación sindical. Estos trabajadores son contratados pero no tienen derecho al pago de horas extras, protección al embargo del salario, renovación de contratos. No obstante, cumplen las mismas funciones de aquellos trabajadores asociados a las cooperativas o los que se encuentran vinculados mediante contrato de trabajo[22]. La Corte Constitucional ha dicho que aunque la estructura y funcionamiento de las CTA es diferente en especial al laboral, en comparación con el de las empresas comerciales, pero gozan de los mismos derechos constitucionales puesto que lo que se protege no es el trabajo sino "al trabajador y su dignidad[23].

---

[21] Sentencia de la Corte Constitucional T-307-2012, 25 de abril, Magistrado Ponente: JORGE IVÁN PALACIO PALACIO.

CALDERÓN HERNÁNDEZ, G., NARANJO VALENCIA, J.C, ÁLVAREZ GIRALDO, C.: "La gestión humana en Colombia: características y tendencias de la práctica y de la investigación", Estudios Gerenciales, vol. 23, n° 103, abril-junio de 2007, pág. 50.

[22] Sentencia de la Corte Constitucional C-645-2011, 31 de agosto, Magistrado Ponente: GABRIEL EDUARDO MENDOZA MARTELO.

[23] Sentencia de la Corte Constitucional C-855 de 2009, noviembre 25, Magistrado Ponente: MAURICIO GONZALEZ CUERVO.

Las CTA han aumentado debido a los intereses particulares, políticos, estatales y privados, ocasionando la vulneración al derecho del trabajador porque se utiliza esta figura para no cumplir con las obligaciones legales de una empresa regular. El mismo Estado ha promovido su desarrollo en especial en el sector salud, con la idea de fomentar el empleo en función de la ley de racionalización del gasto público[24].

V. LA PROTECCIÓN DEL TRABAJADOR EN LAS COOPERATIVAS Y PEQUEÑAS EMPRESAS

Las pequeñas empresas son el motor de la economía, sin embargo, por causa de la informalidad, son altamente vulnerables a desaparecer del mercado pues le resulta muy difícil conseguir fondos de inversión. No tiene la capacidad para reconocer las oportunidades de inversión en el exterior, no tienen suficientes proveedores. Solo viven para subsistir dentro de un mercado cada vez más reducido que no les permite competir. Esto hace que no puedan invertir en el desarrollo de sus empleados, sumado a ello no tienen acceso al desarrollo tecnológico que se requiere para ser competentes[25].

Por el contrario, lo que se crean son CTA que no cumplen función real porque no son asociaciones en las que trabajan varios socios y todos aportan su capital de trabajo, sino que son de un sólo dueño; la participación no es voluntaria y los asociados desconocen sus derechos y deberes. Se utiliza esta de trabajo para reemplazar a las empresas de servicios temporales, evadiendo con ello las obligaciones que tienen como empresas, y con ello las obligaciones tributarias y legales. La realidad es que se utilizan de forma ilegal, como forma de evadir impuestos, las cargas prestacionales, el vínculo laboral y evitar la acción sindical.

Hace falta el control por parte de las autoridades competentes, lo que ocasionan abusos de esta figura por parte de las empresas y las entidades, que obligan a los trabajadores asociarse a ellas. La ausencia de participación en la producción, la falta de pago de la seguridad social y el pago por debajo de las obligaciones legales representan una práctica de deterioro en los asociados, lo que conlleva a una segmentación del mercado de trabajo frente a las condiciones de los empleados directos de las empresas contratantes[26]. El problema de las pequeñas y medianas empresas es que tienen un alto índice de fracaso en el primer y segundo año de creación, por causa de la disminución de la demanda de trabajo, las restricciones y controles legales. Por el contrario, las CTA presentan un índice de supervivencia ligeramente superior a las pequeñas empresas, al ser preferidas para iniciar un proyecto empresarial, lo que no quiere decir

---

[24] FARNE, S.: "Las Cooperativas de trabajo asociado en Colombia: Balance de la política gubernamental: 2002-2007", cit., pág. 267.

[25] VELÁSQUEZ VÁSQUEZ, F.: "La estrategia, la estructura y las formas de asociación: fuentes de ventaja competitiva para las pymes colombianas", Estudios Gerenciales, vol. 20, n° 93, 2004, págs. 79-80.

[26] ARENAS GALLEGO, E., PIEDRAHÍTA VARGAS, C., PLATA LÓPEZ, J.: Marco jurídico de las cooperativas de trabajo asociado", cit., pág. 36.

que en realidad sean una fuente de empleo estable y de calidad, porque en muchos casos son utilizadas para evadir la relación laboral[27].

VI. LA PROTECCIÓN DEL DERECHO AL TRABAJO DESDE LA JURISPURDENCIA COLOMBIANA

6.1. La prohibición de la intermediación laboral

La jurisprudencia de la Corte Constitucional establece que se prohíbe utilizar las CTA como intermediarias laborales, en el sentido que a través de la contratación estas deslaboralizan las relaciones de trabajo, y aunque utilizan formas asociativas reconocidas legalmente "tienen como finalidad última modificar la naturaleza de la relación contractual y falsear la verdadera relación de trabajo"[28].

Las CTA han sido creadas para favorecer el desarrollo asociativo y el cooperativismo, pero en lugar de esto han sido utilizadas como una manera para desconocer la realidad del vínculo laboral. De manera tal que lo que se busca es la protección de la relación laboral y de la aplicación del principio de "primacía de la realidad sobre la forma". Esto impone una prohibición tanto a los particulares como a las autoridades públicas de utilizar la figura de contratación por medio de CTA como intermediadores laborales, evitando la exoneración de la responsabilidad de la relación laboral. Esta prohibición de actuar como empresas de intermediación se encuentra consagrado en los numerales 1 y 2, artículo 7 de la ley 1233 de 2008 que dispone:

> "Las Cooperativas y Precooperativas de Trabajo Asociado no podrán actuar como empresas de intermediación laboral, ni disponer del trabajo de los asociados para suministrar mano de obra temporal a terceros o remitirlos como trabajadores en misión. En ningún caso, el contratante podrá intervenir directa o indirectamente en las decisiones internas de la cooperativa y en especial en la selección del trabajador asociado.
>
> "Las Cooperativas y Precooperativas de Trabajo Asociado no podrán actuar como asociaciones o agremiaciones para la afiliación colectiva de trabajadores independientes al Sistema de Seguridad Social ni como asociaciones mutuales para los mismos efectos".

La intermediación laboral modifica el vínculo corporativo, cambia la relación laboral que debe existir entre los asociados cooperados, porque el cooperado no ejerce sus labores directamente en la cooperativa sino que está sujeto a las órdenes de un tercero, quien le da órdenes, impone un horario, generando una relación de subordina-

---

[27] MELGAREJO-MOLINA, Z., VERA-COLINA, M.A., MORA-RIAPIRA, E.H.: La supervivencia de las Cooperativas de Trabajo Asociado en Colombia: una aproximación teórica", cit., págs. 13-14.

[28] Sentencia de la Corte Constitucional C-614 de 2009, 2 de septiembre. Magistrado Ponente: JORGE IGNACIO PRETELT CHALJUB.

ción. Esto puede conllevar a la vulneración de los derechos fundamentales al mínimo vital y a la igualdad de los empleados[29].

La Corte Constitucional ha establecido que para hacer un análisis a la intermediación laboral o la burla de la relación laboral dentro de un cooperativa de trabajo asociado es necesario probar que exista: "la voluntariedad con la que las partes acuden a la forma contractual establecida; la finalidad con la que se acude a la forma contractual; la prestación directa del servicio y el ánimo con que el beneficiario del trabajo lo recibe". Por consiguiente, la vinculación con una cooperativa de trabajo no excluye el surgimiento de una relación laboral, así que se una de las prohibiciones para estas cooperativas es utilizarlas como intermediarias laborales y con ello evadir las obligaciones prestacionales de un contrato de trabajo[30].

Así las cosas, está prohibida la simulación de la relación laboral, tal como se estipula en el artículo 17 del Decreto 4588 de 2006. La Corte se ha pronunciado en relación con el impago de los salarios en las CTA en virtud de la relación laboral, diciendo que en estos casos se afecta el derecho fundamental al mínimo vital como consecuencia de la falta de pago, y se presume cuando el incumplimiento sea "prolongado o indefinido"[31]. La vinculación a una Cooperativa no necesariamente excluye el surgimiento de una relación laboral y esto se puede dar cuando el "cooperado no trabaja directamente para la cooperativa, sino para un tercero" de esta relación surgen obligaciones como las de recibir órdenes, cumplir con un horario laboral, pero esta relación con el tercero se da en virtud del mandato de la cooperativa. Cuando se den los supuestos que permitan inferir la existencia de una relación de trabajo "*el juez de tutela debe proteger los derechos fundamentales del trabajador encubierto tras la calidad de asociado y aplicar los principios del derecho laboral y las demás garantías consagradas en la Constitución Política*"[32].

Para determinar la existencia de una relación laboral la Corte no especifica los elementos que se deben cumplir, sino que os enuncia teniendo en cuenta la pertinencia y validez de otros que sean viables en el propósito de demostrar la existencia de una relación laboral entre el asociado y la CTA, o con un tercero que contrata con una de estas cooperativas. En este sentido, se tiene en cuenta el artículo 53 de la Constitución Política, en donde no hay duda que realidad debe primar sobre las diferentes formas que puedan adquirir las relaciones laborales. En este mismo sentido, la idea es que no se modifiquen las obligaciones propias del derecho al trabajo con este tipo de vincu-

[29] Sentencia de la Corte Constitucional T-351 de 2015, 9 de junio. Magistrado Ponente: GABRIEL EDUARDO MENDOZA MARTELO. Sentencia de la Corte Constitucional T-868 de 2013, 27 de noviembre. Magistrado Ponente: JORGE IGNACIO PRETELT CHALJUB.

[30] Sentencia de la Corte Constitucional C-614 de 2009, 2 de septiembre, Magistrado Ponente: JORGE IGNACIO PRETELT CHALJUB.

Sentencia de la Corte Constitucional T-461 de 2012. Magistrado Ponente: IVAN PALACIO PALACIO.

[31] Sentencia de la Corte Constitucional T-868 de 2013, 27 de noviembre. Magistrado Ponente: JORGE IGNACIO PRETELT CHALJUB.

[32] Sentencia de la Corte Constitucional T-513 del 18 de junio de 2010. MP. HUMBERTO ANTONIO SIERRA PORTO.

los laborales, la Corte ha indicado que *"no existe autonomía estatutaria absoluta, sino limitada por parámetros constitucionales, en particular por los derechos fundamentales de los trabajadores* y asociados, respetando *"todas las obligaciones laborales, incluyendo la protección al trabajador"*[33].

Los trabajadores con independencia de su vinculación laboral gozan de unos derechos fundamentales:

(...) existen otras, para cuya identificación podría acudirse a la Clasificación Internacional de la Situación en el Empleo (CISE), elaborada bajo el auspicio de la OIT y conforme a la cual es posible distinguir seis grupos de trabajadores: 1. Asalariados; 2. Empleadores; 3.Trabajadores por cuenta propia; 4.Miembros de cooperativas de productores; 5. Trabajadores familiares auxiliares, y 6.Trabajadores que no pueden clasificarse según la situación en el empleo. La anterior clasificación tiene en su base un conjunto de criterios, que permite diferenciar dos grandes grupos de trabajadores, los asalariados, por un lado, y los independientes (...)[34].

Los derechos de los trabajadores con independencia de su vínculo laboral están reconocidos en el artículo 25 de la Constitución Política, no solamente de la actividad laboral de carácter subordinado sino que cubre otras modalidades contractuales como es el caso de los trabajadores independientes, que son "aquellos en los que la remuneración depende directamente de los beneficios (o del potencial para realizar beneficios) derivados de los bienes o servicios producidos", puesto que lo que se busca proteger es al trabajador y su dignidad. El sistema jurídico colombiano reconoce el trabajo general, tanto el subordinado o dependiente como el independiente, como uno de los valores y propósitos del Estado y uno de los principios fundantes del mismo, en relación con el respeto de la dignidad humana, la solidaridad de las personas y la prevalencia del interés general[35].

6.2. Estabilidad laboral reforzada de la trabajadora embarazada

La jurisprudencia de la Corte Constitucional ha reiterado que "el fuero de maternidad de naturaleza constitucional, debe garantizarse en cualquier tipo de relación laboral". En este caso, no importa la forma en que se haya establecido la relación laboral, la mujer goza de un derecho especial de asistencia y estabilidad reforzada. Está prohibido al empleador desvincular a la mujer que se encuentre en estado de embarazo o periodo de lactancia[36]. La única forma para que una mujer embarazada pueda

33 Sentencia de la Corte Constitucional T-461 de 2012. Magistrado Ponente: IVAN PALACIO PALACIO.

34 Sentencia de la Corte Constitucional C- 645 de 2011, 31 de agosto. Magistrado Ponente: GABRIEL EDUARDO MENDOZA MARTELO.

35 Sentencia de la Corte Constitucional C-397 de 2006, 24 de mayo. Magistrado Ponente: JAIME ARAUJO RENTERIA.

36 Sentencia de la Corte Constitucional, T-024 de 2011, 21 de enero. Magistrado Ponente: LUIS ERNESTO VARGAS SILVA. Sentencia de la Corte Constitucional C-199 de 1999, 7 de abril. Magistrado Po-

ser despedida es que exista una justa causa y que esta sea valorada por una autoridad competente.

Por otro lado, en los casos donde la trabajadora se encuentre vinculada a una CTA, la Corte considero que éstas serán las responsables del proceso de afiliación y pago de los aportes de los trabajadores asociados al Sistema de Seguridad Social Integral. En los casos donde se utilice la cooperativa para ocultar una relación laboral, o se comprueben prácticas de intermediación, desaparece el vínculo cooperativo y, el tercero contratante y las CTA se harán solidariamente responsables por las obligaciones que se causen a favor del trabajador asociado. A su vez, se aplicará la legislación laboral y no la civil o comercial, pues se verifican los elementos esenciales que dan lugar a la relación de trabajo, simulado por el contrato cooperativo[37]. No importa la modalidad de vínculo que ostenten con la empresa, se ha reiterado el derecho a la igualdad de todos los ciudadanos sin discriminación alguna. Las personas en situación de debilidad manifiesta como "sujetos de especial protección constitucional", como causa de su condición física, psicológica o social particular, merecen una protección del estado para lograr una igualdad real y efectiva[38].

6.3. La protección del derecho al régimen general de pensiones

La Corte Constitucional ha reconocido que todos los trabajadores gozan del derecho a ser incluidos en el régimen General de Pensiones, sin importar el tipo de contratación que tengan, pues la cobertura se sustenta en el principio de la Universalidad y Solidaridad. El principio de la solidaridad contemplado en la Constitución, no sólo vincula a todos los particulares sino también al mismo Estado. En su condición de garante de los derechos de los coasociados, está comprometido a prestar el apoyo que requieran las personas para alcanzar la efectividad de sus derechos y para colmar las aspiraciones propias de la dignidad humana. El trabajador pues será protegido en su derecho a la pensión de vejez independientemente de la relación y tipo de contratación laboral[39].

Ahora bien, en el caso de las CTA los aportes a salud, pensiones y riesgos laborales serán asumidos por los asociados. No obstante, más allá de la denominación que se le dé a una determinada relación laboral, el régimen aplicable será el que contiene la misma. De manera que las relaciones de trabajo que se formalizan a través de una CTA oculten

nente: EDUARDO CIFUENTES MUÑOZ. Sentencia SU-070 de 2013, 13 de febrero. Magistrado Ponente: ALEXEI JULIO ESTRADA SV. MAURICIO GONZÁLEZ CUERVO. SPV. MARÍA VICTORIA CALLE CORREA Y LUIS ERNESTO VARGAS SILVA. AV. LUIS GUILLERMO GUERRERO PÉREZ, GABRIEL EDUARDO MENDOZA MARTELO Y NILSON PINILLA PINILLA.

[37] Sentencia de la Corte Constitucional, T-138 de 2015, 27 de marzo. Magistrado Ponente: MARÍA VICTORIA CALLE CORREA.

[38] Sentencia de la Corte Constitucional, T- 400 de 2015, 30 de junio. Magistrado Ponente: GLORIA STELLA ORTIZ DELGADO.

[39] Sentencia de la Corte Constitucional C-626 de 2014, 2 de septiembre. Magistrado Ponente: JORGE IGNACIO PRETELT CHALJUB.

en realidad, una relación que cumple las condiciones del trabajo dependiente, dará lugar al pago de las prestaciones sociales propias del contrato de trabajo[40].

6.4. Despido y terminación de contrato de trabajo

En relación con la protección de un asociado que puede llegar accidentarse en cumplimiento de sus funciones, la Corte Constitucional ha dispuesto la obligación del Estado y de los empleadores de ofrecer formación y habilitación profesional a quienes lo requieran. Se debe garantizar el derecho al trabajo de las personas minusválidas acorde con sus condiciones de salud. Recuerda que en ningún caso las limitaciones de una persona será una excusa para obstaculizar su vinculación laboral a menos que la limitación física le impida desempeñar el cargo que se le asigne. De manera que por ningún motivo se puede despedir o terminar el contrato de trabajo a un empleado por su limitación a menos que esto sea autorizado por el Ministerio de Trabajo. Si hay despido sin previa autorización, dará lugar a una indemnización a ciento ochenta días de salario, más las prestaciones sociales e indemnizaciones que dispone el Código Sustantivo del Trabajo[41].

Los mandatos estipulados protegen el derecho al trabajo, su vulneración está limitada por los principios constitucionales y de las restricciones impuestas por la ley. Así las cosas, los preceptos constitucionales son amplios e incluyen a las personas que se encuentren en debilidad manifiesta, sin importar que su trabajo se derive de la prestación de un servicio laboral. De manera que en ningún caso la limitación de una persona, podrá ser motivo para obstaculizar una vinculación laboral, a menos que esa limitación no le permita desempeñar el cargo designado[42].

VII. A MODO DE CONCLUSIÓN

Las pequeñas y microempresas en Colombia tienen una corta duración debido a las fluctuaciones del mercado. Por esto, lo que predomina es la creación de las CTA para la generación de empleo. Sin embargo, se han utilizado como una manera de evasión de impuesto, flexibilización laboral, reducción de costes, y para evadir las obligaciones prestacionales que tienen los empleadores directos, ayudando a que las empresas creen empleos y medios de producción encubiertos bajo esta figura. Así pues que la función principal del cooperativismo y promoción del empleo autorregulado no existe. Esto ha sido permitido por parte del Estado, que aunque haya legislado sobre la prohibición de la simulación de la relación laboral y la tercerización, no ha ejercido un control real sobre el mismo. Sumado a esto hay intereses políticos y particulares que utilizan como

---

[40] Sentencia de la Corte Constitucional C- 645 de 2011, 31 de agosto. Magistrado Ponente: GABRIEL EDUARDO MENDOZA MARTELO.

[41] Sentencia de la Corte Constitucional T-307-2012.

[42] Sentencia de la Corte Constitucional T-461 de 2012. Magistrado Ponente: IVAN PALACIO PALACIO.

una manera de evadir impuestos y de mejorar su rendimiento económico y productivo. Esto se observa a través de las contrataciones que se realizan en el sector salud, donde los asociados no hacen parte de las CTA de manera voluntaria, sino que están obligados a participar para tener un puesto de trabajo, teniendo en cuenta que la producción no es de ellos sino de personas que aportan capital privado. La jurisprudencia de la Corte Constitucional ha reiterado que no importa la forma de contratación prima la obligación de respetar los derechos fundamentales de los trabajadores, porque lo que se buscar es la protección del derecho al trabajo en condiciones dignas.

VIII. BIBLIOGRAFÍA

ABRAMO, L.: "Mercado de trabajo, flexibilización y nuevas formas de regulación", En, DE LA GARZA TOLEDO, E.; "La construcción social del mercado", Revista de Trabajo, año 2, n° 4, enero-julio del 2001.

ARANGO, M. -CARDENAS, M. MARULANDA, B. PAREDES, M.: "Reflexiones sobre el aporte social y económico del sector cooperativo colombiano", Cuadernos Fedesarrollo, n° 15, 2015.

ARENAS GALLEGO, E., PIEDRAHÍTA VARGAS, C., PLATA LÓPEZ, J.: Marco jurídico de las cooperativas de trabajo asociado", Opinión Jurídica, vol. 6, n° 6, 2007.

CALDERÓN HERNÁNDEZ, G., NARANJO VALENCIA, J.C, ÁLVAREZ GIRALDO, C.: "La gestión humana en Colombia: características y tendencias de la práctica y de la investigación", Estudios Gerenciales, vol. 23, n° 103, abril-junio de 2007.

CENICOOP: "Desempeño del sector cooperativo colombiano", CENICOOP, 2014.

DAW, J., HALLIDAY HARDIE, J.: "Compensating differentials, labor market segmentation, and wage inequality", Social Science Research, vol. 41, 2012.

FARNE, S.: "Las Cooperativas de trabajo asociado en Colombia: Balance de la política gubernamental: 2002-2007", Revista de Economía Institucional, vol. 10, núm. 18, 2008,

FUENTES, L., LINK, F.: "Competitividad, mercados de trabajo y estructura socioterritorial en Bogotá, Lima y Santiago", Revista de Geografía Norte Grande, vol., 59, 2014.

GÓMEZ, L.: Política pública y creación de empresas en Colombia", Pensamiento y Gestión, n° 21, 2006.

LÓPEZ SÁNCHEZ, L.M.: Tercerización y cooperativas de trabajo asociado en el hospital San Rafael de Tunja. CENES, vol. XXIV, n° 49, junio, 2010.

MOLINA, C.E.: "La inspección de trabajo en Colombia", Revista Latinoamérica de Derecho Social", n° 6, enero-junio de 2008.

MELGAREJO-MOLINA, Z., VERA-COLINA, M.A., MORA-RIAPIRA, E.H.: La supervivencia de las Cooperativas de Trabajo Asociado en Colombia: una aproximación teórica", Revista Innovar, vol. 22, núm. 45 julio-septiembre, 2012.

SANTA MARÍA, M., ROZO, S.: Informalidad empresarial en Colombia: alternativas para impulsar la productividad, el empleo y los ingresos", Documento de Trabajo, n° 40, marzo 13 de 2008.

VELÁSQUEZ VÁSQUEZ, F.: "La estrategia, la estructura y las formas de asociación: fuentes de ventaja competitiva para las pymes colombianas", Estudios Gerenciales, vol. 20, n° 93, 2004.

Jurisprudencia de la Corte Constitucional colombiana

Corte Constitucional C-199 de 1999.
Corte Constitucional C-397 de 2006.
Corte Constitucional C-855 de 2009.
Corte Constitucional C-614 de 2009.
Corte Constitucional C-337 de 2011.
Corte Constitucional, T-024 de 2011
Corte Constitucional C-645-2011.
Corte Constitucional T-307-2012.
Corte Constitucional T-461 de 2012.
Corte Constitucional T-868 de 2013.
Corte Constitucional T- Sentencia T-513.
Corte Constitucional Sentencia SU-070 de 2013.
Corte Constitucional C-626 de 2014
Corte Constitucional, T-138 de 2015.
Corte Constitucional T-351 de 2015.
Corte Constitucional, T- 400 de 2015.

EPÍLOGO. NUEVAS TECNOLOGÍAS Y CONTROL DEL TIEMPO DE TRABAJO

CAROLINA SAN MARTÍN MAZZUCCONI

Prof. Titular de Derecho del Trabajo y de la Seguridad Social
Universidad Rey Juan Carlos

Sumario: 1. INTRODUCCIÓN.- 2. PODER DE DIRECCIÓN Y NUEVAS TECNOLOGÍAS.- 3. EL DERECHO A LA PROTECCIÓN DE DATOS PERSONALES DE LOS TRABAJADORES.- 4. CONTROL TECNOLÓGICO DEL TIEMPO DE TRABAJO. 1. Ideas previas. 2. Videovigilancia.- 3. Dispositivos de geolocalización por satélite (GPS). 4. Fichaje informático y control biométrico. 5. Dispositivos identificativos V. REFLEXIÓN CONCLUSIVA.

I. INTRODUCCIÓN

Constituye un dato incontestable de nuestra realidad el continuo avance de la nuevas tecnologías de la información y las comunicaciones, y su progresiva e imparable implantación en el ámbito laboral.

Uno de los campos en los que se aprecia especialmente la incidencia de los avances tecnológicos es el de los medios de control empresarial del trabajo, lo que ha propiciado el surgimiento de un número significativo de disquisiciones alrededor de la utilización de nuevas tecnologías como parte del poder de dirección y vigilancia del empresario, y su limitación en función de los derechos de los trabajadores. Se trata de conflictos a los que el ordenamiento laboral debe dar solución y que replantean el debate sobre la esfera privada del trabajador en el seno de la empresa.

Estamos, pues, ante un nuevo episodio de la clásica discusión sobre el alcance de los derechos fundamentales cuando se trata de prestar una actividad productiva por cuenta y bajo dependencia ajenas, con la particularidad de que, en este caso, la herramienta al servicio del poder empresarial posee una dimensión panóptica[1] y de vocación extensiva, que hace especialmente delicada su confrontación con los derechos de los trabajadores.

Entre las diversas funciones que pueden cumplir las herramientas tecnológicas al servicio del poder de control empresarial, se alza el seguimiento del tiempo de trabajo de los empleados. Hablamos de fichajes horarios informáticos, de dispositivos identificativos, de geolocalización por satélite, de lectura de datos biométricos, de identificadores por radiofrecuencia, etc. En definitiva, de todas aquellas fórmulas tecnológicas que permiten registrar horarios y jornadas y que, como tales, suponen un gran avance en la labor fiscalizadora que asiste al empresario, pero que, en la misma medida, pueden llegar a suponer una inmersión indebida en el ámbito de los derechos fundamentales a la intimidad y a la protección de datos personales de los trabajadores.

El tema cobra vibrante actualidad a raíz de una serie de pronunciamientos de la Audiencia Nacional en los que se interpreta el art. 35.5 del Estatuto de los Trabajadores[2] en el sentido de que todas las empresas deben registrar la jornada realizada por sus empleados, en orden a estar en condiciones de acreditar la realización o no de horas extraordinarias[3]; interpretación que respalda el criterio que venía siendo defendido por la Inspección de Trabajo y Seguridad Social y que ahora gana fuerza[4], a salvo de lo que finalmente establezca el Tribunal Supremo. Obviamente, en empresas de grandes dimensiones es probable que el control horario pase por la implementación de sistemas tecnológicos.

Por lo demás, conviene hacer una precisión adicional: dado el carácter esencialmente dinámico de las nuevas tecnologías -lo que hace que siempre sean "nuevas"[5]-, los instrumentos de trabajo y control tecnológicos se encuentran sometidos a una

---

1 Mercader Uguina, J.: "Derechos fundamentales de los trabajadores y nuevas tecnologías: ¿hacia una empresa panóptica?", *Relaciones Laborales* núm. 10, 2001, págs. 21 y 22.

2 El precepto establece que: "a efectos del cómputo de horas extraordinarias, la jornada de cada trabajador se registrará día a día y se totalizará en el período fijado para el abono de las retribuciones, entregando copia del resumen al trabajador en el recibo correspondiente."

3 Sentencias de la Audiencia Nacional de 4 de diciembre de 2015 (proc. 301/2015), de 19 de febrero de 2016 (proc. 383/2015) y de 6 de mayo de 2016 (proc. 54/2015). Al respecto, puede verse Miró Morros, D.: "El registro de jornada y el exhaustivo control sobre las horas extraordinarias por parte de los trabajadores y sus representantes", *Actualidad Jurídica Aranzadi* núm. 918, 2016; Trujillo Pons, F.: "La relevante sentencia de la Audiencia Nacional (núm. 207/2015) por la que se exige el establecimiento de un sistema de registro de la jornada diaria efectiva con objeto de comprobar el cumplimiento de los horarios pactados con los trabajadores. SAN 4 Diciembre 2015 (AS 2016, 97)", *Nueva Revista Española de Derecho del Trabajo* núm. 187, 2016.

4 La existencia de esta doctrina judicial ha permitido a la Dirección General de la Inspección de Trabajo y Seguridad Social emitir la "Instrucción 3/2016, sobre intensificación del control en materia de tiempo de trabajo y horas extraordinarias", en la que afirma la obligatoriedad del registro diario de la jornada, con independencia de la realización o no de horas extraordinarias.

5 Del Rey Guanter, S., señala, en relación con la usual denominación de las tecnologías de la información y comunicaciones como *nuevas tecnologías*, que "el término 'nuevas' es un curioso adjetivo aquí en cuanto se hace inseparable del sujeto que califica" ("Relaciones laborales y nuevas tecnologías: reflexiones introductorias", *Derecho social y nuevas tecnologías*, Madrid, Cuadernos de Derecho Judicial, 2005, pág. 14).

constante evolución, de modo que no puede evitarse un progresivo redimensionamiento de los conflictos asociados a los mismos[6]. Esa es, justamente, la principal circunstancia que ha venido desincentivando la regulación legal de la materia y que determina que las parcas pautas legales deban combinarse con el análisis de los pronunciamientos judiciales dictados al efecto, algunos de ellos muy recientes y de hondo calado.

II. PODER DE DIRECCIÓN Y NUEVAS TECNOLOGÍAS

La celebración de un contrato de trabajo no implica en modo alguno la privación para el trabajador de los derechos que la Constitución le reconoce como ciudadano[7], porque la libertad de empresa que establece el art. 38 CE no legitima limitaciones injustificadas de los derechos fundamentales y libertades públicas[8]. Por tanto, el tra-

[6] Su evolución puede verse, por ejemplo, siguiendo mis sucesivas publicaciones al respecto. Entre otras, Sempere Navarro, A.V. y San Martín Mazzucconi, C.: *Nuevas Tecnologías y Relaciones Laborales*, Cizur Menor, Aranzadi, 2002; Sempere Navarro, A.V. y San Martín Mazzucconi, C.: "Sobre 'nuevas tecnologías' y relaciones laborales", *Aranzadi Social* núm. 15, 2002; Sempere Navarro, A.V. y San Martín Mazzucconi, C.: "Intimidad del trabajador y registros informáticos", *Revista Europea de Derechos Fundamentales* núm. 1, 2003; Sempere Navarro, A.V. y San Martín Mazzucconi, C.: "Escuchas telefónicas a teleoperadores", *Repertorio de Jurisprudencia Aranzadi* núm. 4, 2004; Sempere Navarro, A.V. y San Martín Mazzucconi, C.: "El uso sindical del correo electrónico a la luz de la STC 281/2005, de 7 de noviembre", *Aranzadi Social* núm. 17, 2005; Sempere Navarro, A.V. y San Martín Mazzucconi, C.: "Nuevas tecnologías y relaciones laborales: una tipología jurisprudencial", *Revista Aranzadi de Derecho y Nuevas Tecnologías* núm. 10, 2006; San Martín Mazzucconi, C.: "El uso y control de las nuevas tecnologías en el ámbito laboral. Algunas pautas recurrentes en la doctrina judicial, para tener en cuenta", *Aranzadi Social* núm. 7-8, 2007; Sempere Navarro, A.V. y San Martín Mazzucconi, C.: "¿Puede la empresa controlar el ordenador usado por su trabajador? Comentario a la STS 26 de septiembre de 2007, Recurso 966/2006 (JUR 2007, 306130)", *Repertorio de Jurisprudencia* núm. 21, 2007; San Martín Mazzucconi, C.: "Libertad y autonomía sindical: el debate español sobre el uso sindical de medios informáticos empresariales", *Revista Laboral* núm. 178-179 (México), 2007; San Martín Mazzucconi, C.: "Detectives, nuevas tecnologías y derecho a la intimidad de los trabajadores", *Aranzadi Social* núm. 22, 2008; San Martín Mazzucconi, C.: "Navegar por internet en horas de trabajo ¿Quién? ¿Yo?", *Aranzadi Social* núm. 19, 2009; Sempere Navarro, A.V. y San Martín Mazzucconi, C.: "Nuevas tecnologías y relaciones laborales: claves de su tratamiento judicial en España", *Soluciones Laborales* núm. 40 (Perú), 2011; San Martín Mazzucconi, C.: "El control empresarial de los ordenadores: estado de la cuestión en España", *Para Jorge Leite. Escritos jurídico-laborais (vol. I).* Coords.: J. Reis, L. Amado, L. Fernandes, R. Redinha, Coimbra Editora, 2014; San Martín Mazzucconi, C. y Pavón de Paula, S.: "Nuevas tecnologías y su incidencia en las relaciones laborales. Una visión desde el ordenamiento y la jurisprudencia españoles", *Cuestiones actuales de Derecho del Trabajo. Un estudio desde las dos orillas.* Dirs.: P. Charro Baena y J. Espinoza Escobar, Madrid, Dykinson, 2014; San Martín Mazzucconi, C. (Dir.): *Tecnologías de la información y la comunicación en las relaciones de trabajo*, León, Eolas, 2014; San Martín Mazzucconi, C. y Sempere Navarro, A.V.: *Las TICs en el ámbito laboral*, Madrid, Francis Lefebvre, 2015; San Martín Mazzucconi, C.: "Grabaciones con el móvil en el ámbito laboral: límites desde el Derecho Civil", *http://tecnologia.elderecho.com/tecnologia/privacidad/Grabaciones-laboral-limites-Derecho-Civil_11_832555001.html*

[7] Sentencia del Tribunal Constitucional 106/1996, de 12 de junio de 1996.

[8] Sentencias del Tribunal Constitucional 197/1998, de 13 de octubre de 1998, y 98/2000, de 10 de abril de 2000. Los trabajadores no pierden totalmente sus derechos fundamentales porque no estamos en un sistema feudal sino en un régimen de libertades democráticas, donde no cabe exigir a los primeros un

bajador ostenta, como tal, un derecho a la intimidad, que preserva un ámbito propio frente a la acción y el conocimiento de los demás.

Ahora bien, los derechos fundamentales no son absolutos, pudiendo ceder ante intereses constitucionalmente relevantes[9], como son los derivados de los arts. 38 y 33 de la Constitución española[10]. Con esto quiere decirse que aunque la existencia de un contrato de trabajo no exceptúa el reconocimiento de los derechos fundamentales, lo que sí hace es modular el alcance de tal reconocimiento. Se reduce el ámbito de la protección en virtud del ejercicio del poder de control empresarial.

Pero estos poderes empresariales tampoco son absolutos, de modo que es necesario encontrar el equilibrio entre su ejercicio y el espacio que han de tener los derechos fundamentales de los trabajadores en el marco de la relación laboral[11]. En esta línea, el art. 20.3 del Estatuto de los Trabajadores reconoce el derecho del empresario a adoptar las medidas que considere oportunas para vigilar y controlar el trabajo, pero siempre que no vulneren derechos fundamentales de los empleados.

Para evitar la vulneración de derechos fundamentales, ha de acudirse a la clásica doctrina del Tribunal Constitucional, según la cual toda medida restrictiva de derechos fundamentales ha de superar un test de proporcionalidad[12]:

- Juicio de idoneidad: se cumple si la medida es susceptible de conseguir el objetivo propuesto; es decir, si puede alcanzar la finalidad pretendida. Se trata de que toda restricción de derechos permita satisfacer el interés empresarial que éste alega para su adopción, que ha de ser, específicamente, conocer la conducta laboral de sus empleados.
- Juicio de necesidad: se cumple si la medida es necesaria, en el sentido de que no exista otra medida más moderada para la consecución de tal propósito con igual eficacia. Por tanto, no basta con que la restricción de derechos sea idónea -aunque en cualquier caso debe serlo- sino que además ha de ser la menos agresiva de todas las posibles.
- Juicio de ponderación: se cumple si la medida es equilibrada, por derivarse de ella más beneficios o ventajas para el interés general que perjuicios sobre

comportamiento que desconozca la defensa de sus propios intereses (Pedrajas Moreno, A.: "Los derechos fundamentales de la persona del trabajador y los poderes empresariales: la Constitución como marco y como límite de su ejercicio", *Actualidad Laboral* núm. 4, 2000, pg. 60).

[9] Sentencias del Tribunal Constitucional 57/1994, de 28 de febrero de 1994; 143/1994, de 9 de mayo de 1994; 98/2000, de 10 de abril de 2000.

[10] Sentencias del Tribunal Constitucional 99/1995, de 11 de abril de 1995 y 98/2000, de 10 de abril de 2000.

[11] De "atormentada relación entre los derechos fundamentales no laborales del trabajador y el poder de dirección del empresario", que "se cimenta sobre la existencia de fronteras con contornos verdaderamente difusos", habla Marín Alonso, I.: "La utilización del correo electrónico por los sindicatos o sus secciones sindicales para transmitir noticias de interés sindical a sus afiliados o trabajadores en general", *Aranzadi Social* núm. 1, 2001, pg. 31. Una reflexión sobre la mutua modalización de los derechos fundamentales del trabajador y de los poderes del empresario, en Rodríguez-Piñero y Bravo-Ferrer, M.: "Constitución, derechos fundamentales y contrato de trabajo", *Relaciones Laborales* 1996-I.

[12] Sentencia del Tribunal Constitucional 96/2012, de 7 de mayo de 2012.

otros bienes o valores en conflicto. La ponderación exige en cualquier caso el respeto del contenido esencial del derecho fundamental[13].

- Juicio de justificación: se cumple cuando la adopción de la medida responde a motivaciones objetivas, distintas de la simple y llana conveniencia empresarial, y no a una voluntad arbitraria o caprichosa[14].

Estamos ante conceptos que sólo pueden analizarse a la luz de cada caso concreto, como reconoce expresamente el propio Tribunal en múltiples pronunciamientos[15].

Ahora bien, la expectativa de intimidad puede neutralizarse, de modo que ya no exista un espacio para el ejercicio de este derecho si el trabajador es advertido de que su actuación será fiscalizada[16].

III. EL DERECHO A LA PROTECCIÓN DE DATOS PERSONALES DE LOS TRABAJADORES

El análisis detenido y en perspectiva del tratamiento que tanto la doctrina científica como la judicial han venido dando a los conflictos jurídicos en torno al uso de las herramientas tecnológicas en el ámbito laboral, permite apreciar una clara evolución en cuanto al enfoque de la confrontación entre poderes empresariales y derechos fundamentales de los trabajadores. Inicialmente, se cuestionaba hasta qué punto el control empresarial podía implicar una vulneración del derecho a la intimidad, pero más tarde entró en escena

---

[13] Carril Vázquez, X.M. y Seoane Rodríguez, J.A.: "Vigilar y trabajar (una aproximación metodológica sobre la intimidad del trabajador como límite a las facultades de vigilancia y control del empresario. A propósito de las SSTCo 98/2000, de 10 de abril y 186/2000, de 10 de julio)", *Anuario da Facultade de Dereito da Universidade da Coruña* núm. 5, 2001, pg. 904.

[14] Cardona Rubert, M.B.: *Informática y contrato de trabajo*, Valencia, Tirant lo Blanch, 1999, pág. 67, señala, en referencia a los controles empresariales pero claramente extensible a toda medida del empresario restrictiva de derechos fundamentales, que la licitud de las mismas se vincula a su justificación "por criterios objetivos y necesarios". La objetividad derivaría de la conexión estrecha de la medida empresarial con la organización productiva y su finalidad de protección y conservación de la misma, y la necesidad de la medida se aseguraría siempre que se hiciera precisa para la protección y seguridad del trabajador.

[15] Por todos, Sentencia del Tribunal Constitucional 170/2013, de 7 octubre de 2013.

[16] Sentencias del Tribunal Supremo de 26 de septiembre de 2007 (rec. 966/2006); de 8 de marzo de 2011 (rec. 1826/2010); de 6 de octubre de 2011 (rec. 4053/2010); Sentencias del Tribunal Constitucional 241/2012, de 17 de diciembre de 2012; 170/2013, de 7 de octubre de 2013. Esta concepción favorable a admitir la licitud de los controles empresariales cuando previamente se ha prohibido el uso personal de las herramientas informáticas, es mantenida también, últimamente, por el Tribunal Europeo de Derechos Humanos: en su Sentencia de 12 de enero de 2016, Caso Barbulescu v. Rumanía, considera que no resulta abusivo que un empleador quiera verificar que sus empleados cumplen con sus obligaciones durante el horario de trabajo, justificando el acceso a la cuenta de correo del trabajador en la creencia de que solo contenía comunicaciones de éste con los clientes de la empresa. Al respecto, véase Rojo Torrecilla, E.: "No ha desaparecido el derecho a la privacidad del trabajador en la empresa, pero sí ha sido limitado (de momento). Una nota crítica a la sentencia del Tribunal Europeo de Derechos Humanos de 12 de enero (caso Barbulescu v. Rumania)", blog del autor *http://www.eduardorojotorrecilla.es/2016/01/no-ha-desaparecido-el-derecho-la.html*; Goñi Sein, J.L.: "La vigilancia empresarial de las conversaciones electrónicas de los trabajadores: A propósito de la sentencia del Tribunal Europeo de Derechos Humanos de 12 de enero de 2016, Barbulescu v. Rumania", *Trabajo y Derecho* núm. 18, 2016

el derecho al secreto de las comunicaciones, de un perfil mucho más cierto, puesto que, aunque no todas las comunicaciones sean íntimas, sí que pueden ser secretas. Ante ambos derechos, primero con uno y luego con otro, los operadores jurídicos pusieron en marcha los resortes del Derecho para intentar identificar las lindes del campo en el que la empresa podía controlar al trabajador sin quebrantar su protección constitucional. Con el tiempo, llegaron el Tribunal Supremo y el Tribunal Constitucional para dibujar más claramente esa frontera, haciéndola pivotar en el conocimiento del trabajador -siquiera indirecto- de que sus comunicaciones y datos íntimos podían ser objeto de control empresarial, como mecanismo para neutralizar posibles expectativas de intimidad y de secreto.

Llegados a este punto, comenzó a despuntar un tercer derecho fundamental, que había estado presente en estos conflictos desde el primer momento, pero eclipsado por los dos anteriores de configuración más clásica. Se trata del derecho a la protección de datos personales de los trabajadores, con anclaje en el art. 18.4 de la Constitución española y desarrollado en la Ley Orgánica 15/1999, de Protección de Datos de Carácter Personal[17]; un derecho de perfil muy formalista, de modo que una intromisión empresarial que no vulnere la intimidad del trabajador ni el secreto de sus comunicaciones, puede, no obstante, estar quebrantando su derecho a la protección de datos personales[18].

Y es que la capacidad de la gestión informatizada para almacenar y cruzar datos de toda índole permitiría, si no se controlara, un acceso absoluto del empresario a la vida privada del trabajador, más allá de lo que cada uno de los datos recabados desvela por sí solo, dando lugar a la construcción del perfil del trabajador no sólo profesional, sino incluso moral y político-social[19]. Doctrinalmente se habla de la configuración de una suerte de "poder informático" del empresario en virtud de esta capacidad de almacenamiento y tratamiento de la información relativa a los trabajadores[20], e incluso se llega a decir que la informática "pone en peligro no sólo la intimidad, sino también el derecho a la propia identidad del trabajador"[21].

---

[17] La Ley Orgánica de Protección de Datos constituye la transposición al ordenamiento jurídico español de la Directiva 95/46/CE del Parlamento Europeo y del Consejo, de 24 de octubre de 1995, relativa a la protección de las personas físicas en lo que respecta al tratamiento de datos personales y a la libre circulación de estos datos. Al respecto, véanse: Cardona Rubert, M.B.: "Tutela de la intimidad informática en el contrato de trabajo", *Revista de Derecho Social* núm. 6, 1999, págs. 30 y sigs.; García-Núñez Serrano, F.: "La regulación sobre protección de datos personales y su incidencia en el ámbito laboral", *Aranzadi Social* núm. 21, 2001, págs. 77 y sigs.

[18] El derecho a la libertad informática (también llamada autodeterminación informativa), consiste en controlar el uso de los datos personales insertos en un programa informático y comprende: a) conocer y acceder a los mismos (*habeas data*); b) controlar su calidad, pudiendo corregir o cancelar los datos inexactos o indebidamente procesados; y c) disponer sobre su transmisión. Esta clasificación se deduce de lo expuesto en las Sentencias del Tribunal Constitucional 254/1993, de 20 de julio de 1993; 11/1998, de 13 de enero de 1998; 94/1998, de 4 de mayo de 1998, y por Pérez Luño, A.: *Nuevas tecnologías, sociedad y derecho*, Madrid, Fundesco, 1987, págs. 85 y sigs. y 123 y sigs.

[19] Pérez de los Cobos Orihuel, F.: *Nuevas tecnologías y relación de trabajo*, Valencia, Tirant lo Blanch,1990, pág. 74.

[20] La denominación proviene de Ciacci, G.: "Problemi e iniziative in tema de tutela dei dati personali, con particolari riguardo ai dati sanitari", *Politica del Diritto* núm. 4, 1991, pág. 672.

[21] Cardona Rubert, M.B.: "Tutela de la intimidad informática en el contrato de trabajo", *Revista de Derecho Social* núm. 6, 1999, pág. 27.

El Tribunal Constitucional afirma que cuando el art. 18.4 de la Constitución española establece que "la ley limitará el uso de la informática para garantizar el honor y la intimidad personal y familiar de los ciudadanos y el pleno ejercicio de sus derechos", está incorporando una garantía para responder a una nueva forma de amenaza concreta a la dignidad y a los derechos de la persona; la que deriva del uso ilegítimo del tratamiento informático de datos[22], y para ello concibe un nuevo derecho fundamental consistente en la protección frente al uso indiscriminado de datos personales a través de las tecnologías informáticas[23].

Lo que está en juego aquí es la contraposición entre el derecho del empresario a optimizar las posibilidades que le ofrecen las nuevas tecnologías, incluida la gestión de su personal[24] y la "privacidad", entendida en esta ocasión en el sentido de la *privacy* anglosajona, como un ámbito más amplio que el de la estricta intimidad y que comprende también todas las informaciones que el sujeto desea mantener libre de invasión o que sólo sean conocidas por determinadas personas. Este tipo de datos no íntimos, aunque aisladamente considerados no parezcan tener trascendencia, coherentemente enlazados pueden ofrecer un retrato de la personalidad del individuo que éste tiene derecho a mantener reservado.

En esta materia cobra especial importancia la labor de la Agencia Española de Protección de Datos[25], y la de sus homólogas autonómicas, pues a través de sus dictámenes y criterios colman provisionalmente los vacíos que aún no han llenado los órganos judiciales[26].

---

22 Sentencia del Tribunal Constitucional 11/1998, de 13 de enero de 1998.

23 Sentencia del Tribunal Constitucional 292/2000, de 30 de noviembre de 2000. A pesar de la contundencia del Tribunal Constitucional, es lógico que la indirecta formulación del precepto genere dudas sobre el reconocimiento constitucional de un específico derecho fundamental a la protección de datos. En este sentido véanse Goñi Sein, J. L.: "Vulneración de derechos fundamentales en el trabajo mediante instrumentos informáticos, de comunicación y archivo de datos", *Justicia Laboral*, núm. 17, 2004, pág. 20; Tascón López, R.: "El tratamiento por la empresa de los datos personales de los trabajadores ¿un problema resuelto o caído en el olvido?", *Aranzadi Social* núm. 16, 2005, BIB 2005\2432, págs. 10 y sigs.

24 Luján Alcaraz, J.: "Uso y control en la empresa de los medios informáticos de comunicación", *Aranzadi Social* núm. 3, 2001, pág. 12.

25 Órgano independiente y especializado creado por la Ley Orgánica 5/1992, para "dictar, en su caso y sin perjuicio de las competencias de otros órganos, las instrucciones precisas para adecuar los tratamientos automatizados a los principios de la presente Ley", y también "atender las peticiones y reclamaciones formuladas por las personas afectadas". La norma contemplaba, igualmente, la posible existencia de órganos autonómicos que asumieran parte de las funciones de la Agencia, en coordinación con ésta. Actualmente, Cataluña y el País Vasco cuentan con agencias propias.

En el ejercicio de sus funciones, las agencias atesoran un amplio elenco de informes jurídicos sobre cuestiones concretas planteadas por los afectados, que en absoluto poseen carácter normativo ni resultan vinculantes -de hecho, la consulta a la Agencia no es garantía suficiente para evitar posibles sanciones [Sentencia de la Audiencia Nacional -Sala contencioso-administrativa- de 30 de junio de 2004 (RJCA 2004/669)]-, pero que constituyen una fuente de criterios de gran valor a falta de pronunciamientos judiciales que los corrijan.

26 Una reflexión sobre estos criterios puede verse en Desdentado Bonete, A., Muñoz Ruiz, A.B.: *Protección de datos, video vigilancia y control informático en el trabajo*, Valladolid, Lex Nova, 2012.

IV. CONTROL TECNOLÓGICO DEL TIEMPO DE TRABAJO

1. Ideas previas

No existe en el ordenamiento español una prohibición general de la instalación por el empleador de mecanismos o dispositivos para vigilar a distancia el trabajo, incluyendo el control del tiempo dedicado al mismo. Todo lo contrario: el art. 20.3 del Estatuto de los Trabajadores reconoce al empresario el derecho a adoptar las medidas oportunas para controlar que los empleados cumplen con sus obligaciones laborales, y tradicionalmente se ha admitido la licitud de la contratación de servicios de detectives privados, guardias, personal de vigilancia, etc., que constituyen el precedente de la utilización de mecanismos audiovisuales de control distintos del que pueda ejercer directamente el empresario por medio de su visión y su oído. Es más, de modo expreso nuestros Tribunales admiten que el citado art. 20.3 permite al empresario controlar el cumplimiento de la jornada y el horario por sus trabajadores[27].

La jornada y el horario de trabajo puede verificarse tecnológicamente a través de diversos instrumentos, algunos más extendidos que otros. Así, es posible utilizar para este fin las cámaras de video, el seguimiento por GPS, los dispositivos de identificación electrónica, etc.

Ahora bien, la vigilancia electrónica, naturalmente mucho más incisiva que los sistemas tradicionales porque permite ejercer un control continuo sobre la actividad del trabajador, aumenta el riesgo de que exista una vulneración del derecho a la intimidad de los trabajadores en su centro de trabajo y pone sobre la mesa, también, la posibilidad de una vulneración del derecho a la protección de datos personales.

Veamos, pues, los límites actualmente identificados para la utilización de cada herramienta.

2. Videovigilancia

Las nuevas tecnologías hacen más eficaz, cómodo y barato[28] el control empresarial de los trabajadores, a través de circuitos cerrados de televisión y videocámaras.

Los informes y dictámenes elaborados en el seno de la Unión Europea respecto de la videovigilancia laboral apuntan una línea interpretativa bastante restrictiva, en virtud de la cual se rechazarían los sistemas que tienen por finalidad directa controlar a distancia la calidad y cantidad de las actividades laborales; sólo se aceptarían dichos

---

[27] Sentencia de la Audiencia Nacional de 4 de diciembre de 2015 (proc. 301/2015); Sentencia del Tribunal Superior de Justicia de Canarias, Las Palmas, de 29 de mayo de 2012 (rec. 398/2012).

[28] Como indica Goñi Sein, J.L., no hay que olvidar que estos mecanismos de control resultan mucho más económicos que la supervisión humana, tanto por el reducido precio al que pueden adquirirse en el mercado, como por el inferior gasto que representa su mantenimiento en comparación con el de la contratación de uno o varios trabajadores (*La videovigilancia empresarial y la protección de datos personales*, Madrid, Civitas-APDCM, 2007, pág.17).

mecanismos si vienen impuestos por las propias exigencias productivas o por motivos de seguridad laboral[29].

Sobre la vigilancia a través de medios audiovisuales los Tribunales españoles han decantado ya una serie de pautas, que perfectamente pueden aplicarse al control horario a través de la misma. Con carácter general, recuérdese que toda medida restrictiva de derechos fundamentales de los trabajadores ha de superar el test de proporcionalidad, debiendo ser idónea, necesaria, ponderada y estar justificada[30]. De modo más preciso, se permite la instalación de cámaras exclusivamente en los lugares de trabajo[31], no en dependencias que pueden ser consideradas como privadas[32], por ejemplo, áreas de descanso[33], máquinas de vending[34], vestuarios y lavabos o en locales sindicales[35], y que las filmaciones no tengan posterior difusión[36]. En cualquier caso, han de utilizarse las posibilidades o medios menos agresivos, atendiendo no sólo al lugar de trabajo, sino también a otros elementos como, por ejemplo, si la instalación se hace indiscriminada y masivamente o no[37]; si los sistemas son visibles o han sido instalados subrepticiamente[38]; la finalidad real perseguida con la instalación de tales sistemas[39]; las imágenes obtenidas no deben tener difusión posterior o si existen o no razones de seguridad para ello[40].

Pero, como adelantamos, los límites a la vigilancia no vienen sólo de la mano del derecho a la intimidad, sino también de la protección de datos personales. En esta materia deben distinguirse tres etapas, marcadas por la posición que en cada momento ha mantenido el Tribunal Constitucional.

---

[29] *Documento de trabajo relativo al tratamiento de datos personales mediante vigilancia por videocámara*, adoptado el 25 de noviembre de 2002 por el Grupo de Trabajo "Artículo 29" de la Directiva 95/46/CE, sobre protección de datos (11750/02/ES WP 67). Del mismo Grupo, puede verse, en igual sentido, el *Dictamen 4/2004 relativo al tratamiento de datos personales mediante vigilancia por videocámara*, adoptado el 11 de febrero de 2004 (11750/02/ES WP 89).

[30] Sentencia del Tribunal Constitucional 39/2016, de 3 de marzo 2016.

[31] Sentencias de los Tribunales Superiores de Justicia de Extremadura 29 de enero de 2008 (rec. 765/2007) y de Galicia de 20 de marzo de 2002 (rec. 6296/2001).

[32] Sentencias de los Tribunales Superiores de Justicia de Madrid 17 de abril de 2009 (rec. 5665/2008) y de Asturias de 9 de mayo de 2003 (rec. 2427/2002).

[33] Sentencias de los Tribunales Superiores de Justicia de Madrid 14 de septiembre de 2000 (rec. 534/1999) y de Aragón 3 de junio de 2008 (rec. 470/2008).

[34] Sentencia del Tribunal Superior de Justicia de Madrid 4 de junio de 2007 (rec. 1625/2007).

[35] Sentencias de los Tribunales Superiores de Andalucía/Sevilla 17 de enero de 1994 (rec. 3183/1993), Madrid 12 de marzo de 1992 (rec. 4552/1991) y Castilla y León/Valladolid 18 de septiembre de 2006 (rec. 1479/2006).

[36] Sentencias de los Tribunales Superiores de Justicia de Galicia de 21 de abril de 1995 (rec. 1036/1995) y de Madrid de 12 de marzo de 1992 (rec. 4552/1991).

[37] Sentencia del Tribunal Superior de Justicia de Comunidad Valenciana de 11 de julio de 2008 (rec. 1754/2008).

[38] Sentencia del Tribunal Superior de Justicia del País Vasco de 19 de junio de 2007 (rec. 1122/2007).

[39] Sentencias de los Tribunales Superiores de Justicia de Cataluña de 24 de mayo de 2007 (rec. 343/2007) y de Comunidad Valenciana de 21 de noviembre de 2009 (rec. 3473/2008).

[40] Sentencia del Tribunal Superior de Justicia de Castilla y León/Valladolid de 18 de septiembre de 2006 (rec. 1479/2006).

Originalmente admitía la licitud de los controles audiovisuales llevados a cabo sin conocimiento de los trabajadores implicados, pues consideraba que la comunicación a los afectados era una cuestión de legalidad ordinaria que no le competía[41]. Pero a partir de la sentencia 29/2013, de 11 de febrero de 2013, optó por enaltecer el deber de información al trabajador afectado, elevándolo a contenido esencial del derecho a la protección de datos. Por tanto, la falta de tal comunicación suponía una vulneración del derecho, y el objetivo perseguido con la videovigilancia perdía relevancia como elemento para ponderar la proporcionalidad de la medida empresarial, pues no cabía justificar la falta de información en el interés del empresario de controlar la actividad a través de "sistemas sorpresivos o no informados de tratamiento de datos que aseguren la máxima eficacia en el propósito de vigilancia". En otras palabras: quizá la falta de información al trabajador de que estaba siendo vigilado electrónicamente no vulnerara sus derechos a la intimidad y al secreto de las comunicaciones, pero sí implicaba la infracción del derecho a la protección de datos.

Y según esta misma sentencia el deber de información no se agotaba en la mera colocación de distintivos anunciando la instalación de cámaras[42], ni en la notificación de la creación del correspondiente fichero a la Agencia Española de Protección de Datos, sino que había de consistir en la transmisión previa y expresa, precisa, clara e inequívoca a los trabajadores de la finalidad de control de la actividad laboral a la que esa captación podía ser dirigida. Una información que, según este pronunciamiento, debía concretar las características y el alcance del tratamiento de datos que iba a realizarse, esto es, en qué casos las grabaciones podían ser examinadas, durante cuánto tiempo y con qué propósitos, explicitando muy particularmente que podían utilizarse para la imposición de sanciones disciplinarias por incumplimientos del contrato de trabajo[43].

De este modo, el Tribunal Constitucional vino a acoger los criterios que ya había avanzado la Agencia Española de Protección de Datos, e incluso fue más allá, dotando a la obligación de informar de un contenido algo más exigente que el que la propia Ley Orgánica de Protección de Datos le confiere.

Pero esta doctrina no ha durado mucho: la sentencia del Tribunal Constitucional 39/2016, de 3 de marzo de 2016, ha vuelto a cambiar radicalmente el criterio echando por tierra buena parte de las afirmaciones contenidas en su predecesora y planteando una óptica mucho menos rígida y formalista, más en la línea que ya había apuntado respecto del derecho a la intimidad y al secreto de las comunicaciones[44]. En este caso,

---

[41] Sentencia del Tribunal Constitucional 186/2000, de 10 de julio de 2000.

[42] Regulado por la Instrucción 1/2006 de la Agencia Española de Protección de Datos.

[43] La doctrina así sentada ha sido seguida por otros Tribunales, pudiendo citarse, por ejemplo, las Sentencias de los Tribunales Superiores de Justicia de Asturias de 23 de mayo de 2014 (rec. 797/2014), de Castilla-La Mancha de 10 de junio de 2014 (rec. 1162/2013); y del País Vasco de 18 de junio de 2013 (rec. 1039/2013); y la Sentencia del Tribunal Supremo de 13 de mayo de 2014 (rec. 1685/2013).

[44] Sobre este pronunciamiento pueden verse, entre otros comentarios: Toscani Giménez, D.: "Las facultades de la empresa de videovigilancia de sus trabajadores. Comentario a la STC 39/2016, de 3 de marzo", *Revista de Derecho Social* núm. 74, 2016; Rodríguez Escanciano, S.: "Posibilidades y límites en el uso de cámaras de videovigilancia dentro de la empresa: a propósito de la sentencia del Tribunal Constitucio-

la empresa había detectado irregularidades en la tienda y caja en la que prestaba servicios una trabajadora, y en orden a comprobar si existía una apropiación dineraria por parte de alguno de los empleados, encargó a una compañía de seguridad que instalara una cámara de vigilancia enfocada a la concreta caja. La instalación no fue comunicada a los trabajadores, pero en el escaparate del establecimiento se colocó el distintivo informativo de zona videovigilada. Gracias a la cámara se detectó que la trabajadora se apropiaba de dinero de la empresa y fue despedida por ello; decisión que ella impugna por considerar que se basa en pruebas obtenidas vulnerando sus derechos fundamentales a la protección de datos personales y a la intimidad.

El Tribunal descarta la vulneración del derecho a la intimidad de la trabajadora mediante el razonamiento clásico: considera que supera el test de proporcionalidad al estar justificada por la existencia de razonables sospechas de irregularidades, ser idónea para la finalidad pretendida por la empresa (verificar si algunos de los trabajadores cometía dichas irregularidades), necesaria (ya que la grabación serviría de prueba de tales comportamientos) y ponderada (pues la grabación de imágenes se limitó a la zona de la caja).

Mayor interés reviste la fundamentación jurídica relativa al derecho a la protección de datos personales, pues el Tribunal Constitucional advierte expresamente que va a "aclarar el alcance de la información a facilitar a los trabajadores sobre la finalidad del uso de la videovigilancia en la empresa". Pero, más que aclarar su posición, lo que hace es rectificarla, pues descarta la doctrina fijada en su sentencia 29/2013 sobre la exigencia de información específica, para decantase ahora por una visión mucho más flexible: es suficiente la información general de que disponía la trabajadora en este caso (por la existencia de un distintivo en el escaparate que anunciaba la presencia de cámaras).

Para llegar a esta conclusión se argumenta de la siguiente manera:

- Partimos del art. 6 de la Ley Orgánica de Protección de datos, según el cual el tratamiento de los datos personales ha de contar con el consentimiento inequívoco del afectado, salvo en determinadas situaciones, en las que bastará

---

nal de 3 de marzo de 2016", *Diario La Ley* núm. 8747, 2016; González González, C.: "Control empresarial de la actividad laboral, videovigilancia y deber informativo. A propósito de la STC de 3 de marzo de 2016", *Revista Aranzadi Doctrinal* núm. 5, 2016.

El fortísimo contraste entre la Sentencia del Tribunal Constitucional 29/2013 y las dedicadas al registro de ordenadores (Sentencias del Tribunal Constitucional 241/2012, de 17 de diciembre de 2013 y 170/2013, de 7 de octubre de 2013), hacía pensar que en algún momento el Tribunal iba a buscar un punto de equilibrio, en el que ni la intimidad y el secreto a las comunicaciones quedaran neutralizados por la mera prohibición empresarial de su ejercicio, ni la protección de datos personales se blindara hasta el punto de inadmitir las injerencias sin analizar si son o no proporcionales en el ámbito laboral. En tal sentido, Santiago Redondo, K.M., destacaba que "la diversa intensidad en la tendencia de la tutela otorgada puede responder al momento doctrinal en el que unos y otros derechos se encuentran" ("Intimidad, secreto de las comunicaciones y protección de datos de carácter personal. El art. 18 CE", *Relaciones Laborales* núm. 1, 2014, pág. 137). Lo cierto es que no puede decirse que el Tribunal haya encontrado el equilibrio entre las dos posiciones, sino que más bien se ha alineado con una de ellas; así al menos ha desaparecido la contradicción.

con el mero conocimiento. Y una de estas últimas es, justamente, aquella en la que los datos personales se refieran a las partes de un contrato laboral y sean necesarios para su mantenimiento o cumplimiento. Ello es así porque, según razona el Tribunal, "el consentimiento se entiende implícito en la propia aceptación del contrato que implica reconocimiento del poder de dirección del empresario". Por tal motivo, "un tratamiento de datos dirigido al control de la relación laboral debe entenderse amparado por la excepción citada, pues está dirigido al cumplimiento de la misma. Por el contrario, el consentimiento de los trabajadores afectados sí será necesario cuando el tratamiento de datos se utilice con finalidad ajena al cumplimiento del contrato"[45].

- Ahora bien, aunque en este caso no sea necesario el consentimiento expreso, sigue vigente el deber de información al afectado, que forma parte del contenido esencial del derecho a la protección de datos. Pero no todo incumplimiento del mismo supone una vulneración del derecho fundamental sino sólo cuando la medida empresarial resulta desproporcionada. Ha de ponderarse, por un lado, el derecho a la protección de datos del trabajador y, por otro, el poder de dirección empresarial imprescindible para la buena marcha de la organización productiva. Además, el Tribunal sugiere que, dado que el deber informativo es un presupuesto para recabar el consentimiento del afectado, si este último no es necesario, esto afecta a la intensidad del deber de informar.
- En este caso, la empleada conocía que en la empresa se había instalado un sistema de control por videovigilancia porque así se indicaba en el distintivo informativo colocado en lugar visible, sin que haya que especificar, más allá de la mera vigilancia, la finalidad exacta que se le ha asignado a ese control. Lo importante es que el dato obtenido se ha utilizado para la finalidad de control de la relación laboral y no para una finalidad ajena al cumplimiento del contrato, pues esto último sí que habría requerido el consentimiento de los trabajadores afectados.

3. Dispositivos de geolocalización por satélite (GPS)

Según las características de la prestación de servicios, podría implementarse un sistema de control horario basado en la geolocalización del trabajador.

En este punto debemos partir de la sentencia del Tribunal Supremo de 21 de junio de 2012 (rec. 2194/2011), sobre el despido de un trabajador basado en la realización de

[45] Con esta doctrina el Tribunal Constitucional marca distancia respecto de lo mantenido por el Tribunal Supremo en su sentencia de 21 de septiembre de 2015 (rec. 259/2014), según la cual no se admite como válido consentimiento la suscripción de un contrato de trabajo con una cláusula tipo en la que consta que el trabajador presta su "voluntario" consentimiento a aportar datos personales y a que la empresa los utilice en los términos que el contrato relata, pues la debilidad contractual de este último habría viciado su consentimiento. Parece razonable pensar que si el Tribunal Supremo duda del carácter libre del consentimiento del trabajador ante cláusulas explícitas, más lo hará cuando se trata de consideraciones implícitas.

actividades incompatibles durante su incapacidad temporal. Para acreditar semejante conducta, la empresa había contratado los servicios de un detective privado que instaló un aparato localizador GPS en el vehículo particular del trabajador, lo que tanto en instancia como en suplicación se consideró vulnerador del derecho a la intimidad de este último. En realidad el Tribunal Supremo tan solo desestima el recurso por defecto en la fundamentación legal, pero con ello confirma la sentencia del Tribunal Superior de Justicia del País Vasco de 10 de mayo de 2011 (rec. 644/2011), según la cual la colocación del GPS resultaba desproporcionada, pues implicaba la monitorización en tiempo real del vehículo particular del empleado durante la suspensión del contrato, afectando a su derecho a "no estar localizado de manera continua por medios electrónicos colocados en sus bienes contra su voluntad", mediante una técnica que permite al empresario "tener un conocimiento permanente, a lo largo del día y de la noche, del lugar dónde se encuentra el trabajador, a través de la posición de su vehículo, así como de otros datos complementarios, como los tiempos de utilización del vehículo, los itinerarios, las pausas, los kilómetros recorridos, o la velocidad de circulación". Además, no es justificación suficiente para legitimar la colocación del GPS, en vez de otros métodos de vigilancia directos y menos intrusivos, el que se trate de un dispositivo que facilita el control y seguimiento del trabajador y que éste no se sienta vigilado. "El empleo de ese mecanismo no respeta el principio de proporcionalidad, pues resulta totalmente innecesario atendiendo al objetivo perseguido de comprobar las actividades realizadas por el demandante en los espacios públicos y privados de acceso libre, respondiendo a la mera conveniencia del investigador, lo que no justifica el uso de un medio tan invasor de la vida privada".

En el mismo sentido, y enlazando con la problemática conexa de la protección de datos personales, la sentencia del Tribunal Superior de Justicia de Castilla-La Mancha de 10 de junio de 2014 (rec. 1162/2013) trae a colación la doctrina de la sentencia del Tribunal Constitucional 29/2013, y considera ilícita la colocación subrepticia de un dispositivo de GPS en el teléfono móvil asignado al trabajador para fines profesionales, pues "no existió la adecuada información, en los términos de claridad y suficiencia que son exigibles a los efectos de evitar actuaciones sorpresivas", ni consta la existencia de la expresa autorización del trabajador, que no puede ser objeto de seguimiento durante todos los días de su vida laboral, y tanto durante la jornada como fuera de ella (al no tener prohibida la utilización del teléfono móvil fuera del tiempo de actividad laboral)"[46]. No obstante, téngase en cuenta que la citada sentencia del Tribunal Constitucional se ha visto rectificada por la 39/2016, adoptándose desde entonces una perspectiva mucho más proclive a admitir la licitud de los controles.

En cualquier caso, el criterio no es unánime, pues cabe citar en sentido contrario las sentencias del Tribunal Superior de Justicia de Galicia de 17 de enero de 2014 (rec. 3483/2013) y 6 de junio de 2014 (rec. 903/2014), que rechazan el carácter desproporcionado de la instalación de un GPS en el coche de la empresa de vigilancia del

[46] En similar sentido, véanse: Sentencias de los Tribunales Superiores de Justicia de Madrid de 29 de septiembre de 2014 (rec. 1993/2013) y de Castilla-La Mancha de 10 de junio de 2014 (rec. 1162/2013).

que hace uso el vigilante, pues no tiene por objeto "captar imágenes íntimas de los trabajadores sino facilitar el control, incluso en beneficio de la propia seguridad de los trabajadores", y encuentra su justificación en que "la empresa tiene un claro interés en tener localizados sus vehículos", sin que le sea exigible que "ante la comisión de faltas laborales, desvele las medidas de control y de seguridad tendentes a prevenir a disuadir o a posibles infractores, cuando se refieren a vigilancia sobre mercancías, que pueden ser sustraídas, o localización de vehículos en sus rutas laborales en un ámbito que no se puede considerar de intimidad o privacidad o de estricto control de una persona con un fin ilegal". Lo importante es que el control se realice durante la jornada laboral.

Por su parte, la Agencia Española de Protección de Datos precisa que la localización es un dato personal porque se refiere siempre a una persona física identificada o identificable. En el caso de una empresa de seguridad que obtiene datos de localización de escoltas a través de teléfonos con GPS, la geolocalización se entiende proporcionada a la finalidad de garantizar la seguridad del escoltado, siempre que no se extienda más allá del tiempo de trabajo. No hace falta el consentimiento del trabajador, pero sí debe ser informado[47].

4. Fichaje informático y control biométrico

Los avances tecnológicos de los últimos tiempos han traído hasta nosotros pronunciamientos en los que se alude a mecanismos de control mucho más sofisticados que las tradicionales cámaras. Concretamente, nos referimos a sistemas de control informático de fichaje[48] o mecanismos de control horario por medio de la lectura biométrica de la mano[49].

Respecto del fichaje informático, el Tribunal de Justicia de la Unión Europea ha aclarado que son datos personales los que figuran en un registro del tiempo de trabajo, pues los períodos de trabajo diario y de descanso de cada trabajador lo identifican o lo hacen identificable[50].

Quizá los pronunciamientos más llamativos son los referidos al citado control biométrico de la mano, que permite identificar al trabajador mediante el reconocimiento tridimensional de su mano, largo, ancho y espesor[51].

---

[47] *Informe Jurídico 2009-0090: Proporcionalidad en el tratamiento de datos de localización.*

[48] Sentencias de los Tribunales Superiores de Justicia de Murcia de 3 de febrero de 2003 (3) (recs. 55/2003, 56/2003 y 57/2003); Cataluña de 10 de diciembre de 2003 (rec. 4919/2002); sentencias del Tribunal Supremo de 3 de octubre de 2006 (rec. 146/2005) y de 25 de abril de 2006 (rec. 147/2005).

[49] Sentencias del Tribunal Superior de Justicia de Cantabria de 10 de enero de 2003 (2) (RJCA 2003/5 y rec. 517/2002), de 14 de marzo de 2003 (rec. 893/2002) y de 28 de marzo de 2003 (rec. 759/2002).

[50] Sentencia del Tribunal de Justicia de la Unión Europea de 30 de mayo de 2013 (asunto C-342/12, Worten). Sobre la misma, véase Marín López, J.J.: *La normativa sobre protección de datos personales ante el control por la autoridad laboral de los tiempos de trabajo y descanso de los trabajadores*, Gómez-Acebo&Pombo, Noticias Breves junio 2013.

[51] En su *Informe Jurídico 1999-2000: Tratamiento de la huella digital de los trabajadores*, la Agencia Española de Protección de Datos define los datos biométricos como "aquellos aspectos físicos que, mediante un análisis técnico, permiten distinguir las singularidades que concurren respecto de dichos aspectos y que, re-

Cuestionada la licitud de semejante método utilizado en una Administración regional como control horario del personal (en vez de fichar, se coloca la mano en el dispositivo que reconoce al empleado), el Tribunal contencioso que conoce del asunto[52] considera que resulta idóneo para conseguir el objetivo propuesto, que es "lograr un mayor nivel de eficacia en la Administración pública controlando el efectivo cumplimiento de sus obligaciones por parte de los empleados públicos, obligaciones que se inician en el momento del puntual acceso a los puestos de trabajo y en una estricta observancia de la jornada laboral". Considera el órgano judicial que "la existencia de otros posibles sistemas igualmente idóneos para conseguir la referida finalidad, no convierte el sistema enjuiciado en ilegal, siendo legítimo que la Administración opte, dentro de la legalidad, por aquel sistema que considere más conveniente". Por otro lado, la medida se entiende necesaria debido al "notorio carácter imperfecto de los sistemas de control más comúnmente usados", que no impiden "la sustituibilidad en su cumplimiento". Finalmente, se concluye que la implantación del sistema supone más ventajas para el interés general que perjuicios sobre otros intereses en conflicto, porque de esta forma se garantiza que el empleado público cumplirá debidamente sus obligaciones y ello redundará en una mayor eficacia de la Administración para la consecución de los intereses generales. Este último razonamiento resulta algo inestable, porque según el mismo este sistema de control no guardaría la necesaria proporcionalidad si en vez de tener lugar en una Administración Pública se diera en una empresa privada, donde el beneficio para los "intereses generales" no está tan claro.

En realidad, los razonamientos resultan extensibles a todo mecanismo de control de datos biométricos, entendidos estos últimos como los aspectos físicos que, mediante análisis técnicos, distinguen singularidades: huellas, iris, voz.

El tratamiento de los datos biométricos sin duda se enmarca en la Ley Orgánica de Protección de Datos Personales. La Agencia Española de Protección de Datos ha clarificado que el tratamiento automatizado de la huella digital de los trabajadores para comprobar su identidad y el cumplimiento de la jornada, supone la manipulación de datos personales, pues lo son todos los que permiten la identificación biométrica del individuo. Dado que la finalidad de la recogida es comprobar el cumplimiento del contrato, no hace falta recabar el consentimiento del trabajador (art. 6.2), si bien debe ser adecuadamente informado (art. 6.2)[53].

Igualmente, el Tribunal Supremo ha tenido ocasión de pronunciarse sobre la recogida de datos biométricos. La Sala de lo Social lo ha hecho en orden a unificar doc-

sultando que es imposible la coincidencia de tales aspectos en dos individuos, una vez procesados, permiten servir para identificar al individuo en cuestión (tales como las huellas digitales, el iris del ojo, la voz, etc.)".

[52] Por todas, Sentencia del Tribunal Superior de Justicia de Cantabria de 28 de marzo de 2003 (rec. 759/2002).

[53] Así lo confirma la Agencia Española de Protección de Datos en su *Informe Jurídico 1999-2000: Tratamiento de la huella digital de los trabajadores*. Lo afirman también las sentencias del Tribunal Superior de Justicia -Sala contencioso-administrativa- de Cantabria de 21 de febrero de 2003 (rec. 763/2002), confirmada por Sentencia del Tribunal Supremo de 2 de julio de 2007, y de 16 de mayo de 2003 (rec. 630/2002); Sentencia del Juzgado de lo Social núm. 33, Madrid, núm. 400/2002, de 21 de octubre de 2002.

trina respecto de la competencia de la jurisdicción social para conocer del incumplimiento de la obligación empresarial de oír al comité de empresa antes de implantar este sistema de control de trabajo[54]. La Sala de lo Contencioso-Administrativo[55] sí que ha entrado en el fondo, en el caso de una Consejería autonómica en la que se había implantado un sistema basado en la lectura biométrica de la mano por un escáner mediante rayos infrarrojos, que, incorporado a una base de datos, permitía su asociación con la identidad de los empleados públicos, haciendo posible efectuar el control horario en cuestión. El Tribunal considera que la finalidad perseguida es plenamente legítima: el control del cumplimiento del horario de trabajo al que vienen obligados los empleados públicos. Y, en tanto esa obligación es inherente a la relación que une a estos con la Administración Autonómica, no es necesario obtener previamente su consentimiento ya que el artículo 6.2 de la Ley Orgánica 15/1999 lo excluye en estos casos. Además, la toma de una imagen de la mano puede entenderse adecuada, pertinente y no excesiva.

Por su parte, la sentencia del Tribunal Superior de Justicia de Canarias, Las Palmas, de 29 de mayo de 2012 (rec. 398/2012) nos aproxima a un caso de control horario mediante huella dactilar: el empresario, tras escuchar las quejas del comité de empresa sobre las anomalías detectadas en el sistema basado en la inserción de tarjetas de fichaje en un reloj, lo sustituye por un sistema táctil de reconocimiento de huella dactilar. Frente a esta medida el presidente del Comité de Empresa interpone una demanda de tutela del derecho fundamental a la intimidad, alegando que los empleados no pueden ser obligados a facilitar su huella pues ello implicaría una vulneración de su derecho a la intimidad.

El Tribunal desestima la demanda, afirmando que el art. 20.3 del Estatuto de los Trabajadores permite al empresario adoptar las medidas que estime más oportunas de control para verificar que el empleado cumple sus deberes laborales, entre ellos el relativo al tiempo de trabajo contratado. En la medida implementada no aprecia vulneración del derecho fundamental a la protección de datos y la encuentra justificada y pertinente.

5. Dispositivos identificativos

Aunque los Tribunales no se han manifestado aún al respecto, conviene tener presentes las implicaciones para el derecho a la intimidad que se derivan de sistemas como las tarjetas con banda magnética y código de identificación personal, que en determinadas empresas permiten al trabajador, tras conectarla a un lector, acceder a ciertas salas, trabajar con el ordenador, poner en marcha máquinas de trabajo, etc. En definitiva, estas tarjetas permiten trazar un recorrido de las actividades realizadas por

[54] Sentencia del Tribunal Supremo de 19 de diciembre de 2005 (rec. 138/2005).

[55] Sentencia del Tribunal Supremo -Sala contencioso-administrativo- de 2 de julio de 2007 (RJ 2007/6598).

el trabajador en la empresa y ubicarlo en cada momento[56], de modo que se alzan como un mecanismo idóneo para el control horario de los empleados.

La Agencia Española de Protección de Datos admite que se incluya una fotografía del trabajador en su tarjeta identificativa del centro de trabajo, considerándolo pertinente, adecuado y no excesivo en relación con la finalidad, que es la posibilidad de identificarlo mientras desarrolla sus funciones y por motivos de seguridad.

Al tratarse de datos referidos a las partes de un contrato de trabajo, necesarios para su adecuado desarrollo, no requieren del consentimiento del afectado, aunque sí debe ser informado[57].

La misma solución se ofrece para la inclusión del nombre y apellidos, o el DNI del trabajador, que se admiten siempre que su finalidad sea la identificación de este último a efectos laborales[58].

Un mecanismo que aún no ha desplegado todo su potencial es de los identificadores por radiofrecuencia (RFID): un chip o etiqueta que identifica y permite rastrear aquello en lo que se implanta. Inicialmente pensado para cosas y animales, puede ampliarse a otros usos, como el seguimiento e identificación de personas[59].

El Supervisor Europeo de Protección de Datos elaboró un dictamen[60] en el que alertaba sobre lo que, a su entender, constituiría una nueva "revolución tecnológica", ya que, a diferencia de lo que ocurre con los códigos de barras, el identificador de radiofrecuencia no se detecta a simple vista, ni hace falta acercarlo al lector para extraerle los datos. Tampoco se extingue o se destruye, con lo cual puede seguir acumulando y enviando información sin límite. Su implantación en el ámbito laboral podría generar una nueva serie de problemas aún ni imaginados en toda su dimensión.

Actualmente, el RFID se utiliza en diversos países para identificación de animales, en llaves de automóviles, en sus neumáticos, en pasaportes, para el seguimiento de libros en bibliotecas, equipajes en aerolíneas, artículos de ropa, palés y envases, transporte de mercadería, control de acceso a edificios, acreditaciones en sustitución de las tarjetas de banda magnética, dispositivos para recaudación en peajes electrónicos,

---

[56] Llama la atención sobre estas tarjetas Rodríguez Escanciano, S.: "Vigilancia y control en la relación de trabajo: La incidencia de las nuevas tecnologías", *La protección de datos de carácter personal en los centros de trabajo*, Madrid, Cinca, 2006, pág. 88.

[57] *Informe Jurídico 2006-0226: Proporcionalidad del tratamiento del dato de la fotografía de los trabajadores.*

[58] *Informe Jurídico 2008-0666: Consentimiento innecesario para incluir nombre y apellido y número de empresa en tarjeta identificativa de trabajo; Informe Jurídico 2011-0028: Tratamiento de DNI y fotografía en tarjetas de identificación de trabajadores.*

[59] Sobre los identificadores de radiofrecuencia y sus riesgos en el ámbito laboral, véase Farriols y Solá, A.: "Introducción", *La protección de datos de carácter personal en los centros de trabajo*, Madrid, Cinca, 2006, págs. 33 y sig.

[60] *La identificación por radiofrecuencia (RFID) en Europa: Pasos hacia un marco político*, Diario Oficial de la Unión Europea C 101/1, de 23 de abril de 2008.

tarjetas prepago para diversos servicios, control de internos en centros penitenciarios, seguimiento de oficiales de policía en caso de secuestro, etc.

V. REFLEXIÓN CONCLUSIVA

Como en tantas otras materias, en ésta también nuestro ordenamiento legal va a remolque de la realidad que pretende normar. En la mayoría de los casos el marco regulador de las relaciones de trabajo se ve excedido por situaciones derivadas del uso de medios tecnológicos, y la Ley resulta incapaz de aportar soluciones claras y contundentes a toda una generación específica de conflictos laborales.

Pero lo cierto es que, teniendo en cuenta esa incontenible evolución a la que se ha hecho referencia, cabría afirmar que el papel fundamental lo debe cumplir la negociación colectiva, en su calidad de instrumento normativo esencialmente dinámico capaz de adaptarse y progresar al compás de los problemas a los que ha de dar respuesta. De hecho, tiene en su mano la posibilidad de despejar sectorialmente las habituales dudas acerca de la materia que nos ocupa, declarando expresamente los límites de los poderes empresariales de dirección y vigilancia en relación con el control tecnológico del horario. Otra solución de carácter más pétreo estaría destinada a quedar superada, salvo que se limitara a ofrecer un marco muy general, más que nada de plasmación en abstracto de la doctrina clásica del Tribunal Constitucional sobre el alcance de los derechos fundamentales en la relación laboral[61], que poco valor práctico tendría al tener que concretarse en cada caso.

Mientras esto no ocurra, contamos con un cuerpo significativo e interesante de criterios judiciales que, poco a poco, han ido despejando algunas incógnitas, si bien, dada la naturaleza dinámica de la materia, su labor está llamada a renovarse de modo permanente. Por lo pronto, la sentencia del Tribunal Constitucional 39/2016 supone un punto de inflexión en el camino, pues, aunque fue dictada para un caso de videovigilancia, puede proyectar su doctrina a la totalidad de los sistemas de supervisión tecnológica de los trabajadores en los que estén en juego los derechos a la intimidad y a la protección de datos personales.

Se avecinan tiempos en los que se generalizará la implantación de sistemas tecnológicos de control horario, por lo que conviene tener presentes las pautas judiciales generales y específicas que, hoy por hoy, resulten de aplicación. Todos los anclajes interpretativos son bienvenidos en un terreno de arenas movedizas, en el que el propio Tribunal Constitucional, garante último y principal de los derechos fundamentales en juego, ha ido de un extremo al otro del escenario, resolviendo cierta contradicción interna para situarse ahora nítidamente en una posición más tolerante respecto de conductas empresariales que los confrontan; posición que comparte con una mayoría

---

[61] Justamente esto último es lo que encontramos, por ejemplo, en la Ley 5/2014, de 4 de abril, de Seguridad Privada, que alude a la necesidad de que la vigilancia se lleve a cabo respetando los principios de proporcionalidad, idoneidad e intervención mínima.

de pronunciamientos del Tribunal Supremo[62] y con el Tribunal Europeo de Derechos Humanos, lo que hace pensar que, tal vez, estemos ante una línea interpretativa dotada de cierta vocación de estabilidad.

[62] Con excepción de la ya citada sentencia de 21 de septiembre de 2015 (rec. 259/2014), que mantiene una concepción más restrictiva de las facultades empresariales en su confrontación con el derecho a la protección de datos de sus empleados. Resta por ver si esta doctrina se mantiene tras la sentencia del Tribunal Constitucional 39/2016.

Made in United States
Orlando, FL
04 November 2026

90204425R00142